艺术人类学文丛　总主编：方李莉

中国艺术人类学
名家访谈

Interviews with Renowned Chinese Art Anthropologists

王永健/编著

中国文联出版社
http://www.clapnet.cn

图书在版编目（CIP）数据

中国艺术人类学名家访谈 / 王永健编著． -- 北京：中国文联出版社，2024.07
ISBN 978-7-5190-5161-7

Ⅰ．①中… Ⅱ．①王… Ⅲ．①艺术－文化人类学－科学工作者－访问记－中国 Ⅳ．① K825.7

中国国家版本馆CIP数据核字（2023）第 076052 号

编　　著	王永健
责任编辑	阴奕璇
责任校对	吉雅欣
装帧设计	肖华珍

出版发行	中国文联出版社有限公司
社　　址	北京市朝阳区农展馆南里 10 号　　邮编　100125
电　　话	010-85923025（发行部）　　010-85923091（总编室）
经　　销	全国新华书店等
印　　刷	三河市龙大印装有限公司

开　　本	710 毫米 ×1000 毫米　　1/16
印　　张	17.25
字　　数	270 千字
版　　次	2024 年 7 月第 1 版第 1 次印刷
定　　价	60.00 元

版权所有·侵权必究
如有印装质量问题，请与本社发行部联系调换

《艺术人类学文丛》编委会名单

总主编：方李莉

编　委（按姓氏笔画排名）：

王　杰　王廷信　王建民　方李莉　邓佑玲

乔　健（中国台湾）　色　音　张士闪

纳日碧力戈　范·丹姆（荷兰）　罗伯特·莱顿（英国）

金光亿（韩国）　周　星（日本）　赵旭东

洛　秦　荻野昌宏（日本）　麻国庆

《艺术人类学文丛》总序

非常高兴能在中国文联出版社的大力支持下，推出这样一套国内目前为止内容最完整、规模最大的《艺术人类学文丛》（全套共有二十余本，其中《虚拟艺术的人类学阐释》一书由文化艺术出版社出版）。笔者想，这不仅是在中国，在国际上也是史无前例的。说其内容最完整，是因为这套丛书包括艺术人类学教材、中国艺术人类学理论、外国艺术人类学理论（系列译著）、田野考察（包括乡村与城市），还有中外艺术人类学家对话、中外艺术人类学讲演集、会议论文集等。

如果这套文丛能全部按计划出版，将是学界的一件大事，也是艺术人类学学科建设上的一件大事。艺术人类学是一门跨学科的学问，仅从字面上来看，就包括人类学和艺术学两个学科，但有关这方面的理论研究，不仅会影响到人类学和艺术学，还会影响到相关的一些领域，如非物质文化遗产保护、文化产业等。这是因为，如果仅仅从艺术理论的角度来研究艺术，就很容易将其局限于艺术的形式与审美、艺术品与艺术技巧的分析等方面，但如果引入人类学的视角，艺术的研究就不仅与艺术品有关，还与艺术审美、艺术技巧有关，因为艺术是潜在的社会和文化的代码及表征符号[①]，所以其还与许多社会与文化现象有关。

在工业文明走向后工业文明、地域文化的再生产走向全球文化的再

---

① Robert Layton：*Material Culture Lecture 4*，November 2014 in Duham University.

生产、资本经济走向知识经济等人类社会面临急剧转型的今天，艺术在其中所起的作用远远超越我们已有的认知。因为艺术具有表征性、象征性和符号性，所以将会越来越成为趋向于精神世界发展、趋向于人的身体内部发展的后工业社会中的文化、政治、经济变革的引擎。因而，新的时代，需要我们从更深刻和更广泛的角度去理解人类的艺术，以及艺术与社会、与文化发展之间的关系，也因此，笔者认为这套文丛的出版意义巨大。

纵观人类社会发展史，我们会发现，每一次的社会转型都是由科学技术的变革引起的，但每一次文化转型，包括对世界图景的重新勾勒，都是从艺术的表达开始的。文艺复兴时期，艺术是时代的先锋，这是因为艺术的感知来自人的直觉。理性也许稳妥，但却往往迟缓于直觉。就像"春江水暖鸭先知"一样，艺术也是时代的温度计，是最早敏感地察觉到社会气候变化的一种文化表征。以往，社会科学，包括人类学，对艺术研究重视不够，希望这套文丛的出版会纠正学界一些曾有过的对艺术认知的偏差。

这套文丛是中国艺术研究院艺术人类学研究所的师生们十几年来积累的研究成果。除了教材和理论部分，它还包含了十几本田野著作，它们是这套文丛的核心部分。因为人类学研究是以田野见长，也是以田野来证实自己的观点的。这里的田野著作分为三部分：第一部分是关于梭戛苗寨田野考察系列的。2001—2008年，笔者及研究所的全体师生一起承担了国家重点课题"西部人文资源的保护、开发和利用"（由笔者担任课题组组长），而对梭戛苗寨的考察是其中一个子课题。2005—2006年，笔者带领本所师生（杨秀、安丽哲、吴昶、孟凡行，还有音研所的崔宪老师）组成的子课题组在那里做田野考察。安丽哲、吴昶、孟凡行是笔者带的博士生和硕士生，现在他们已经毕业，在不同的大学当老师，在这个系列里能出版他们的成果，我很高兴。

第二部分是关于北京"798"艺术区的。2006年，受民盟北京市委的委托，中国艺术研究院艺术人类学研究所做了一个有关北京"798"

艺术区的研究报告，并对其未来的走向做了一个判断，因为当时北京市委对是否保留"798"艺术区有所犹豫。我们研究的结果是："798"艺术区是后工业社会发展的产物，是一个城市文化发展的象征，所以必须保留。自那以后，我们所的艺术田野开始从农村转向城市，从研究"798"艺术区开始，后来扩展到宋庄艺术区，这里除了有刘明亮、秦谊的博士学位论文以及我们所共同撰写的研究报告，还有笔者指导的一位韩国博士生金纹廷作的有关"798"艺术区和韩国仁寺洞艺术区对比研究的博士学位论文。这一系列课题研究得到了原文化部国家当代艺术中心的支持，因此，研究成果也是属于原文化部资助课题共享的。

第三部分是对景德镇陶瓷艺术区的考察。从1996年开始，笔者就在景德镇陶瓷艺术区做田野考察，持续到今天已20余年。开始只是自己在做，后来带领学生们（先后参与过这一课题的研究生有王婷婷、陈紫、王丹炜、白雪、张欣怡、张萌、郭金良、田晓露、陈思）一起研究，这是中国艺术研究院艺术人类学研究所持续研究时间最长、花费力气最大的田野考察点。最初关注的是20世纪90年代以后国营工厂改制下当地传统陶瓷手工艺的复兴问题。2006年以后，发现那座古老的陶瓷手工艺城市又发生了巨大的变化，其不再是一座仅靠当地手艺人创造当地文化经济而发展的城市，而是加入了许多外来的艺术家（包括来自世界各地的艺术家）和刚从艺术院校毕业的年轻的学生的城市。他们利用当地的陶瓷手工艺生产系统和当地传统的手工技艺，创造了新的艺术品及新的艺术化的生活日用瓷。他们的到来不仅复兴了当地的传统文化，还创造了新的具有地方特色的当代文化和艺术，让景德镇重回世界制瓷中心的地位。如果说在历史上景德镇是世界日用陶瓷生产的中心，那么现在它已经成了世界艺术瓷的创作中心。其之所以能有如此转变，是因为当地流传了上千年的生产方式和生产技术成了可供外来艺术家开发和利用的文化资源。现在，我们来到景德镇，以往那里废弃的国营大工厂以及周边的村庄都被开发成为类似于"798"艺术区、宋庄艺术区。这些艺术区里聚集了许多传统的手艺人和外来的艺术家，是他们和当地的手艺人共同开创了景德镇新的文化模式和经济模式。

笔者花了八年的时间和国家重点课题组（"西部人文资源的保护、开发和利用"）的成员们一起，在西部（包括梭戛苗寨）做田野考察，最后完成了一部题为《从遗产到资源：西部人文资源研究报告》的专著①。其中许多观点不仅出现在西部考察的专著中，还一直贯穿在我们后来所做的有关景德镇乃至"798"艺术区、宋庄艺术区的研究中。因为，在这些不同的地方，我们都看到了"从遗产（传统文化）到资源"的文化现象，即人们将传统作为资源再开发和利用的文化现象。

如刘明亮在他的有关"798"艺术区研究的专著中，描述"798"留下的巨大厂房空间："看到其在新时期的区域功能和文化功能的转变：它是新中国工业文明和历史发展的见证，同时也保留了工业化时期和'大跃进''文化大革命''改革开放'等时期的痕迹，使之一方面成为历史的见证者，另一方面又成为北京市文化产业的先行者。从这一点来看，它又是一个典型的'从遗产到资源'的案例。"②也就是说，当年"798"工厂遗留给北京市的不仅是一个时代的物质空间，还包含了整个计划经济时期甚至"文化大革命"时期的许多非物质的文化遗产。进驻那个空间里的艺术家、画廊，不仅有效地利用了其高大的厂房，还有效地利用了一段"红色"的记忆，创造了其特有的记忆文化。金纹廷也在其专著中写道："'798艺术区'和仁寺洞文化区的共同点在于，传统和现代、艺术产业和观光产业共存一处。同时，两个地方都受到全球化浪潮的巨大冲击，在艺术区的构成和系统上都发生了重大改变，其变化速度之快远超出人们的预测。"③

通过这些田野考察我们可以看到：第一，当今人类社会最重要的一

---

① 方李莉，主编：《从遗产到资源：西部人文资源研究报告》，北京：学苑出版社，2010年版。
② 刘明亮：《北京798艺术区：市场化语境下的田野考察与追踪》，北京：中国文联出版社，2015年版。
③ [韩]金纹廷：《后现代文化背景下的文化艺术区比较研究——以北京798艺术区和首尔仁寺洞为例》，北京：中国文联出版社，2021年版。

个标志就是"传统与现代不再对立"①,它们正在共同建造一个新的人类的社会文化;第二,以往人们是通过开发自然资源来创造文化,而现在的人们则是通过开发"文化资源"来"重构新的文化";第三,知识社会和知识经济正在取代传统的资本社会和资本经济②,其证据是,越来越多的人在从事与知识、智慧、经验和信息有关的工作,这些人是艺术家、设计师、手艺人、建筑师、工程师、广告策划师、网络工作者、金融家、科学家等。也就是说,今后社会的竞争不再仅仅是资本和生产工具、生产资料以及生产规模的竞争,而是知识、技艺、信息、经验、策划能力、思考能力、创新能力的竞争。而这所有的能力,不在人的身体外部,而在其内部。也就是说,身体与劳动工具、与资本合而为一的时代又要来临,好像是对传统的回归,实际上是一种新的社会的来临、一种新的竞争方式的来临。笔者看过一部书——《第三次工业革命:新经济模式如何改变世界》③,我们不妨将我们看到的这些新的文化现象命名为"第三次工业革命中的文化变革或社会变革"。

这一切变革都与艺术有着密切的联系,传统和现代是以艺术作为桥梁,才把它们关联在了一起。如所有的传统手工艺,在机器生产取代手工生产的今天,只有变成艺术,或者为艺术化的生活服务,才能保存下来。正因如此,景德镇才从传统的日用瓷中心发展成当代的艺术瓷中心。另外,艺术是重构传统景观和传统文化的最直接手段,正是这种重构激发了文化产业的向前推进,也填平了传统与现代之间的鸿沟。

同时,当文化重构成为一种当代的文化再生产方式时,艺术在其中起到的作用也是不言而喻的。笔者在西部做考察时发现,所有的非物质文化遗产,只要能转化成艺术,就不仅不会消失,还能够继续发展。这

---

① [美]萨林斯:《甜蜜的悲哀:西方宇宙观的本土人类学探讨》,王铭铭、胡宗泽译,北京:生活·读书·新知三联书店,2000年版。
② [日]堺屋太一:《知识价值革命——工业社会的终结和知识价值社会的开始》,金泰相译,北京:东方出版社,1986年版。
③ [美]里夫金:《第三次工业革命:新经济模式如何改变世界》,张体伟、孙豫宁译,北京:中信出版社,2012年版。

种发展不仅重新模塑了当地的文化符号与文化认同，也重新模塑了当地新的经济发展模式。①

以贵州的梭戛苗寨发展为例，2005年我们到那里考察时，当地的村民生活很困难。近十年过去了，不少村民已经脱贫了。他们将自己的文化变成艺术出售，如他们的歌舞、刺绣等。这是一种文化再生产的新方式，这种方式使得人类创造文化不再仅是人与自然的互动、人与物的互动，而且是人与文化的互动。其生产的结果是，人们不仅是在消费物质，也是在消费符号和形象，从而构建了文化产业兴起的社会基础和经济基础。所以我们看到，许多传统成了文化和艺术再创造的资源，所有的非物质文化遗产都成了可供展示和可供表演的符号，而非物质文化遗产传承人也几乎都成了民间艺术家。可以说，没有艺术的表现，人们是很难认识到非物质文化遗产的珍贵性的，也可以说，如果没有艺术的表现也就不会有今天红火的文化产业。

其实，这种现象不仅表现在农村社会、传统手工艺城市里，即使在现代大都市、在当代的艺术创作中也一样。人们也不再以再现自然景观或现实生活为目标，而是不断地在原有的文化中寻找重新创作的符号。如当代艺术家张晓刚、岳敏君、王广义等，他们都是在不断地利用计划经济时期和"文化大革命"时期的政治符号作为自己的创作资源，徐冰的《天书》则是在中国文字的历史中寻找资源，吕胜中铺天盖地的"小红人"却是在陕北的民间剪纸艺术中寻找资源，等等。在未来的后现代社会或信息化社会中，艺术作为人类文化代码所体现出的价值会越来越重要，以后，笔者会有专门的论著来讨论这一问题，并将其纳入这套文丛中出版。

社会的发展是迅速的，人类正在进入一个由互联网和智能系统组成的新时代。在这样的时代里，人类不仅要面对一个实体的物理世界，还要面对一个新出现的非物质的虚拟世界，那就是虚拟的网络世界。在这

---

① 方李莉：《"文化自觉"视野中的"非遗"保护》，北京：北京时代华文书局，2015年版。

样的虚拟世界里，人的存在多了一个维度；在这样的维度里，同样有艺术的存在，我们如何认识它？我们是否也可以在虚拟世界中做田野考察？如何做？王可的专著《虚拟艺术的人类学阐释》进行了一系列的发问，将艺术人类学的研究带入了一个全新的学术领域。

总之，田野工作是令人兴奋的，其会为我们呈现出许多鲜活的社会知识和智慧，所以，这套文丛是以艺术田野为重头的。当然，理论总结也同样重要，在这套文丛中还会有安丽哲的《艺术人类学》以及汪欣的《艺术人类学与非物质文化遗产》和王永健的《新时期以来中国艺术人类学思潮》。另外，为了便于教学，笔者在学生们的帮助下，还会将自己多年的教学大纲编著成《艺术人类学十五讲》并出版。

艺术人类学是一门外来的学科，因此，翻译介绍或与西方学者合作研究是必不可少的。近年来，中国艺术研究院艺术人类学研究所的李修建研究员，一直在组织大家翻译一些非常经典的艺术人类学论文，将这些论文汇集成两本《国外艺术人类学读本》译著，并在文丛系列中出版。另外，本文丛还收录了刘翔宇和李修建译、李修建校、凯蒂·泽尔曼斯和范·丹姆编著的《世界艺术研究：概念与方法》和刘翔宇译、李修建校、萨莉·普利斯著的《文明之地的原始艺术》这两本译著，以及关祎译、罗伯特·莱顿著的《艺术人类学的理论与田野——罗伯特·莱顿文集》等。罗伯特·莱顿教授和范·丹姆教授经常来中国参加我们研究所和学会共同组织的中国艺术人类学年会，与我们有着广泛而深入的学术交流。尤其是莱顿教授，作为外籍专家受国家外国专家局的聘请在我们研究所工作三年，在此期间，他一直参与我们的教学工作和景德镇的田野考察工作。所以，景德镇的相关成果也要部分归功于莱顿教授，是他和笔者一起指导学生，共同完成了许多研究。在共事中，我们打算以艺术人类学的田野工作为主题，出版一本对话录——《东西方学者不同的田野工作方式与体验》，这应该会是一本有价值的书。另外，范·丹姆一直在研究审美人类学，在这方面他是世界级的权威。他一直希望和笔者有一个对话，对话的主题是通过田野考察来讨论不同地方文化中的不同审美取向，以及这种审美取向背后所生成的社会结构等。如果能完成这一对话录，其也将被收录进这套文丛。

时代的发展需要不同国家的学者共同探讨、互补和互动，加深彼此间的共同理解，同时携手研究或解决一些世界性的问题。也因此，这套文丛的作者，不仅有中国艺术研究院艺术人类学研究所的师生以及在该所受过教育、如今已在全国不同高校担任教学与研究工作的学者们，还有多位与我们所长期合作的外国学者。

现在这套文丛有的已经完成并即将出版，有的还在修改之中，还有的刚开始撰写，因此，若要全部完成，可能要持续两三年的时间，也许还会更长。但这是一套有价值的文丛，希望出版后能够引起国内外学术界的关注，同时也希望这套文丛能够推动艺术人类学这门学科在中国的发展，奠定中国艺术人类学在国际上的学术地位。

最后还要声明的是，这套文丛的成果不仅来自我们研究所的学者以及中国艺术研究院培养的硕士生、博士生的共同努力，还要归功于中国艺术人类学学会的鼎力支持。此后，学会每年的年会论文集也将放在这个系列中出版，势必将增添这套文丛的学术分量。

再次感谢中国文联出版社的大力支持！也由衷地感谢编辑们的辛勤劳动！

方李莉

2018 年 10 月 18 日

序　言

王永健博士花了数年时间持续不断地面对不同的中国艺术人类学研究中影响较大，也是较早开始研究的一批学者进行访谈，渐次积累使之系列化，编纂结集，形成了这部具有学术价值的著作。

访谈（interview）属于质性研究的范畴，作为人类学田野民族志（ethnography）的基本研究，也可以说是基础研究方法。以访谈为主进行的田野民族志研究就包括了与报道人（informant）个人生活关联在一起的个人生活史（life history）民族志。最近一些年，个人生活史也已经成为一种学术呈现形式，不仅是非遗传承人、民间艺人这样的文化实践者，学者、艺术家也在其中。在当代社会里显得越来越重要了。说到个人生活史，今年中国学术界有不少人喜欢用"口述史"（oral history）这样的概念。其实口述史是历史学从人类学学科借来的概念，历史学者对当事者，特别是对那些经历了重大历史事件的人，以个人生活史访谈的方式获取个人在这些事件中的经历及体验，来弥补历史文献资料的不足。在历史学界，这种方法也扩展到对普通人的个人生活史或者说口述史访谈，以弥补在所谓"正统的"文献中对社会生活细节记载的不足，同时也是从普通人的角度重新去观察历史过程，以实现对"历史"的再认识。近年来，个人生活史研究方法也越来越多地用于学术史、艺术史等方面，对访谈研究方法未能系统掌握的一些研究者就出现了对"口述史"的误用或者滥用。不仅有些相关成果表现出访谈前缺乏细致的案头准备、访谈中问题线索不清、学术成果和个人观念及情绪情感缺乏联系、鲜有个人经历和体验的学术思考，乃至将访谈等同于学者或艺术家个人简历的复述等问题，对人类学、民族学、民俗学这些专业来讲，这种不够严谨的现象似乎还有数典忘祖之嫌。

个人生活史力求提供对报道人的个人经历、在特定社会情境中面对挑战如何做出选择、个人成长过程中所受的影响等方面细致入微的理解。研究者通过深入访谈，与对报道人日常生活的观察联系在一起，发掘和捕捉报道人的情况，进行一个全面而细致的生活叙事梳理。对学者的个人生活史访谈则是将他们作为报道人，以其学术生涯作为聚焦点，对其学术生活进行放大的特别研究。通过这样的研究，研究人员可以发现在更广泛的学科史、学术史研究中可能被忽视的对学科认识的个人理解、学术观点和学术思想萌发、成长、转变和学术作品形成过程、学术研究的个人体验等独特视角，钩沉学术发展更为具体而生动的历程。

有些学者使用"民族志传记"（ethnographic biography）作为一种研究策略，旨在以时间为线索，解决质性研究在捕捉文化实践者个人行为、历经和体验方面的困难。与前面谈到的个人简历复述不同的是，为了克服空间和时间上的不连续性，"民族志传记"强调运用将报道人与在田野工作中对社会实践的观察联系在一起进行自传式访谈的策略。这种自传式访谈的成功与否在于是否能够将报道人个人化的生活经历、个人叙事与他们所经历的社会事件在特定的时间和空间中联系在一起，在访谈中通过经历和叙事使报道人将"大的"历史事件和社会发展过程分解成更细小的单元加以叙述，以娓娓道来的方式加以细致的梳理，揭示通常被认为是"固定的"和"自然而然的"的历史的动态性和个人能动性。

做学术史访谈，和其他访谈工作一样，一定要做好细致的案头工作。再加上对于学术发展过程本身的掌握，这样的案头工作就更有针对性。据我了解，永健博士在每一次访谈前都会阅读将要访谈的这位学者的研究论著、了解他的学术成长经历，特别是艺术人类学的从业过程及经历，准备访谈提纲，再约定时间和地点从容不迫地进行访谈。经由了这样的研究准备和研究过程，才能够产生这样一部颇具学术价值的研究著作。

由于永健博士访谈的这些学者分属于不同学科，这些经历过学术和教育波折时期的学者在不同的境遇中开始关注艺术人类学，并从事艺术人类学研究，就像用质料不同、色彩各异、纽结方式有别的绳索编织起来的一张大网，添加了学术研究的情感和记忆，构成了中国艺术人类学交错复杂的格局。在访谈中，"艺术人类学"可以被视为一个研究领域，或者一个交叉学科，或者一个分支学科，不同的学者对"艺术人类学"到底怎么定义、内涵是什么、属于哪个学科、为什么要做艺术人类学研究、他们的研究经历和学术成果呈现,以及他们自己怎样在学术实践中认识、理解和阐释各自的艺术人类学研究等等内容,通过个人化的经历有时还有一些故事性情节,展现在读者面前。我相信,如果阅读者有心,可以获得生动的、有差别的,也许是更多不同视角的思考。新一代的艺术人类学研究者在阅读中倘若能够将对相关概念和理论的辨析和反思与未来艺术人类学田野民族志研究实践结合起来,中国艺术人类学将会出现更多彩而生动的图景。

在即将付梓之际,遵永健之嘱,写几句话,是为序。

2024年6月14日

自 序

中国艺术人类学自20世纪80年代被正式引入中国以来，历经了40余年的发展，逐渐成为一个专门的研究领域，并具备了一个学科的特质，即有专门的研究对象、研究方法，以及一批致力于该领域研究的学者。这门学科的魅力在于，它将西方人类学田野调查的研究范式用于艺术研究中，此种研究范式对于中国艺术研究领域而言具有革命性的意义。费孝通先生指出："到实地去是我们认为最正确的求学之道。这一点也许和我国传统的见解不十分相合。以前的学者是在书本上，这种见解有两点是不很正确的。第一点，他们假定我们所需的知识是已经为前人所获得的；第二点，他们假定前人所获得的知识是已经写在书本上了。知识是人对于事物的认识，事物本身是常在变迁的，所以任何人类已有的知识都需要不住地修改和增添。获得知识必须和知识所由来的事物相接触。直接的知识是一切理论的基础。在自然科学中，这是已经不成问题的，而在社会科学中还有很多人梦想着真理会从天外飞来。尤其是现在中国的社会科学，由于国外文字书籍输入国内，有的人一味靠国外学者在实地所得的知识，据此而推想中国的情形。他们启示假定着文化到处相同的原则，而这一原则本身在我们看来就是需要加以事实证明的。而且这一假定根本抹杀了加以详细研究的需要。若是我们一定要一个假定的话，不如先认为文化并不是到处都相同的。因为是不相同，所以我们要推究它不相同的地方，而同时亦不敢随意接受不是从本土事实中归纳出来的结论。"[1] 这段话是费孝通在英伦求学期间所写，从中我们可以捕捉到的关键词有"走出书斋、实地调查、知识更新、直接知识、本土事实"。理论是具有适用性的，某一文化得出来的理论知识，不一定适用于解释另一种文化，要坚定地走出书斋去做实

---

[1] 费孝通：《费孝通全集（第二卷）》，呼和浩特：内蒙古人民出版社，2009年版，第9页。

地调查，在本土事实调查与研究的基础上构建理论。这是从治学理念层面对中国社会科学研究的忠告。

艺术人类学被引入中国后，经历了一个由译介西方著述到不断学习研究范式，逐步追求本土化理论建构和进行国际对话的过程。通过爬梳中国艺术人类学的学术发展史，我们可以发现，有一批卓有理论建树的学者带领自己的学术团队深耕于此，他们自觉地运用人类学的研究范式，在田野实践与理论研究上皆取得了较为丰硕的成果。代表性的学者及其学术文本是学术史研究的重要内容。我们读到的书都是作者的成品之作，我们很难看到作品的创作过程，而访谈让我们近距离接触到了作者，听到他讲述求学、从研及至写作的心路历程，以及学术思想形成的构思过程，过程感和经验性的内容是很难听到的，这也是学术访谈的价值所在。基于这样的考虑，在文本研究的同时，笔者决定对中国艺术人类学发展历程中的代表性学者做一系列的学术访谈，以补充文本研究的不足。如对中国社会科学院靳大成先生的访谈，仅从文献层面而言，我们能找到的罗伯特·莱顿的《艺术人类学》是1991年由靳大成先生牵头翻译的，如果没有对他的访谈，在写作中或许仅会对该文本进行描述。但是通过访谈发现远非如此，靳大成先生讲述了20世纪80年代的社会和学术背景，中国社会科学院文学研究所创建新学科办公室，他自己写就的硕士学位论文《艺术人类学——文化批评的理论基础》，以及在此背景下如何去发现罗伯特·莱顿的《艺术人类学》这本书与组织翻译的始末，这是一段重要的学术史材料，理应纳入学术史写作中。

有了这样的思考，笔者在六年的时间里陆续对十三位学者做了访谈。当然，要想将访谈做得深入其实并不容易，需要提前阅读被访谈学者的著述，梳理出他的研究领域、研究专长、理论贡献等方面的内容，进而设计出访谈提纲，主要围绕着他的求学与学术研究发展历程、理论贡献、研究经验与心得、如何带学术团队等。这些访谈中流露着他们的现场感和经验过程，对于我们而言是十分难得的。所有的访谈并不是一次完成，多是经过了多次的循环往复的增补、修订，方可定稿。因此，非常感谢诸位老师的鼎力支持，在百忙之中接受笔者的访谈，并不厌其烦地多次对文稿进行修订，方使得今天这本文集能够面世。这本文集中的访谈文章，均已陆续在学术期刊上发表，现将它们结集出版，以期在整体上呈现给学界中国艺术人类学研究领域代表性学者的学术思想智慧。相信这本文集的出版可以对艺术人类学研究领域的研究者从事学术研究有所启发，也希望它们能够成为将来学界对这些学者进行学术思想史研究的一把钥匙，如果能实现这样的学术目标，也不免让人心生慰藉，是为序。

王永健

甲辰春月　北京三厚堂

目 录

立足本土立场的艺术人类学研究　　　　　　　　　　　　　　　　1
　　——方李莉研究员访谈

走进艺术人类学：兼谈 20 世纪 80 年代的学术思潮　　　　　　14
　　——靳大成研究员访谈

民间文艺与艺术人类学研究　　　　　　　　　　　　　　　　　45
　　——刘锡诚研究员访谈

面向普通民众的中国艺术人类学　　　　　　　　　　　　　　　62
　　——周星教授访谈

城市中的艺术田野与音乐上海学的生发与实践　　　　　　　　　86
　　——洛秦教授访谈

由民族学视角介入艺术人类学研究　　　　　　　　　　　　　100
　　——色音研究员访谈

国际化与在地化的艺术人类学研究　　　　　　　　　　　　　115
　　——彭兆荣教授访谈

跨界与融合：民族学与艺术人类学研究　　　　　　　　　　　135
　　——王建民教授访谈

走向田野的审美人类学研究　　　　　　　　　　　　　　　　158
　　——王杰教授访谈

田野调查、艺术史与艺术人类学研究　　　　　　　　173
　　——王廷信教授访谈录
在艺术与民俗之间搭建桥梁　　　　　　　　　　　194
　　——张士闪教授访谈
跨学科的艺术人类学研究　　　　　　　　　　　　209
　　——廖明君教授访谈
艺术与文学交织的艺术人类学研究　　　　　　　　221
　　——徐新建教授访谈录

立足本土立场的艺术人类学研究
——方李莉研究员访谈①

王永健（以下简称王）：方老师，您好！受《贵州大学学报》（艺术版）之托，很高兴能利用这次开会的间隙采访您，多年来，您一直致力于艺术人类学理论与田野实践研究，取得了一系列研究成果。艺术人类学作为一门从西方传入的学科，在中国得到了不同学科领域学者的应用，咱们从艺术人类学对其他学科的影响和贡献谈起吧。②

方李莉（以下简称方）：你提出的这个问题也是我一直在思考的问题，艺术人类学是一种跨学科的研究方式，当然也可以说是一个来自西方的较年轻的学科和一个较新的研究领域。至于它对哪些学科有贡献，或者说它对哪些学科起到一定的推动作用，艺术人类学在这个时代出现的意义是什么，提出了哪些新的重要的观点来影响当今的学科，这是值得我们去探讨的。我想，每个时代有每个时代的特点，在这个信息化的时代里，加快了人与人的

---

① 方李莉，女，1956年出生，江西都昌人，清华大学美术学院博士（师从著名工艺美术理论家田自秉先生），北京大学社会学人类学博士后（师从著名社会学人类学家费孝通），美国肯塔基大学艺术学院访问学者。中国艺术研究院艺术人类学研究所创所所长，院学术委员会委员，国家非物质文化遗产专家委员会委员，中国艺术人类学学会会长，英国杜伦大学高级研究院特聘研究员。东南大学特聘首席教授，东南大学艺术人类学与社会学研究所所长，博士生导师。先后担任北京市第十三届、十四届人民代表。出版有十余部专著，并在各类杂志上发表论文近200篇，承担过多项国家重大及重点研究项目。多篇论文和专著被翻译成英文、西班牙文、法文、阿拉伯文等不同国家的文字并出版，曾应邀到美国、英国、加拿大、韩国、日本等不同国家的大学做学术讲座，并到亚洲、非洲、欧洲、美洲不同国家的博物馆做考察。主要代表性著作有：《景德镇民窑》、《传统与变迁——景德镇新旧民窑业田野考察》、《飘逝的古镇——瓷都旧事》、《艺术人类学》（合著）、《中国陶瓷史》、《艺术人类学的本土视野》、《从遗产到资源——西部人文资源研究》、《遗产：实践与经验》、《西行风土记——陕西民间艺术田野笔记》、《陇戛寨人的生活变迁——梭戛生态博物馆研究》、《"文化自觉"视野中的"非遗"保护》等。

② 2014年11月1—2日，"中国艺术人类学国际学术研讨会"在北京舞蹈学院召开，受《贵州大学学报》（艺术版）委托，会议期间王永健博士采访了方李莉研究员。

互动、社会与社会的互动、人与社会的互动，包括学科与学科之间互动的速度，可以说这是一个全球互动的快速发展时代。也就是说，新的时代对我们的研究提出了更高、更新的要求，跨学科的综合性研究已成为人文社会科学研究发展的必然趋势，学科之间的交融与互动已成为常态。现在的学科不像以前的学科，每个学科之间都隔着一堵墙，每个学者都被圈在不同的墙里做学问，所谓隔行如隔山。当然，学科之间的差别，今天仍然存在，只是当你站在高空俯视的时候，你会发现学科之间的墙变得扁平了。有人说，在第三次工业革命以后，地球开始变为平的，那么今天的学科是不是也在变平，这个"平"不是说学科之间没有了区别，而是说，当研究达到一定高度时，学科之间是可以互相流动和互相影响的。艺术人类学作为一个跨学科的领域，在这方面表现得特别突出。其研究方法和视角，不仅影响着不同的艺术门类，也影响着人类学自身，从而形成一个学科群，也许这就是它的特点。一门学科之所以能够存在和发展，就在于它对当代社会和文化的发展，以及对其他学科的交融所产生的促进与影响。如果说，这门学科不能给予别的学科以任何启发，它存在的价值就会小得多。艺术人类学这门学科在影响其他学科的同时，其他学科也在影响着艺术人类学，在这个时代很难说某一学科是单一发展的，这也许就是未来的一种趋势。艺术人类学的价值就在于它能贡献一种新的研究方式和看问题的方式，并能形成许多理论资源点，以达成学术共享。比如说，其可以对非物质文化遗产的保护与研究、对民间艺术的研究、对当代艺术方面的研究、对文化发展的研究、对人类学的研究等做出相应的回应。通过艺术人类学的视角，我们不再像以前那样把艺术看成是很单一的以艺术作品为中心的一种研究，而是会把艺术放在一个整体的社会系统中，看到其与社会和文化之间的相互交映的关系，而且作为社会的代码与符号，有其潜在的价值与意义。

　　王：自中国艺术人类学学会成立以来，几乎每年都会举办学术研讨会，这次研讨会有近300位中外学者参加，提交了150余篇论文，可以说规模浩大。首先，概观今年的论文集发现，学者们对当下的社会现实较为关注，在许多来自不同地域的艺术田野考察报告中，有不少探讨传统文化复兴、非物质文化遗产保护等方面的研究，您是如何看待这些问题的？其次，请谈一谈您的"从遗产到资源"的理论建构以及您如何看待中国文化未来发展的问题。

方：学会从成立之初就秉承费孝通先生"文化自觉""从实求知"的学术思想，重视传统文化的研究，关注当下的社会文化艺术的研究，学者们到现实的田野中去做调查，呈现给我们鲜活的田野研究个案，从实践中求得真知，可以说这是我们学会存在的重要价值。这次会议的主题是"文化自觉和艺术人类学研究"，"文化自觉"是费先生在十几年以前提出来的思想，其重要的意义在于，对我们自己文化历史的重新思考，对于费先生来说，"文化自觉"的意义就是要说清楚我们的来龙去脉，对自己的文化要有自知之明，而自知之明的目的是掌握我们文化发展的自主权。习近平总书记在10月15日文艺座谈会上的讲话中，也谈到要认真学习我们的传统文化，他认为说清楚中国的传统文化很重要，中国的传统文化是中国最重要的软实力。

我认为作为学者，我们不仅要说清楚我们的传统文化、我们文化的来龙去脉，还要进一步研究传统文化和当代中国文化之间的关系是什么。其在什么样的程度和情况下能推动我们今天的文化发展。当今，整个世界正在发生着巨大的变化，伴随着互联网的出现、新能源的开发，人类社会的发展面临着巨大的变革。在这样的背景下，艺术人类学这门学问能做什么？能研究些什么？我觉得这是非常值得思考的东西。中国是一个传统艺术资源特别丰富的国家，有不同历史阶段的艺术，有不同地域、不同民族、不同阶层的艺术，还有不同门类、不同风格的艺术等。对于这些丰富艺术资源的考察、记录与研究，汇聚起来就是我们中国未来文化发展的最重要的资本之一，也是最重要的文化基础之一，所以我就觉得我们艺术人类学的研究大有可为。

中华文化复兴中最重要的一条，就是不仅要说清楚我们的文化的根本是什么，还要说清楚我们的文化是从哪里来、将要到哪里去。这里的文化不仅包括精英文化、汉族文化，还应该包括我们的民间文化、少数民族文化，在这些文化里面，艺术是最重要的部分之一，也正因为如此，中国艺术人类学的发展才显得很重要。我们这些从事艺术人类学研究的学者们，每年深入不同的农村、不同的民族地区、不同城市的艺术区做田野调查，然后在开年会时，将自己的学术成果贡献出来，共同研究和讨论。正因为大家的共同努力，在每次的年会上，我们才可以同时看到不同地区的音乐、美术、舞蹈、戏曲，包括非物质文化遗产等的发展状况，这为大家的理论研究提供了大量的信息和来自田野的一手资料。我们每年都会挑选出一部分优秀论文出版上、下两册论文集，我想这些论文集今后都会进入历史，因为每次会议的论文集都记录了中国当今不同地区的艺术发展状况以及生存状况。大家在讨论这些传统艺术、民间艺术、少数民族艺术、当代城市艺术的同时，也结合当代的社会发展，讨论到非物质文化遗产，讨论到艺术与当今社会的发展关系、与文化产业的关系等，这是非常好的现象。我们这么多的学科在一起讨论，是自说自话呢，还是共同研究？这是一个很有趣的现象。以前大家会觉得隔行如隔山，但在我们的年会上，大家会选择在不同的小组听会。因为大家发现我们研究的艺术门类虽然不同，但我们所面临的问题却是共同的，在共同问题的面前没有专业性，只有看问题的不同角度和解决问题的不同方法，这是很有趣的现象，也就是说，在当今时代的学术研究，从以前以专业为中心转向了以问题为中心。

在研究中，我们发现了许多共同的东西，所有的传统文化，只要能从生活中抽离出来变成艺术，其不但不会消失，还能成为新的经济的引擎，从而被发扬光大。以工艺美术来讲，很多以前的日常用品开始变为艺术品，很多以前的工匠开始变成民间艺术家或者非物质文化遗产的传承人，甚至工艺美术大师。音乐、舞蹈也一样，以前存在于田间山头的日常娱乐被搬上了舞台，出现了许多农民表演艺术家。同时有许多艺术，从舞台和艺术家的创作中走向了生活，如城市中的街舞、广场舞、大妈舞等，它们又从舞台开始回归到我们的生活当中。一方面从我们的生活走向艺术；另一方面又从艺术走向我们的生活，这样的两股流向非常有意思。在这里，我们可以看到传统与现代之间的对立在消除、在融合。现在许多的传统文化被艺术化以后，成为日常生活中的重要消费品，也就是文化产业的一部分。我们还看到文化和商品之间界限的消融，而所有的这一切都是通过艺术的消费来做到的。艺术成为传统与现代、文化与商品之间的消解剂。因此，在这样的时代，我们研究艺术就不能仅仅将其看成是审美的对象，还要将其看成是文化系统中最活跃、最多变的因子。

我一直在思考两个概念：一个是美国人类学家萨林斯提出来的"在晚期资本主义时期，传统与现代的对立消失了"。他通过田野研究看到，许多第三世界和第四世界的国家，正在纷纷将高科技用于自己的传统文化，传统文化开始在这些国家复兴。还有一个概念就是布迪厄提出来的"文化再生产"，这个概念很有意思，为什么说是"再生产"，而不是生产？按照我的理解，在前工业社会时代，文化的产生来自人与自然的互动，是在人和自然发生关系的过程当中产生了文化。在工业化时代，人们是通过对人工造物的大量生产和消费中创造文化的，所以体现的是人与物的关系。那么到了后工业化时代，这一情况发生了很大的变化，这一变化就是在地球上已不再存在原生态的自然，所有的地方都被人文化了、人工化了。此时人们创造新的文化，往往是在原有文化的基础上重新构造文化，所以这是一个再生产的概念，而不是一个生产的概念。将这两个概念融合在一起，我们就清楚了为什么在后工业社会中，传统和现代不再是一对矛盾，那是因为现代必须来自传统。在这样的概念的基础上，我自己创建了一个概念，那就是"从遗产到资源"。这一概念解释了为什么在20年、30年前，文化遗产保护的工作那么难做。而在今天，不仅政府有积极性，民间也有积极性，因为这里蕴含了商机和文化再创造的可能性。我将自己的这一概念进一步延伸，所看到的是在今天的社会，不仅存在自然资源，也存在文化资源。文化产业的出现就在于文化已经成为可以开采的资源，而且这一资源构造的终端就是艺术。在开采的过程中，许多传统文化变成了文化资源，然后被构造成各种艺术并推向市场。当然，任何现象都是双刃剑，其可以造福于人类，也会制造出垃圾，也会污染环境，就像人类利用自然资源一样。所以，这就需要我们学者去思考这一问题：如何在后工业文明时代发挥我们这一学科的特长，为推动人类社会的健康发展做出贡献？

另外，还有一个值得关注的现象，那就是既然传统文化可以成为资源，其不仅和现代社会没有矛盾，而且现代社会的发展还必须在其基础上生产或重构。这样，传统文化的复兴就变成了现实，而且传统文化的价值也实现了，对于今天的社会来讲，传统文化不再是过去式，它是现在式，甚至是将来式，成为我们发展未来文化的基础，成为我们的软实力。所以，这个时候我们的研究就显得尤为重要了，我们在研究过去、现在和未来，我们把这个关系给打通了。

在这样的社会背景中，中国文化的优势在什么地方？中国的文化基因又是什么？这也是值得我们探讨的问题。中华民族上下五千年文明史始终没有被打断，它的内在因素是什么？其强大的生命力来自何方？

在这里我要借用基因这个生物系统中的概念来说明这些问题。所谓的基因也可以称为遗传因子，其支配着生命的基本构造和性能。储存着生命孕育、生长、凋亡过程的全部信息，通过复制、转录、表达，完成生命繁衍，生物体的生、长、病、老、死等一切生命现象都与基因有关，它也是决定生命健康的内在因素。那么，中华文明的文化基因有什么样的特性？这是值得研究的。我认为，中华民族文化的生命力，首先就在于其文化基因的丰富性和多样性。中国地大物博，有56个民族，不同的民族文化、不同的民间文化、不同的地域文化、不同的精英文化，这么多的文化基因，组合成了中华文明的文化特点。按生物学的观点来看，遗传多样性越丰富，则族群中可提供环境选择的基因就越多，相对的对于环境适应的能力就越强，有利于族群的生存及演化。另外，所有的生物圈，基因越丰富，它抗击外来入侵的能力就越强。正因为我们传统文化基因的丰富性和多样性，才形成了中华民族文化强大的生命力。其次就是中华文明的包容性。中国有一句古话叫"海纳百川，有容乃大"，纵观中华文明的发展史，我们可以看到的是，中国从来就是一个开放的、有着宽广胸怀的国家，自古就有"天下一家""四海之内皆兄弟"之说。之所以有如此的胸怀，不仅和中国的哲学观有关系，还和当时强大的对外贸易有关系。远在战国时期，我们国家的丝绸就到达了罗马，在汉代形成了从陆路通往欧洲的丝绸之路，从唐代开始，中国开通了海上陶瓷之路，当时中国的陶瓷贸易不仅到达了东亚、东南亚、中亚、西亚，还到达了北非和东非。到了明清以后，中国的瓷器开始销往欧洲和美洲，几乎遍布全球。不仅是瓷器和丝绸，还有茶叶、家具、漆器等。其实，这种输出是双向互动的，在我们把我国的物品和文化输出去的同时，也在不停地吸纳着不同国家和地区的物品和文化。这种与世界不同文化的互动，也是古代中华文明得以强大的一个重要因素。按生物学的理论，生物的各种性状几乎都是基因相互作用的结果。所谓相互作用，一般都是代谢产物的相互作用，只有少数情况涉及基因直接产物，即蛋白质之间的相互作用。这一理论告诉我们，任何生物体的存在都有赖于和其他生物种群的互动。同样，人类文化的发展也有赖于其开放性，即与其他文化的互动。

所以，中国文化的未来仍然是要具有开放性的视野、开放性的发展。国家的文化发展如此，我们的艺术人类学这一学科的发展也是如此。在艺术人类学这个平台上，聚集了艺术学、人类学、民俗学等学科，这些学科之间的互动就像是基因中的种群互动，产生了旺盛的生命力。在这里，我们不再是学科界限，而是问题意识、时代意识、社会意识。面对整个世界的发展，我们需要讲清楚我们的中华文明、中国文化，只有这样，才可以有认识、有发展、有研究。我想这就是我们的任务，也是我们的价值所在。没有任何一个人可以引导一门学科，每门学科的发展都需要天时、地利、人和，是时代的发展和需要，使我们这些不同学科的人走到一起，共同以人类学的理论方法，来探讨中国艺术、中国文化的传统与未来。

王： 就艺术人类学研究而言，国外的研究与国内的研究有什么重合之处？不一样的地方体现在哪儿？艺术人类学研究对社会文化发展的推进作用是如何的？请您结合您自己的田野研究来谈一下。

方： 人类学这门学科是来自西方，艺术人类学当然也是来自西方，这样的研究理论和方法在西方已经有近二百年的历史，形成了许多固有的研究方法和理论体系，也形成了它自身的许多特点。现在我正在英国杜伦大学访学，大部分时间我都用来听课，通过听课对其研究方法和领域有了进一步的认识和理解。其实人类学也有许多分支和流派，艺术人类学既有自己的独立性，也被分属在不同的人类学研究领域中，如一般社会人类学比较注重社会结构、社会组织，包括宗教意识等方面的研究。我觉得表演艺术与其联系比较多，受其理论方法的影响也比较大。而造型艺术受物质文化人类学的影响较大，因为该领域主要是把生物学演进、遗产与文化的积累、技术的传承、传播结合在一起研究，尤其对手工艺和设计等方面影响比较大。另外，语言人类学、哲学人类学、符号人类学、象征人类学等各个流派都对艺术人类学有影响。尤其是人类学将人的生物性和文化性相结合的研究方式，将人类学和其他研究文化的学科，如民俗学、民族学、社会学等很明显地就区分开了。但是在中国，这一学科的特点还没有完全显现出来。所以，从事艺术人类学研究的学者，还需要进一步研读西方人类学的经典理论著述，掌握其研究方法，并将其与中国的现实状况及学术传统结合起来，形成中国自己的研究特色。当然这不太容易，需要我们大量地读书和学习，最好多读一些原著。可以说，人类学既是一门理论性很强的学科，也是一门实践性很强的学科，其讲究走向田野，从实求真，也就是在客观事实中寻求知识，促使我们在向西方学习的同时，还要向生活实践学习，向时代发展中的各种综合性知识学习。

至于谈到西方艺术人类学和中国的艺术人类学研究的差异，我觉得还要从其发展的初始来认识。可以说，西方的人类学是源自西方走向全球化的初期，所以它会有到不同的国家做田野的传统，如非洲、大洋洲、南美洲、北美洲、印度尼西亚、印度、中东等，当然有时也会到日本、韩国还有中国等地做田野。总之，起初这些研究是为西方殖民者提供这些不同部落和国家的文化特点，以便于更好地实施殖民统治。但后来变为通过研究这些"异文化"而达到一种对自身文化的反思，这就使其具有较强的文化批评性。同时，这一学科又是伴随生物进化论以及科学发展史的发展而发展的，所以比较强调从生物与文化相结合的角度来探讨人的本性及文化，并要求保持科学的、客观性的研究方式，当然到了今天，这些研究又发生了很大的变化，在这里就不详谈了。总之，艺术人类学是人类学的一部分，西方人类学的发展路径中包含了艺术人类学的研究。

而中国人类学和西方人类学的初始目标不一样。如果说西方人类学的初始目标是研究远方的"他者"，而中国人类学的初始目标则是希望用这一种来自西方的研究方法，来认识自己国家的民族文化、社会构成，以达到自知之明，并推动中国文化和社会向前发展。所以，中国的人类学很少研究中国以外的地区，大都是在本国不同的汉民族和少数民族地区做研究。中国的文化艺术资源很丰富，有 56 个民族，还有众多边远的乡村，这些都成为中国人类学研究的地域和对象。而艺术人类学是随着少数民族大调查、中国十大集成、西部人文资源的考察、非物质文化遗产的保护等工作的开展而逐步发展壮大起来的。这也说明，在研究中，人们发现了这一学科的有用性，其可以帮助我们认识自己国家不同地域的传统艺术、民间艺术、少数民族艺术等，能从文化和社会功能的角度将其解释得更清楚，并由此更进一步认识中国文化的价值系统及今后文化艺术的走向。

近年来，城市艺术人类学的研究也越来越受到重视。随着全球化的发展，农村与城市的概念、民间艺术与当代艺术的概念、手艺人与艺术家的概念也发生了极大的变化。许多的手艺人正在追求作为一位艺术家的地位，让自己的作品有机会进入美术馆、博物馆。而许多的艺术家也在向民间的手艺人学习，以使自己的艺术创作打开更大的发展空间。在科技高度发展的今天，手工业生产早已被机器所代替，手艺唯一留下来的理由就是其可以为艺术创作服务、为生活的艺术化服务，这也为手工艺人走向艺术打开了通途。所以，出现了许多民间艺人、工艺美术大师等。另外，近年来城市中出现了许多新的艺术区，这些艺术区一方面在推动着当代艺术的发展；另一方面又是通过艺术在建构着人的内心中的时尚景观、小资浪漫、乌托邦情怀等，其所引起的都市人的心理变化，是值得艺术人类学去探讨的。在都市流行的农民工音乐、街舞、广场舞、大妈舞等新的都市艺术现象，让我们看到艺术正在回归我们的生活。互联网和全球化，让我们的上班时间有了更多的自由，让人性的回归有了更多的可能性。在这样的过程中艺术在扮演着什么样的角色？其是以什么样的形态潜伏在我们当今的社会系统中？其对当今的文化和当今的社会生活产生着什么样的作用？这些都是值得我们艺术人类学去探讨的。

如果要谈到中国的艺术人类学和西方的艺术人类学有什么不同，除了出发点不同、研究的地域范围不同之外，还有一个很大的不同，那就是如果我们的研究对象主要是中国自身的文化的话，那么就还有中国文化自身的特点。中国是一个具有几千年文明史的国家，研究中国的地方文化，除了要做大量的田野工作外，阅读大量的历史文献也是必不可少的。因为今天发生的许多问题，可能早在历史上就埋下了伏笔，你以为这是民间创造的，但不知道在很多年以前它实际上是宫廷文化的一部分，后来被民间所保存下来；有的文化你以为是今天创造的，而实际上在历史上就有这样的传统，今天只是在恢复而已；另外，你以为是中国人自己独创的，却不知道在历史上这是从外来文明中借鉴或吸收进来的。所以我们要做的工作一个是要阅读历史，还有一个就是要注意大传统和小传统之间的互动关系。正因为如此，在做田野时，我特别注重对文献和历史的学习，当然也包括对器物和艺术品的学习。我花时间做得最多的田野就是景德镇，从20世纪90年代，我就开始关注其手工艺的复兴现象，在当代社会的手工艺复兴，是回归传统，还是后工业文明的开端。这是我一直关注的问题。景德镇虽然只是一个内地的传统陶瓷手工艺城市，但它却是世界上最早迈向全球化的城市之一，在历史上曾是世界制瓷的中心。从宋代开始就出口瓷器到不同的国家，到明清，其制作的瓷器面向整个世界，面对巨大的世界市场，景德镇成为最早实行分工合作，流水作业生产瓷器的城市。

对于手工业文明的城市，我们要讨论它的当代发展，如果对它的过去没有深刻的认识和了解的话，对于其今天发生的许多现象就很难解释清楚，所以我在做田野的同时也在研究历史。在研究历史的过程中，有两个人的观点对我影响比较大。一个是博厄斯的"历史特殊论"。他认为"每一种生活方式，都是过去许多历史因素作用下的产物"。同时他还认为，"每个文化只能作为一个历史发展物来理解，它在很大程度上由外界事件决定，这些事件不产生于人们的内部生活"。所以要关注不同的地方文化都有其自己的特殊性，但同时还与其形成的外部条件有很大的关系。这也就是汤因比所说的："各个文明并不是孤立存在的，它们恰恰是相互接触的，文明的相互接触包括同时代文明在空间中的接触和不同时代文明在时间中的接触。"所以，在我研究景德镇的历史和现实问题时，我都会把它同时放在一个历史的语境和全球化的语境中来看待。这和西方人研究的没有文字的原始土著部落文化有很大的差别。

即使是当今的景德镇看上去是传统的复兴，但实际上也是全球文化互动的结果，是互联网时代以来全球开发地方传统资源的结果。景德镇的资源不仅在于它所拥有的制瓷原料与运输条件，这是它在历史上的优势。今天景德镇的优势则在于非物质的工匠技术和传统的社会系统上。工匠自身所形成的身体资源，吸引了许多来自不同地区和国家的艺术家到这里创作他们的艺术，同时吸引了许多毕业于艺术院校的学生到这里创业。他们要利用的是这里工匠的技术，这些技术很难置身于身体之外，因为其不仅是一种技术，还是一种经验和祖祖辈辈流传下来的某种地方性知识。正是因为这种全球的互动，传统与现代不再对立，是艺术填补了传统与现代之间的某种断裂，让景德镇重新成为世界艺术瓷的创作中心。这样的研究很复杂，篇幅有限，以后我会通过专门的文章来讨论艺术与文化再生产及全球化的问题。

王：从您的系列研究中，从景德镇瓷文化艺术研究到西部人文资源的研究，再到北京"798"艺术区、宋庄艺术区的研究，可以看出您一直立足于本土文化的立场做研究，而且一直致力于中国艺术人类学理论的归纳与总结，您是如何看待这个本土立场或者本土化的理论建构问题的，以及您的田野经验主要有哪些？

方：从20世纪90年代开始，我大概花了20年的时间来做田野。除景德镇之外，我还花了大概8年的时间在中国的西部做田野，走了不少的地方，完成了国家重点课题"西部人文资源的保护、开发和利用"。在这期间，课题组一共做了70多个个案，最后完成了一套西部人文资源研究丛书，总报告书叫《从遗产到资源——西部人文资源研究报告》，通过70多个案例的分析，得出了传统文化和文化遗产已成为当今社会发展的基础和资源的结论。因此，现代性和传统文化之间的鸿沟已经消除，而在其中起作用的正是艺术，许多传统文化失去了实用性，却以艺术的方式保存和发展下来了，这是我在西部做了8年考察得出来的结论。最近在我对当代景德镇的研究中，以田野实地考察进一步论证了这一观点。景德镇由传统的世界日用瓷生产中心，变成当代的世界陶瓷艺术创作中心就说明了这一问题。而且通过实地考察让我们看到当今社会进入后现代时期，人们消费观发生了转变，由以往的物质消费到精神消费、形象和符号的消费。这一点不仅体现在西部和景德镇的研究中，也体现在近几年我指导学生在北京"798"艺术区和宋庄艺术区所做的田野研究中。像"798"和宋庄这样的艺术区的出现，呈现的也是这种后现代文化现象，人们走进这样的艺术区，不仅是为了消费艺术品，甚至是为了感受这里的艺术气氛、浪漫想象，由此艺术家的艺术空间带来了系列的文化产业，包括旅游业等。

　　这么多年的田野总结就是，我们的许多知识不仅在书本，更是在真实的生活空间中，所有的理论都要到实践中来重新认识，才会有更深切的体会。另外，新的理论总是由来自生活的第一手资料所构成，而书本的理论永远是别人创造的。所以要真正了解中国社会，来真正建构中国自己的艺术人类学理论，都必须要从实践中来、从田野中来。我认为，没有人能创造理论，所有的理论都是原本就存在于我们的生活中、我们的社会实践中。作为学者只是去发现这些生活和社会中的道理，然后将其总结并归纳出来，找到其共同规律，这就是我们的理论的由来。任何的真知灼见都是来自深入的考察研究，而不是仅凭读一点名人的理论，就能模仿和拷贝得来的。西方人之所以能建立自己的当代理论，就在于他们重视科学研究，重视实地考察，重视不断实践，并不断分析、归纳和检验，而不是纸上谈兵。我和英国著名人类学家莱顿聊天，他也谈到这个问题，他很希望了解中国艺术人类学的研究成果，他几乎每年都来参加我们中国艺术人类学的年会，就是因为他想了解中国学者的思考。他说，近百年来中国一直都是从西方引进理论，采用的是拿来主义，而今天中国是否已经到了可以给世界贡献理论的时候了？因为人类世界正处在一个转型期，对于人类的未来发展需要多样性的智慧和经验，而中国智慧和中国经验，在当今世界是非常重要的。中国不仅文明历史久远、人口众多、文化艺术资源丰富，而且如今已成为一个经济大国，在世界上占据重要的位置。中国当代文化的缺失，会是世界的一大损失，同时中国当代文化的发展，也会成为推动世界文化发展的一股动力。这也是为什么当今世界上不少国家学术界，都在关心中国的学术研究，他们希望中国的学术界能给世界的学术研究提供一点新的研究资源和新的理论方法。

当然，要达到和世界不同国家的学者自如地交流还是有难度的，那就是语言的问题。我们年会每年都有外国学者参加，大会主题发言时我们有翻译，但小组讨论时就没有了，所以小组讨论时，这些国外的学者们都参与不了。所以从明年开始学会准备专门组织一个英文组，把英文好的学者和外国学者们放在一起讨论，一方面让他们多了解我们；另一方面我们也能很好地向他们学习。这就需要我们努力提高自己的英文水平。我认为在全球化时代，英文的学习还是非常重要的，尤其是对人类学的学习，英文不好就很难深入地了解西方的人类学理论。我们只有在深刻地了解西方文化的基础才有可能超越西方，并走出一条中国的艺术人类学的道路。

王：很感谢您方老师，在这么短的时间里带给了我们如此大量的信息。我们的学会里年轻的学者占到了很大的比重，这也使我们的学会充满了活力，朝气蓬勃。当然，这些学者对艺术人类学的研究还很懵懂，也可以说是刚刚接触，最后想请您对我们年轻的学者说几句。

方：我们学会的会员越来越多，两年之间增加了300多人，尤其是年轻的学者，为什么会有这么多的学者自愿加入呢？我想还是学会有它自己独特的魅力所在，因为我们每年参会的学者们有许多都是人类学界的重量级人物，像周星、纳日碧力戈、王建民、麻国庆、色音等，还有美学和各门类艺术方面的大家，如王杰、廖明君、刘桢、邓佑玲、杨民康、李立新、李祥林等。他们的大会和小组点评，还有最后的学术总结都是很有吸引力的。还有西方著名的艺术人类学家莱顿教授、范丹姆教授等，他们几乎每年都来，他们的大会发言给我们带来了许多国际前沿研究的一些新信息。年轻人们来到这个会议上，不仅能表达自己的观点，和大家分享自己的研究成果，更重要的是能学到东西，能对自己的研究有启发。在我们学会里年轻的会员很多，几乎占到了一半的比重，有些学者可能以前没有接触过人类学，但到学会的平台上来参加会议，有的几乎不发言，只是来旁听，想先看看大家都是怎么做研究的。我想有了这样的学习过程，他们再回去补一下人类学的知识、读一些人类学的著作，慢慢就入门了。

首先，我希望我们年轻的学者们不仅要做田野，也要重视理论研究，我们要田野和理论并重。做研究时要有问题意识，要能够站在田野考察的基础上提出我们的看法，这一点我觉得大家要加强。其次，在做田野时，还要旁证其他人所做的田野，不然做了之后，你以为就是你发现的，其实你不知道其他人早就做了，而且比你做得还要好。要做到这一点，就要广泛地阅读，要知道我们的任何研究都是建立在前人的基础之上的，不是自说自话，不是单打独斗。最后，我希望有更多的年轻学者，能努力提高英语交流的水平，参加我们明年英语组的讨论，以后通过大家的努力，让中国的艺术人类学研究在国际学术界也能占一席之地。

走进艺术人类学：兼谈 20 世纪 80 年代的学术思潮
——靳大成研究员访谈[①]

一、20 世纪 80 年代的学术环境与学术生态

王永健（以下简称王）：靳老师，您好！很高兴能有此机会对您进行专访。20 世纪 80 年代以来的艺术人类学研究著述中，您组织翻译罗伯特·莱顿的《艺术人类学》、列维·斯特劳斯的《面具之道》等都是非常重要的著作，尤其是莱顿先生的《艺术人类学》不仅是译介到国内的第一本冠以"艺术人类学"的著作，也是世界上第一个译本。您的硕士毕业论文《艺术人类学——文化批评的理论基础》也是国内第一篇冠以"艺术人类学"名称的论文，这些著述为中国艺术人类学的学术发展打下了坚实的基础。作为亲身经历过那段时期学术发展的学者，您是否可以结合自身经历谈一谈您对那段时期学术环境、学术发展的看法？您译介国外这些著作的初衷有哪些？

靳大成（以下简称靳）：1987 年，我完成了硕士论文，导师钱中文先生还是蛮看好的，今天再回过头来看会觉得相当稚嫩，但是也很胆大，从它里边的构思设计来看，反映出当时那个时代的一些问题：当时我们的知识构成和针对的对象是什么，这种思想努力要干什么，痕迹很清楚，确实涉及整个 20 世纪 80 年代的学术思想环境。我看了一下你的问题，准备得还是蛮认真的，我考虑了一下，可以从 20 世纪 80 年代之前的亲历与当时

[①] 靳大成，男，北京人，中国社会科学院文学研究所研究员。硕士期间曾师从于钱忠文先生。主要研究领域为艺术人类学、文学理论与批评、思想史与学术史等。主要代表性著作有：译著：《艺术人类学》《面具之道》。专著：《新时期文学与道德》（合作）、《中国 20 世纪文艺学学术史》，主编：《思想·学术·生活丛书》《生机：新时期著名人文期刊素描》等。

的思想环境谈起。

我是1955年出生的。50后这批人经过了整个"文化大革命"前和"文化大革命"中这段时间,到"文化大革命"结束已经二十多岁。我在工厂里工作了七年多,考大学是1978级的。在那之前,零零星星接触到的东西,比如说有马列这一方面,然后历史、文学部分也接触到一些。学习马列这一方面时,我是车间的理论组组长。理论组你可能不明白,当时叫作"学习无产阶级专政理论小组",是1974年开始的,就是毛泽东当时在"文化大革命"后号召全党全军全国人民学习无产阶级专政理论,所以工厂里当时也花了大量的时间和精力来学习马列,包括六本书等。我自己本来也有兴趣,所以从那时起一直到离开工厂,每个月发完钱我就买一本,"马恩全集"我是全的,是一本一本凑齐的。学习马恩的理论,看马恩的书的时候,除了规定的学习篇目之外,还看了大量的文章,包括马恩的书信集,也包括马恩的人类学笔记,对我的影响是蛮大的。因为过去我们的理论比较简单,我们会习惯社会历史五阶段论、分几个阶段、阶级分析等,有一套唯物史观的模式,这个模式其实是苏联总结的,中国是搬过来的。而当你细读马列原文,就会发现有一些缝隙是跟流行的官方表达不一样的。

举一个例子,比如说我看到马克思跟俄国的一个女革命家查苏里奇的通信往来,他如何回答查苏里奇的问题。实际发出的回复查苏里奇的信只有不到两页,文笔很简单明了,也略显抽象,查苏里奇问他按照你这个理论,我们俄国会怎么样?东方社会会怎么样?因为我们这里有乡村公社形态保留,是不是你说的公有财产、全民共有?是不是能够避开西欧的资本主义道路?俄罗斯事实上在解放农奴前后,思想界有一个争论跟我们有点像,到底是学习西方,还是保留俄国特色呢?所以分成了斯拉夫派和西欧派,争论激烈。我看马克思回答她那封信,他的第一封信草稿最长,有一万字左右,第二封信短了,第三稿更短,到了最后回答只剩两页纸了。进工厂时我们的知识是碎片化的,没有受过系统训练。但是自己当时也是很崇信马克思主义的,所以读得很认真,在读的时候就发现,多年以来都搞不懂为什么,前面他做了大量的分析,到了最后变成这么几句话,而且这几句全是虚拟语气,应该是"像什么"等。说实话,直到"文化大革命"结束以后我大学毕业,开始读研究生,我才明白他为什么这样,其实简单地说就是马克思对东方的社会不太了解，尽管他很关注俄国的方方面面，历史材料也看了很多，可是东方社会的形态对他来讲是不清楚的。作为一个科学理论的创造者，他不会对没有经过深入研究的事物做出预言。在马克思的笔记中会看到，包括恩格斯的家庭私有制起源这篇文章，里面也涉及俄罗斯的内容，其他地方都是类型化的，但是只有古希腊到罗马，就是欧洲西欧部分、中欧部分才是他主要的问题，其他地方说起来的时候是原则性的，略而不详，他进不去也无法展开，材料不够。他们是一种非常客观的历史家的态度。和后来我们把他的学说教条化、变成国家宗教，认为他可以知道一切，那完全是不可同日而语的。

在工厂时我就读到了一些这样的东西，包括达尔文。马克思对达尔文特别推崇。就达尔文重要的书，我还看了他的书信集，看他的研究过程是怎么回事，也和我们在报章上听到的官方的宣传是不一样的。他的探索过程一开始没有真正的目的、明确的目的，有点像一个旅游家，很多人类学考察早期不都是旅游者、经商者、航海家做的记录吗？但是他从那里面提出了他的原理。那是一种特别经典的研究案例，我所理解的当时的社会科学或者说人文科学研究的典型范例，印象特别深。尽管知识储备和当时的社会提供的我们所能获得的知识来源非常狭窄，没有受到系统训练，造成"50后"这一代人知识是完全破碎的，你可以去观察"50后"这些学者，都存在这个问题。不好之处就是有时候童子功学科的训练不够，好处是不太中规中矩、不受局限，容易跨界过去。倒不是说为这个"跨界"辩护，但是我觉得这不是一个缺点。这是涉及民族文化起源的部分，也是最早接触的部分，当时我们在工厂的时候受教育，学习所谓的无产阶级理论、唯物史观的时候看过一些电影，后来到20世纪80年代我专门又找来看。我们国家20世纪50年代对少数民族原始部落调查的那些原始的纪录片我都看过，在西南地区，包括藏族，很多地方还保留着物物交换的形式。比如说他人躲在草丛里面，放下东西，你从那儿路过，看到很好，要就放下东西拿走，不要我就过去，不会随便乱拿，当时还保留着这样的传统。

王：这些纪录片是在哪儿看到的？

靳：在档案馆一定有，电影资料馆或者在民委。当时做民族调查，因为中国共产党20世纪50年代的民族政策是极其成熟和真诚的。包括周恩来派几十个工作队到各民族地区调研的时候，他说了一句话，他说不管怎么样，在历史上，作为中原地区的汉族的封建王朝，对周边民族是有一种不平等关系，有欺压的，今天在某种意义上是"还债"。这个词也许不准确，但政策上的优惠倾斜，对各民族政策是非常实在的，因为他不是用别的理论，他是用阶级理论来看待民族问题的，所以在这一点上，他认为那是不同的民族文化形式的差别，他不太看重，跟今天是不可同日而语的，时过境迁，这种情况完全已经变了，那时他们做了大量的调研和采风记录。

另外，我自己也有一些个人原因吧。毕业之后我在北京市民委、北京市政府宗教处工作了一年半，当时不叫宗教局，而是叫市政府宗教处，直属于市政府。但是它与民族事务委员会是两套班子一起办公，一个党组，那是我第一次接触到了不同宗教和民族。说一点题外的，当时宗教也在恢复，落实政策，要培养接班人，像阿訇、喇嘛、牧师、主教等都在老龄化，怎么办？要招新人。我在市政府做什么工作呢？就是和另外一位大学生专门负责这件事情，当时北京是四个宗教招新生，来了以后对他们进行文化教学。比如说有内蒙古地区、青藏地区招上来的，文化水平很低，我们就要给他们做培训。当时选了包括《大学语文》这样的教材给他们讲，清真寺、伊斯兰教都在办班，我专门做这个事。从政府的角度来说，是要把社会主义文化理念融进去，灌输给他们，在这里跟他们接触学到了很多东西，包括对伊斯兰信仰的这些民族在北京的历史古迹、民族聚居地区。同时，我们民委工作人员中就有很多少数民族干部，这些都促使我意识到正统的经典或者正统的教育和我们的日常生活，比如说我作为一个北京人，我原来没意识到的东西，或者说我在年轻时候可能会接触一些回族的，但没有任何完整系统的看法，但是从这儿证实，它原来是一个很重要的领域，是我完全不熟悉的，双方的价值观都不同。

王：到了 20 世纪 80 年代学术研究迎来了新的春天，当时的学术环境是怎么样的？学者们在关注哪些问题？

靳：到了 20 世纪 80 年代，文学批评理论界开始拼命地冲击文学理论现状，我对那个现状很不满意，想冲击，怎么冲击呢？我是 1978 级的，毕业以后在市政府工作了一年半，考上了硕士生，钱中文先生第一次招生，我和另外一个同学考上了。我们也经常反复地商量，因为老师们那一辈是受苏联教育的，当时他们也在慢慢开放，可是开放的幅度和速度我们并不满意。同时，中国刚刚经历了1983年清除精神污染，有一次思想的小回潮。怎么去面对这些东西？涉及了比如说当时的"美学热"，对于文学理论、文学艺术、艺术史这些方面用什么办法来弄？那个时候我们很年轻，第一是没有系统的知识训练，第二是没有自己独立的东西，没有经过深思熟虑的东西，于是就向西方学习。那时候最热的"存在主义"刚过去，是"结构主义"最时兴、最热的时候，这对我们的影响特别大。与我同一届的同学是做现象学研究的，主要研究美学、艺术哲学方面。我觉得那个太形而上学，就想做一些实用性的东西，于是写了几篇文章。

对于人类学的东西，我对它已经有一些接触，而且有感觉。我一入学目标就特别明确，非常狂妄地要创造新学科，而且当时文学研究所的确创立了一个"新学科研究室"，有这么一个专门引进西方理论的研究室，但是后来钱老师还是把我留在了理论室。所谓创立新学科就是，原来关于文学这方面的知识是陈旧的，必须用新的人文学科包括自然科学方法。那新的科学方法我们也不懂，我们的外文基础很糟。20世纪80年代启蒙时期，大家都有一个共同的目标，不管你的知识背景、专业和倾向是什么，告别"文化大革命"前面这套东西，这个板子是打在中国传统文化和当代社会现实的，去哪儿寻找批判的工具和理论不清楚，只能去学习西方的。所以那个时候，我们都是拼命地补英文，英文虽然不好，可是说都是老师那一辈人不懂的，因为他们学的是俄文，用俄文看了很多苏联人翻译的东西。对我们来讲是想学新东西，再加上年轻无知、幼稚、胆大，人人都想创造，最重要的是，当时的氛围是很开放的。我是慢慢才意识到，比如说这一套"新"的东西，有可能会把那些我们过去没有纳入文学视野的东西纳入进来，这是第一点。第二点，它有可能提供了一个参考系，此前我们从启蒙开始流行的这些思潮，到启蒙现代派，是从文学、美学先进来的，存在主义进来了，结构主义进来了，还包括形式批评、神话批评等。每一种方法或者每一种东西都会使这个学科产生革命性的变革，这是一个不自觉的过程，所以20世纪80年代经历了一个"方法论热"，那是1985年到1986年，全部都在介绍各种西方的新学科。还有一个叫作"三论热"，不知道你听说过没有。

王：您可以解释一下。

靳：那是从1982年、1983年开始的，"三论"是"系统论""控制论""信息论"，这叫"老三论"。以后还有"新三论"，所谓"老三论"和"新三论"其实没有别的，在某种意义上，它是把一种自然科学的方法引进到社会科学和人文科学里来，它用"熵"理论、概率论，用数量统计的方法来分析，比如建立了阿Q的性格、角色系统来做这样的科学研究。这个系统论对更老一点的学者影响很大，我举这个例子，当时科学主义的代表之一就是金观涛和刘青峰，对他们的影响很大，用这套东西，形成了一套系统论的阐释方法，来解释中国为什么两千年一直在延续，西方为什么一直在变，事实上那个时候他们不是从历史出发的，而是预先设定一个工具、一个概念来套用历史。当时无论老一代、中年人还是我们，大家都在争相发言。

王：学术环境宽松了，可以想见当时学者们的思想很活跃。

靳：特别活跃，思想一下就解放了，可是大家此前都没有真正地去接触过这些东西。当时李泽厚先生就说，要尽量多翻译，尽管现在可能翻译得比较粗，与其十年磨一剑，不如先多出快出，开辟一个新的知识引进领域。所以我也选了一些篇目，最早翻译的是西方关于短篇小说的一个新的定义，但那时候思想开始变化了。对于这个事情我和同学之间讨论时间很长，我的同窗确定要走这条路，沿着现象学往下走，那我就按照科学主义的路子做。我理解的科学主义不是他们采用的"三论"，在我看来，人类学就是类似历史学中的科学主义，它跟时尚不一样。我是看能不能借鉴，有这样的想法，就是说我会提供一套跟所谓的"老、新三论"系统论、信息论等不一样的东西，所谓人文科学中的科学主义。事实上后来也有一些人在总结，认为20世纪80年代有两大思潮——人文主义思潮和科学主义思潮，这是当时进来的过程和起因吧。那时候我恶补了很多知识，各大学图书馆都去过，特别是北图，把包括体质人类学、文化人类学这几大方面的东西，当时翻译过来的我基本上都看了，有英文的文化人类学的著作也在看。所以那时候第三本没出来，是因为我也组织翻译了《人类学理论的兴起》那本书，我的很多同学都介入了，后来时过境迁，很多译者走了，出版社变了，那本书就没出来。但是没有关系，我当时组织了三本翻译工作，其中一本是想有一个案例，但是事实上更偏重科学主义的结构理论这一路，即列维·斯特劳斯。按说结构主义是从语言学开始的，从索绪尔开始的，包括俄罗斯的形式主义，受这个影响慢慢发展出来。当时我对这个背景并不了解，书看得很杂，并没有受过系统的训练，不能分辨其思想脉络、源流，但是看了列维·斯特劳斯的一些著作以后，我觉得启发很大，学习了一些具体的方法。我们翻译出版的那两本毛病很多，我写的译序里面特别提了一下，把它与张光直做了一个比较。结构主义的这套东西作为方法，我觉得当时受益了，回过头来再看，我们的文学批评、解释模式都发生了很大变化。你的问题单子里有一个问题提得特别好，你提到了当时那一批学者在做"原始艺术命题"研究。

王：对，因为我对这段时期的学术史梳理过，"文化大革命"结束后，艺术研究重新焕发出勃兴之势，学者们尝试引入人类学的研究方法来观照原始艺术和审美文化的研究。这段时期，学者们的研究较为相似，执着于"原始艺术命题"的研究，多借用考古学、民族学和人类学考察的原始资料来展开探讨，围绕着艺术的起源和艺术的本质等问题作为讨论话题，亲历田野的实证研究还较为鲜见。如朱狄的《艺术的起源》和《原始文化研究——对审美发生问题的思考》、邓福星的《艺术的发生》、龚田夫和张亚莎的《原始艺术》、刘锡诚的《中国原始艺术》、张晓凌的《中国原始艺术精神》等。我发现20世纪80年代出现了这么多研究原始艺术的学者，而且大家关注的问题都是艺术的起源、艺术的本质、艺术的发生学这些问题，这些研究都比较类似，比较接近，究竟是什么原因引发了这一问题的热议？它们的讨论有什么样的特点？您是如何看待这些研究的？您亲身经历了这段学术史时期，请结合您的认识谈一下。

靳：对，我觉得这个问题问得特别好。以前大家都对这个感兴趣，朱狄老师的书也比较早，列维·斯特劳斯的著作之前还翻译了《野性的思维》，这几本都很有影响。可是有一个问题，今天我们回头再看这件事情，现在看得明白，当时不明白、不清晰。其实我们谈到的原始艺术或者说艺术发生学、艺术起源学等问题，实际上是一个艺术哲学的问题，你看大家都没有去做真正的实证研究，个案研究都没有。当时所能找到的资源就是各种不同的艺术哲学关于它的说法，找案例来解释，所以他们不会真正创立一个新的原理或者说解释一个问题，它注定是不能往前推进的。我自己关于艺术学的错误认知，或者说当时那种幼稚的认知和后来我没有继续走下去也是跟这个有关，没有像今天人类学一样，真正进入某一个村子、某一个部落，或者一种形式。真正的实证在那里，然后与文献结合，没有那么去做，全都是艺术哲学式的，只是给了一个新的说法。比如说过去"劳动说"，我们现在不是，我们叫作"祭祀说""神话说""巫术说"等，各种东西都出来了。这些人你让他临时转行，因为他们的出身训练，比如说是文学系的或者哲学系的，让他临时进入这么深的一个个艺术个案中去，是不可能的，这不是恶补能解决的问题。当时不懂、不理解，认为只要能够创造出一种新的说法，观念一变，就什么都变了。所以1985年叫作"方法年"，1986年叫作"观念年"。所有像我们做文学理论出身的都在大谈方法、观念，似乎文学观念要变，好像它一变就全都解决了。

王：那会儿很多理论都是从西方学习来的，达尔文的进化论影响在当时是不是比较大？

靳：有，可是当时的口号是反进化论的，事实上想批判这个东西，可是从某种意义上看是在重复人家的思路，今天回过头来看这件事情才是这样。我的硕士学位论文今天看来特别好笑，如果是今天我指导学生，是不能让这样的东西毕业的，叫作《艺术人类学——文化批评的理论基础》，试图给这个学科的建立提供方法论基础，当时设计了很多种模式，怎么介入这些批评？怎么分析艺术史个案？怎么从新的、不是艺术阶级关系而是从文化观来分析这个社会关系？等等，做这么一个。反正老师那一辈们也看不懂，我自己其实也并不懂，在某种意义上那是一种"游击队"的作风，相当于用野战的形式攻下它的。这种状况到了1987年、1988年的时候，我自己想好了，可以用这个。还有一个原因，和"文化寻根热"是相配合的，就是文学创作中的"文化热"也是从1985年、1986年开始兴起来的，它没有理论说明、没有理论根据。所以也看到了这些东西，试图给文化研究提供一个理论武器。在我看来，你们说的"文化"都不对，只有文化人类学能够给所谓的文化这个事提供一个完全不同的视野，所以我是拼命在弄，那时候还是蛮下功夫的，弄了好几年，但我熟悉了人类学理论之后，才意识到这个任务不是人类学能完成的。1988年，我曾经给自己规定了一个新任务，通过人类学关于宗教、神话、祭祀的这套系统，以及像张光直他们在海外做的考古学的这些发现，来重新解释思想史，想做这个尝试，包括一些观念。比如说神秘数字，这些神秘数字是怎么回事？那些神秘符号是怎么回事？我试图把这些东西和一些民俗的、保留下来的案例、文献中的案例，以及考古发现的东西，用人类学的方法统和起来，以此解释中国数字观，实际上就是"神秘数字"观。这样说不完全是构想，是很多东西碰撞出来的。一说这个，我想起来有一个例子，上大学的时候，北大中文系有位潘兆明老师，他给外国留学生上课，他说外国留学生给我们提的问题很怪，中国学生就不会提，他也没说是什么问题，于是下课后我就问他，我说潘老师，我很感兴趣，他们提的什么问题？他说比如说我讲《史记》，讲司马迁，那么司马迁受了宫刑，要在蚕室里待100天，密封嘛，有留学生问为什么是100天？101天呢？102天呢？90天呢？80天行不行？我说你怎么说的？他说我也不懂，没回答。这件事给我留下很深的印象，我现在就明白了，其中涉及了神秘数字，这是其中的一个因缘。那么这套东西对我自己零零散散接触到的学说里头，它正撞上我的枪口了，我是能够给他解释的，我能够解释为什么是100天？它不见得有直接的生理学的依据，它在经验基础上提出的这个数字，中国人关于天的数字，关于这种神秘的东西能解释出来，但是我的老师不能给我解释，我看了这么多人类学的东西，我能给他解释，所以当时包括神谕、神话这套东西我想重新做出来。这些事我也是头一回说，有点老古董了。

王： 非常有意思，这段事您不说，我还真没有什么途径知道。

靳： 是啊，你们是太年轻了。当时从那个社会环境和知识准备，那种残缺的，都镶在这个历史进程里边了，我们做文化的反映是什么？我想既然"文化热"，没有真正的理论能支撑，那我现在用文化人类学做一个理论支撑。年轻胆大，而且不知天高地厚，我就要创造出这么一本东西来，但是它根本不能达到我所设想的那个目标。因为我对这套东西实际上还是无知，而且自己没有真正进入历史主义的这种思想方法里。跟我刚才批评的所有关于原始艺术研究的，它其实都是从形式上、从原理出发的，一模一样，尽管我介入的知识很多，似乎比他们新介入很多，但其实没有切入文化的东西。到了组织翻译的时候，为什么要挑这本呢？是因为从这里学到东西了，我在译序里面提了几笔，特别把它跟张光直的研究做了比较。结构主义的这套东西，我们都认为它是科学主义，但它怎么历史化了？它的解释怎么有效？《面具之道》这本书是一个特别合适的例子。在我看来，包括美洲的，在他看来杂乱无章的这些东西，此前比如说像博厄斯，是美洲人类学界最大的腕儿，他的解释，从语言学上解释不了。但是列维·斯特劳斯不像他能懂这么多语言，那他怎么用这个方法来解释呢？这套理论有点像元素周期表，我发现了一个模式进去了，因此这个元素现在还没被发现，可是我根据它的分子量，我认为这儿一定有个东西，它和科学主义、结构主义在语言学上所讲的是通的，方法论上是通的，那这个对我们来讲是最熟悉的、最好用的，所以我就可以解释。往外阐释的是什么呢？如果这个方法运用得好，我们对历史积累深厚的话，再一阐释，它对思想史的影响就大了。

后面涉及一个我不知道是不是伪问题，叫"人文科学发现的逻辑"，是我们特别关心的，当时曾长期讨论的一个问题。人文科学有没有规律？有逻辑吗？自然科学有，比如说归纳法、纠错法等有一套体系，它会提出假说来，比如说它会在一组条件下能够复原的，把一组标准条件下的经验事实用一个最经济的办法模式化、数学化，一个原理产生了。除非你拿出新的反例来，但是对人文学科该怎么办？我就说当时的环境年轻、无知、胆大嘛，就想有没有人文研究的方法带有这种规律性的东西，被我们通过这样的办法发现了。它背后有学术上的一些"规律"，今天看来是有点幼稚，因为当时我们的训练不够，知识准备不够，没有系统的哲学训练、历史训练，作为一个平面来接触西方同时进来这么多知识，那个消化程度、整理程度都不够，没有思想准备，所以那些东西对我们来讲学到的各种原理都是平面化的，哪个符合我的目的，我就可以用上，最后就变成这样了。但是它这里面有一些历史的合理性，这个历史合理性今天我也经常跟年轻人讲，因为它要解决我的困难，就是我思想的困难是什么？它学术化好像是一个原理性的东西、一个方法的问题，可是它背后有其历史合理性，就是你得解释中国文化在今天的情况是什么？

刚才我说了，当时一种叫科学主义，一种叫人文主义。科学主义这里面就涉及了刚才我提到的金观涛、刘青峰这些人，像李泽厚、刘再复这些人是人文主义的，但是人文主义分为好几类，比如说李泽厚、刘再复他们算一个，还有后来现象学这一路的，以及刘小枫他们这一路的，这几路出来。文化人类学在那里起什么作用呢？今天看来这都是站不住的，我想它是连接科学主义和人文主义的一个过渡环节，或者它兼具这两个学科的优势吧。如果采用人类学方法，我做的都是实证，可能有方法是很严格的，虽然不能像自然科学那样，标准条件这我不能给你提供，因为历史没法儿提供，有这么一些想法。但是这套方法跟思想史和人文解释的不一样。我举一个很简单的例子，我们去研究清代思想史公羊学、今文经学和古文经学的争论，不用说别的，首先就把今文学排在所谓的它的对立做一个比较，这是结构主义方法最拿手的，按照我说的元素周期表这样的方法，进入这个文本的解释，确实有一些规律，至少你能够把历史上出现的学派，它们之间的关系说得特别清楚。我今天从某种意义上还在用它对先秦思想做一些解释，比如说早期法家、后期法家，它的变化在哪儿？它和儒学什么关系？为什么儒学简单地照韩非子说的那样？黄老刑名之法与法家什么关系？等等。其实今天从某种意义上是受益于这个，而在当时我没有这些东西，这是个非常混沌、模糊的东西。

二、进入艺术人类学

王： 学术环境的宽松，为新学科的创立创造了条件。以一个学科之名将艺术人类学提出来，在当时而言应该是很潮的。

靳： "艺术人类学"这个词在国内大概是我最早提出来的，但是文章写得不多。在当时那种风潮里面，冠名很重要，我们都是从那个时代里出来的，连易中天当时也写了一本《艺术人类学》。它打破了原来关于文学研究所认为的简单的社会学模式，但是从那里很快就出来了。出来以后遇到了存在主义和结构主义，然后遇到了科学主义和人文主义两个思潮，夹在这里面，"文化热"兴起。"文化热"兴起的背后就是要解释，中国为什么现代化不了？刚才我举了金观涛的解释，对我们来讲不满意，这套科学模式不能说明人类历史发展，争论中我怎么给你拿出不同的观点，我们的对象又是文学艺术，那怎么办？得从这里找出要满足今天社会的条件，什么自由、民主、平等到哪儿找？这是不可能完成的任务，只能论证它如何如何，它是不能提供这个的。那么怎么去找呢？得换一个办法。一开始带有很混乱、含糊的认知进入这个学科，如果不是关于神秘数字的研究，我肯定能弄出几个东西来，当然背后隐藏着周易的那套东西。我自己是学了算法的，掐字全都学了，那个神秘数字，包括宋代的梅花易数全学了，也涉猎了古天文、历算和中医理论。然后建立中心的东西，有了这个观念，你会发现其实有好多民俗学和人类学的萌芽在里边，它的研究方法，它解释一个东西的时候，它把一套民俗拿来解释，跟你们的文献，人类学的文献考证一模一样，它是可以这样的。

王：当时您是通过什么途径找到莱顿的《艺术人类学》这本书的？您对于外文的获取是通过什么途径？

靳：首先是当时翻译的，能译成中文的，涉及人类学的，不管是体质人类学，包括解剖学、动物学、比较行为学的中文版我全看了。感觉不够，不足以让我建立学科，我又想建立学科，就再看英文的，翻着字典看英文。今天你看我们翻译的著作里每一页都能找出毛病来，翻译得不准。我记得应该是在1985年、1986年的时候，是在一个外文期刊上——我忘了哪个期刊——突然间看到这个分类了，再去找就找到罗伯特·莱顿这本书了，一看正符合我的逻辑。当然它的方法现在不同，列维·斯特劳斯是个方法论意识极强的人，当时我也往上古做，为了做先秦的观念，看了很多张光直的东西，张光直的父亲就是张我军，你看鲁迅的《写在劳动问题之前》的序，是给张我军写的，他有这些系统。比如说当时像林兴宅老师就用他们"老三论"里边所谓的"系统论"来解释阿Q的心理，那是一种我们文科没有受过理工科训练的人以为的科学方法，把它模式化、表格化，这都影响我们，我那时候也列表，被同学们诟病了很长时间，有朋友笑话我说你的文章里怎么还有表格了？都受到那个影响，就这么跌跌撞撞。我因为要做艺术人类学，与王小盾成为朋友了，他是往前做的，神话、青铜器铭文，从四灵、四神、四方的观念开始一直在做，因为他是文献学出身，所以他把材料做得非常好。

王：对，王小盾是半塘先生的弟子，他主要做《音乐文献学》。

靳：对，我跟他研究的领域有一个交集点，现在还没有真正碰撞，他在研究先秦文献之前的思想是什么？他最新的著作刚出来，叫《经典之前的中国智慧》，11月在北京语言大学有个讲座约我去做评论。这个说来话长了，包括何新那本《龙的起源》，大家都受这个影响。"文化热"，它对文学、电影、评论的影响很大，那个文化是一个大文化、空泛的文化，所以你看那时我写的几篇文章，就拿人类学的文化概念来框它们。有个朋友说你的文章老重复，我说是，因为我们老遇到这事儿：什么是文化？我只得不断跟他解释什么是文化。其实从某种意义上，我们对自己和对现实的认知不够深入，目标选错了，方法选得也不对。当时比如说关于咒语我做了一篇《词语的魔力》，说神秘的语言、文章，应该发在 1990 年吧，从《圣经》里边也包括少数民族涉及神咒、咒语的材料，我把它分了分类型，比宋兆麟他们成书要早得多，但是文章很浅，因为掌握的文献很有限，只不过思路稍微灵活一点。跨了一下界，就把这个梳理了一下，按照我看到的人类学经常讨论的话题，比如说它里面有神判，我就给它归类，神判咒语什么什么这样的。有点像刚才我批评的易中天写的《艺术人类学》一样，当时都是原理叠加的建构，不是真正在一个个案里面做深了以后再提出普遍性的理论。任何理论当然都要追求普遍性，但它不是靠形式推理去建构出来的，不是推出来的，它一定是从个案研究提出来的，但那时候不懂，不明白。

虽然我是个文学研究界中人，跟我的研究民族学的同学比，上学时关于人类学理论的发展史我比他们要清楚得多，因为我怀有一个理论建构的目的。他们会对某一个学派或者某一类研究感兴趣，我从他们那里能获取到一些知识，反而关于整个人类学史的发展和理论上的东西，他们不是很清楚。从对人类学的知识上我肯定不如他们，他们从大学本科就开始学习民族学、社会学、人类学了，我没有，但是恶补了很多。20 世纪 80 年代末期，很多朋友几乎都不再做所谓纯文学研究了。就是因为背后的整个历史和文化的冲击压力，造成了学科选择上的变化，就好像被一个什么东西撬动了杠杆之后，那个球往下滚直接打过来，所以总听有人说，你们文学所的人怎么都不弄文学了？对，解决不了思想史的问题，解决不了你遇到的思想问题。我们又不是哲学史出身，又不是科学史出身，怎么办呢？只好拿文学来说事，文学背后反映出来的思想的历史是什么？借助这些工具来说，试图给现实做这个回应，这是目的。

王：其实这段学术史是非常重要的，尤其像您亲身经历过那样一个学术年代，从那个环境中走过来。因为我们对那个时代的好多事情，并不是特别清楚，所以通过对您的口述访谈，我们可能会了解那个时代的一些东西。

靳：早期的大的启蒙时期就是在"文化大革命"刚结束后的三四年时间，知识界、思想界的启蒙阵营相对统一，除了和正统派左翼外，其他没有太大分歧，或者岔路还不明显，就是说人文主义和科学主义这两者有一个共同的对象，批判早期的一些东西。但是它是在新旧之间的，新旧之间各种因素都有，我这里有一本书——《生机：新时期著名人文期刊素描》，当时编这本书就让他们回忆新时期那段时间的事情。

王：我看过这本书，主要是一些编辑还有主编。

靳：对，我出的时候很晚，基本那帮人还在，现在很多人不在了。

王：我看了一下您写的序言，从读秀网上看的，挺好的。

靳：20世纪80年代初，思想文化论争相当激烈，集中在这些刊物上，比如说这里面的《当代文艺思潮》的主编回忆，涉及当时大量的社会思想争论，具体的人事，那是我们今天没法儿理解的。出的时候出版社也没按照我的意图来编，而且删掉了很多特别敏感的东西，把重要的好多地方都给删掉了，我是原稿一字不动，可到了出版社，他们就一层层把关了。

王：删掉了多少字？

靳：删掉了几万字，那回忆录涉及很多人，有些人还活着，涉及很多这样的东西，这是20世纪80年代的文学期刊中的东西，没法儿提了，全删掉了。

王：对，20世纪80年代末艺术发展经历了一个转型，大家从对纯粹文本的学术研究慢慢就转入实证了。好像是在1987年，社科院有一个研究生彭富春写过一篇文章叫《当代西方美学的人类学转向》。

靳：他小我一届，我们来往特别多，老在争论，他说的人类学是康德的哲学人类学，他是那个路子，不是我们这个意义上的人类学。他就认为这个是科学，我说你那个是形而上学的。

王：其实是美学哲学层面的。

靳：对，他是艺术哲学的，是概念的建构，当时这样的挺多，就是从哲学的角度来谈人类学，走康德的路也挺多的。我感觉1989年之后，人类学对我还有影响。我们当时有一个讨论持续以后就觉得，我们自己在20世纪80年代也起推波助澜的作用，对中国的文化做相当武断的批判，也在做这个事情。那么现在你让运动当中的年轻人冷静、理性是不可能的，说服不了的，这个教训很惨痛。事后的几年一直在反思、在想，但是越往前追溯，就越会发现这个来龙去脉不简单，它不光是涉及20世纪80年代初的争论，往前一推跟"文化大革命"有关系，再往前推，就是和20世纪 20 年代以来的，跟新文化运动这个思想脉络都是连着的，就越来越激进、越来越往这边来，怎么去理解它？所以那时候大家有些转向，有点偏向于学术思想史的转向，我想要把这件事说清楚，就得进入清学、进入明清思想史了。我那时候也写了几篇文章，不太多。

所以你看我个人的这个发展过程，虽然看起来也有点像狗熊掰棒子一样，没有什么成果，但是它对我自己做学问也好，写文章也罢，或观察世界的视角影响是蛮大的。首先一个人类学这种方法，比如说它的田野作业，田野作业这个方法应该说是一个各学科都用得上的方法，实际上就是做实地调研。过去一个简单的分类，比方说社会学是研究城市里边的，人类学是研究城市之外的，那现在开始在融合、在交叉、在发生这种新的分化和组合。但它这种调查方法，包括民族学的、民俗学的、神话的、传说的这种调查方法实际上是相通的。我举一个例子，比如我听汪晖说，有一次他听一个日本学者伊藤虎丸讲学，此人是研究毛泽东的，说了一句话让我印象很深，他说在 20 世纪六七十年代读毛泽东的《实践论》，其中有一句话说"你要想知道梨子的滋味，你就必须要亲口尝一尝"，感觉非常震惊，因为都是从学院派看文献培养出来的学生，在这个意义上，人类学潜移默化对我有很大影响。

三、研究中的践行与反思

靳：刚才说 20 世纪 80 年代末期，大家开始大谈特谈反思学术思想史，可以从王守常、陈平原、汪晖他们办《学人》那个杂志的第一期上得一组讨论，你能看出来我们和纯粹的思想史专业的学者不一样，就是文学所这些学者在做这些事情和他们的想法是相当不同。一方面有很强的理论关怀，因为我们 20 世纪 80 年代文学界是在这方面走得最远的，什么都去尝试。另外确实有一个对象在解释，而不像哲学思想史专业的人，他们说到学术史讲的就是考镜源流，辨章学术，或者说类似于学术思想的谱系的这种知识，而我们不是，是想把这个问题梳理清楚。刚才我说我们那帮人都在读清学，往前捯，追踪思想史的脉络，而理论的思考还对应着当时的社会变化问题，就是后来的社会变迁。特别是邓小平 1992 年南方谈话以后，国际资本加速进入中国市场，国家资本介入这些东西，引起的社会发展，两极分化，这个过程让我们看得目瞪口呆，不知道怎么办。它缺少一个文化上的准备，从这个角度来看，大家觉得这套东西的分析方法，对观察思想史和社会现实帮助是蛮大的，而且做调研、采风这些东西，本来就是社会学、人类学的老行当。比如说从费孝通先生开始，包括民族学的一些老前辈们，都做了很多像乡村经济这种调查与实践，从事办学的这些人，像晏阳初、梁漱溟他们都在做这个事。我也是慢慢地开始觉得，特别是从20世纪初，意识到当前的文化结构造成的教育上的问题，它表现在学生的知识构成和训练上，分析背后的原因其实就是我们这一百多年来形成的文化结构造成的，它的教育一定是这样的。第一叫作基本经典不读；第二就叫作没有任何的动手实践能力，不接地气，不能解决问题。它是在我们这种知识分断，整个教育体制下培养出来的一些怪胎性的东西。对于这个事件，我是不自觉地、越来越清楚地意识到它是问题了，所以那个时候就开始申请了一个"亚洲文化论坛"，从2003年开始，关注亚洲的事情。我们也不说什么东方道路，不说什么中国特色，可是亚洲各国，特别是东北亚各国一百多年来在这个过程当中遇到的问题是什么，有相当的关联，是不能忽略的。

我举个例子，如果没有跨到这个视野的话，就认识不清楚我们在思想史、文学史和历史研究中的问题，就像没法儿解释"五四"。如果不知道1919年的"三一事件"，在韩国发生的，一个试图反抗日本，因为1910年朝鲜已经被日本总督府占领了，如果不知道这件事情，它从一个和平的抗议事件变成一个流血的事件；不知道"3·30"到"4·3"印度旁遮普邦事件，多少万人死掉，就不知道为什么"五四"到"六三"能够和平地解决。因为当时上海是整个亚洲最核心的地区，所有的舆论全部集中在上海，它的发达程度超过了日本。解释这件事情，也要看到比如一战以后的世界形势，和周边国家的互动是有关系的。

我那时候去了很多地方，往新疆跑、西藏跑，刚才说了我的背景，前面的工作背景和个人的生活背景，突然意识到东北和朝鲜地区的重要性，然后在2003年就申请了一个课题，我想"君子观水观其澜也"，你不抓住一个核心的靶向，像我这样一个不是这个专业的人介入肯定有问题，所以我当时申请的是壬辰战争研究，但是其实我的重点是近代以来的东北关系、殖民过程、民族关系的变动，原来我的方法全都发挥作用了。比如说我去延边，跟他们当地的家族聊天的时候，就有大量的这种事例，他们的禁忌是什么？避讳什么？要做一件事情，比如说针要别在哪儿？不能吃什么东西？全是这些东西，原来学的东西很熟悉，全都用上了，而且意识到它跟思想史的关系。这是我岳父跟我讲的，他说他小的时候在延边这个地方，当时有儒学会，类似于诗乐那些东西，反正大家都穿着白色的衣服，大声读《孟子》，他们里面分成五个等级，这在某种意义上都是人类学材料。

另外由于我原来的经历，也就意识到在这个历史当中，过去的民族的这方面的声音特别少，地方的、地区的不同族群，这个声音没有纳入我刚才的视野里边来，就像我们写"五四"之前中国这一方面，可是如果不跨这个国别，你根本不知道前面的"三一事件"引起了多大的轩然大波，跟印度事件，舆论太激动了，造成北洋政府也好，国民政府也好，它不敢再冒险使用暴力。所以"六三"能够和平结束了，它是这样一个互动。毕竟咱们是搞文学理论的，爱创词或者爱找点新玩意儿，我就想不如明确地提出"东域学"，东域视野。它是跨越国别的，不是单一学科的，是综合性地来观察，从历史到现实，而历史上最大的核心点就是壬辰战争，先把它弄清楚，它背后怎么影响到后来日本和朝鲜半岛和中国？我这十几年其中有一段时间是在做这个事情，那么这里头其实在某种意义上，刚才我说了人类学前面十几年的训练对我的影响渗入这里边来了，它是有好处的，尽管我没有写出关于神秘数字、神秘符号论来，那个写出来也是恒钉之见，就是一块砖头，我自己也不会有兴趣再看了。可是这套方法让我今天再重新观察思想史和哲学问题的时候有帮助了，观察这个视野，比如说我从2008年以后，用论坛的名义来组织了几次考察，我们也到延边去、到哈尔滨去、到牡丹江去，包括我们也去旅顺、大连、青岛，你就能看出德国因素怎么进来的，在青岛，旅顺、大连日本因素怎么进来的，延边地区日本总督府和朝鲜的因素怎么进来的，哈尔滨就是俄罗斯因素怎么进来的，包括其他不同的宗教怎么进来的，它怎么跟中国后来革命的成功有关系？慢慢看，就看得清楚多了，就多了一个视野，回过头来再看我们原来熟悉的文学作品，人类学的视野，比如说我跟他们搞人类学的不一样。

就如红色经典《林海雪原》《智取威虎山》之类的，就像我刚才说的，我在工厂的时候，本来读不懂马克思给查苏里奇的信为什么是这样，后来懂了，直到这个时候我才明白，为什么《林海雪原》是这样的，此前曲波他是从山东渡海过去的，就在1945年抢占东北过去的，他对汉族地区很熟，到了那儿发展根据地了。《林海雪原》的前半部分充满了传奇、浪漫主义的东西，写得像传奇一样漂亮、好看，但到后半部分越来越平，有点像地理气候环境报告，故事也没有发展了，断尾巴蜻蜓，有点像《三国演义》诸葛亮收了姜维，后边的故事就没劲了。原来我不懂了，到那儿有这个视野我就明白了，为什么？因为他不懂民族地区，不懂多民族文化的交往史，因此一旦进入一个不同的民族地区了，语言不通，作品那里边涉及不同民族的人，包括朝鲜族地区，他不会了。小说叙事完全是变成了另外一种，这个风是什么样的、雪是什么样的、特产是什么样的，遇到陌生的环境、不同的生活习惯他不会了，曲波没有这个经历。而中国共产党当时的民族政策形成还没有成体系化，他完全不懂，就是你解释这个作品的时候都有另外一个视角出现了，何况说他对历史的认知。针对这个状况，我也在慢慢整理这些经验，至少跟着我一起来的学生，我要带他们去做游学采风的工作。我同时因为办亚洲论坛嘛，也把一些韩国的、日本的、中国台湾的学者请进来一块参加，他们的观察又不一样，因为人类学必须面对不同的东西，他的观察跟我们就完全不同，这个对我们的刺激也很大。像吕正惠老师，还有韩国的一个学者，年轻的学者成谨济，他们写的报告跟我们这一路看到的、想到的东西感觉完全不同，那个对我们帮助也很大。像台湾的赵刚老师，赵刚老师回来交的报告。那是2009年，事先我规定了几本书他都看了，其中也包括《林海雪原》，他从台北跑到台南，终于找到了一本，从来没开过封，他看了。他跟着我们到了林海雪原那个地方再去看，也到延边，他看完之后说了这么几句话，因为他是台湾长大的，国民党教育培养出来的，去美国读的博士，回来的时候去研究这个，他说他看了这本书才理解为什么国民党必败，比如说当时曲波这个小说里表现的，他用了几个词叫作"眼神是决绝的，姿态是起跳的，生命是为他人的"。他在台湾也好，国民党所有的文献里从来没有找到过像《林海雪原》20世纪五六十年代这个小说里表达出的这种理想主义，他没看到，他很敏感地就抓住了这个问题，这个对历史的理解很有意思。

比如说韩国学者和中国台湾地区的学者从来没像我们这样，我们坐火车 24 小时，甚至二十七八个小时，他们从首尔坐到釜山 4 小时，他们就突然发现，上了车之后大家的关系是这么一个关系，快下车的时候就成一家人了，吃的也互相交换。吕正惠老师有一些历史学的训练，他给我的评语里面加了一个推断，他认为东北地区的富饶、土产丰盛的这个资源，很有可能是孛儿只斤之前的蒙古族的兴起地，而不是西北，他同意这个观点。那么把这套办法和老祖宗，比如像孔夫子的那套游学采风的办法，和毛泽东强调的这种调研的办法、进村的办法结合起来，它本来就应该跟人类学是相通的，那么这完全可以做一个教学上的改革。所以有时候在北京，我会带着学生们去串胡同，事先要把典籍看了，然后再去看实际的变化、它的建筑，就这样走，接触北京不同的宗教。去了之后其实也是有方法，因为你们的调研有你们的方法，我们有我们的方法，文学的调研从某种意义上就是司马迁、孔夫子的方法，你就是不能拿着列表、拿着模式、数字统计来，不行，你还是要进去跟他一块儿喝酒、跟他聊天，谈谈他的儿媳妇、他们的物产，融入收获到这个东西，帮助你认识在当地所看到的文献、县志，做出对比报告。文学这种阅读角度，它对分析人活着当下的生活样式、他们的语言感受、他的情感、他的情绪感受这个东西是其他学科不介入的、不太去关注的，就像同样在研究婚姻关系的时候，人类学不会注意这些东西的，这种感受是什么？有些什么说法？他用什么语言来描述他的这些感受？而这是文学必须要注意的东西，这种细节，进入情感心理的东西，我想作为方法论，它也是正相关的一个东西，所以在某种意义上，通过那段时间在人类学领域里边的滚打摸爬，帮助我在观察这个世界的时候就接地了，看历史的时候也有接地的视角，我自己也做了一些调整。

  那什么是人类学？我们说城市人类学这一方面，在北京有一个皮村，有一个打工者艺术团（新工人艺术团），他们活动这么多年。我一开始进入皮村的时候，还是跟台湾的黑嘉手纳那个团进来的，观察是我的个人习惯，我会注意他们的动作，包括他们音乐上的，因为你有音乐训练嘛，我看他们是传播的。后来被孙恒他们全部挪到了"新工人艺术团"里面，很多的训练方法和打工的全来了。刚才你提到邓福星他们，20 世纪 80 年代刚开始他做这个活动，我接触了很多这样的人，比如搞戏剧的，他们就来一个，你说艺术人类学，那我们是戏剧人类学，我说可以，就是有。

我们开了几次在某种意义上有点像抢占商标似的，青年美学会我们开了一届。

王：最早是哪一年？

靳：1985年还是1986年，我忘了，把邓福星他们都请来了，他是我的艺术人类学板块里的后边一块，我们一块儿发言的。

王：1985年是非常关键的一个年头，因为在艺术领域也有一个八五新潮，像文学也是。

靳：是这样的，往往音乐和绘画会走在文学的前面，所以后来在写毕业论文的时候，我是研究生院唯一一个文学系中拿的是人类学、民族学专业的钱。好像是800元，他们有的是400元。调研的时候，有那个钱，社会调研，因为我是做艺术人类学的，我直接找到校长办公室，好，给予特批了。

王：那会儿800元挺多的。

靳：是啊，800元在当时太不得了了，可惜这个好的制度被取消了。1987年我去了一趟云南，也做了好多调研。那今天回到这儿来，我想人类学有一个新的愿景，人类学作为一种方法，它和人文学科的关系是什么？我觉得有一种新的愿景，实证案例比较接地气，我们老说思想要"及物"，理论你要"及物"，怎么及物？以前我也表达不好，就用了一个感性的词，理论必须要让人有痛感，可是怎么才能有痛感呢？不真正把这个思想和理论接触到人的痛苦里面去，击出它的问题核心的话，没有痛感，那就是一个报告，束之高阁，毫无意义的调查。没有调查，就和当前的文化进程不搭杠。20世纪80年代的时候，我们的参与意识很强，老是拿形而上学的方法在拼凑学术，今天发现不对了，方法是现成的，用这个方法做个案调查就行了，改变研究、教学，改变这个模式。所以我做支教六年，游学采风做了有十多年，在某种意义上就受这个影响，你要做思想史吗？OK，好，你到一个地方去吧，最好是做地方上的，到那儿采风做一个对堪的东西那是最好的，或者你追踪某一个神话传说的起源、它的民俗和它的文献解释，最好能够有这样的东西，就是文献档案之外有这个调研。

我去日本、韩国做这个的时候，把古战场全跑了一遍，日本的对马岛也去了，一般没有学者往那儿跑的，它是釜山对面的一个岛，很难去，留日这么多年的人都没过去。我当时提出去对马岛，因为它是出发岛；进攻朝鲜的，他们答应了我之后，一年以后才回复。现在高铁太发达了，十年前有日本学者说我想去喀什，这不好办了，你说想去北京、南京、上海，我立刻带你去，马上给你批了，说我想去喀什一趟，满洲里不好去，所以他们一年以后答应我，这个日本学者也没去过，跟我去了一趟。而且无意中在对马岛那儿看到了他们当时在甲午海战之前疏浚的海沟，为什么能够歼灭俄罗斯的波罗的海舰队和远东舰队？就是因为修了一个海沟，俄国人不知道，他们可以绕过朝鲜那个海过来的，没想到日本舰队从这儿能窜出来伏击，一涨潮就过去了。我们当时都看了，涨潮的时候什么样，在乌帽儿山看落日。所以采风时你的眼耳鼻舌身都要调动起来，呼吸当地的空气，喝当地的酒。我站在名护屋，当年丰臣秀吉修的侵朝大本营，新盖的城，其中有一个遗址叫游击营，我看了之后特别激动，游击就是沈惟敬，沈惟敬被明朝临时封为游击将军，他本来是布衣，让他去和谈，把日军说动了，在平壤停战 50 天。而且他作为使者见过丰臣秀吉，到那儿之后，专门给他修了一个宿营的地方叫游击营。也就是说，当年他们在处理异域研究的时候，在 20 世纪二三十年代禹贡派重新提出这个问题，他们就要动手找材料，就在这个时候的实学，它不是一个纯粹的思想史的意义，实际上除了概念的清理以外，它和重新认知有关系，包括比如说做建筑史的人，梁思成他们，跑到山西，后来看到那个东西，第一次有人从史志里面变成了一个图，这很重要。

比如说做山西这一地区的东西，我以前听黄修己老师给我们讲过，日本学者和他们都在做赵树理的研究，见面后问黄老师：你去过他的家乡吗？当然去过了。去过他们家吗？去过。日本学者说他们家的房子，说我画图了，那个门和窗户你量了吗？没有，量门和窗户吗？其实这是很典型的早期人类学那套，那个训练都在里边。包括柳田国男到亚洲各国采风后，柳田国男就对亚洲这个概念质疑了，他到中国来了，到了西部、到了云南、到了东南亚，这是亚洲吗？欧洲我看还差不多，到这儿一看，彼此之间的差别比欧洲各民族还大！亚洲是什么？所以我想，"亚洲"或者东北亚，我说干脆叫作东域吧，东域更形象逼真。平时我们都说西域，不说东域，东域这个概念其实正在消失，但事实上它这里面的正题也是得益于当年学艺术人类学的训练，就是东域，它可以是一种类型去研究，也可以是跨学科、跨国别的一种东西。

王：后来您跟莱顿先生见过面了吗？

靳：没有，他来过中国我知道。

王：2016年9月23—27日我们一起在长沙开会，莱顿先生每年都来。

靳：我还没有见过他。

王：他也非常感激您，说您把这本书给翻译过来，而且他这本书我这次在长沙也专门问过他，它是世界上第一本吗？他说是世界上第一本。

靳：日本按说是所有翻译西方最快的，可是我们比它早。

王：对。

靳：这个得益于当时年轻人的胆大妄为，而且对新的东西敏感、喜欢，他背后甚至有一些名利心，要仔细分析他都有，当时追求新知，我们对知识的认知没有历史性，新的东西、新的名词，我那时候还专门写过一篇文章，在《北京晚报》上发表，就叫《为新名词辩护》，他们老说新名词我们看不懂，那我就故意反过来为之辩护，现在想想感觉很幼稚。

王：这本书莱顿先生是于1981年完成的。

靳：就是那时候。

王：然后您是在1986年的时候发现这本书。

靳：1987年、1988年我们就翻译了，可是出版的时候是到1990年了。

王：等于他1981年一出版，你们就发现了。

靳：我的印象中是第一版，但是我忘了。

王：那您哪一年发现的？

靳：就是1986年，北图就有，还有民族所也有，我都复印了，大概是这样。

王：到1991年出版。

靳：对，好像是那时候，可是我们的翻译质量很糟糕，后来我做了一个反省，当时就是想快出、多出，当然这不能怨李泽厚老师，他是这样说的，可是当时也符合我们的想法。我后来专门写了一篇文章，我就比较了李泽厚老先生的这句话和陈寅恪先生的一句话，陈先生当时给他的学生做了一个蒙古族方面的研究，题目很好，但是材料不够扎实，那是在抗战的时候，他大意是说题目很好，研究路子也对，但材料整理尚有欠缺，假君十年之力再做就行了。一个是应时势的要求多出、快出，一个是在战乱当中仍然坚持学术的严谨性。我没有做出高低的价值判断，但是你看这是两种不同的态度，一种是应时的，虽然是在抗战当中，西北地区蒙古族的问题研究多重要，他的材料上不充实，还有待补充，论述还需要……我忘了原话了。总之，我当时写了一篇文章，其实在某种意义上就是在反省，一个是反省思想史，另外也是在个人行为上做了一个打开肺腑的反省，哪些是你私心？哪些是不成熟的东西？那时候那帮朋友在一块儿讨论的时候，都是彻夜的。

王：那篇文章后来发表了是吧？

靳：发了，在《文汇读书周报》。

王：报纸上发的？

靳：对，此前大家在说文学人类学的时候想的是神话类的东西，不太清楚，可是我觉得，人类学这种方式它把几个东西，就是因为刚才我举的马克思的例子，人类学也是一样，在整个西方的历史哲学和它的自然科学认知，包括一些分类法到了这儿不灵了，遇到了不同民族的、不同地区的，它的分类学知识构成不一样了，这个反过来对它的学科的影响很大。一开始它作为人类学，叫民族学人类学民族志，其实意思就是它要归纳在原来形成的正统学术里面，后来发现这些观念已经被打破了，意识到了，不是只有你这一条所谓的逻格斯的路、理性的路，还有不同的东西，这和世界的全球化过程以及学术上的发展，这两者是相应的，它背后应该说是一个认知结构。所以，我特别关注的就是弗朗索瓦·朱利安的东西，他是最明确地在哲学上提出的问题，他做中国学研究，就是要迂回，从远处往回看，列维·斯特劳斯不就有一本吗？他们翻译成《远处景观》，《远景》吧？我忘了，我觉得还是用洛赫的话好，"the view from a far"，最好翻译成"从远处所见"，近观是不行的，要变换个视角，远处看不一样，但他们说远方的景观意思也有，可是不如强调看的这个出发点和认识，把对象的这个意思更突出出来，当时也想翻译那本来着。这也恰恰与朱利安说的从远处迂回的意思相同。

王：莱顿先生对中国的艺术研究兴趣非常大，而且这么多年，他大概坚持有十年的时间每年来中国，他一直在研究关注山东当地的民间艺术。

靳：什么时候再来中国，你来引荐一下？

王：可以。

靳：再碰撞肯定不一样，我可以做一个回顾性的回应了。

王：对，可以等他下次来的时候，我约一下，咱们一起聚一下。

靳：好，找一个会议也行，在一个会议上也行，在正式场合也可以回应他一下。

王：可以，他现在回国了。

靳：因为我今天来看这件事，跟当年看不一样了。

王：对，我一直以为你们见过面。

靳：没有，我没见过他，我是从1989年之后，进入这一圈之后，人类学我就扔了，基本上就不跟踪了。

王：莱顿先生今年70多岁了，很有毅力，他研究山东的年画，还有土织，研究得非常好，而且系列的文章也在咱们国内一些杂志上发表。

靳：艺术史也影响很大，我看到很多文章引他这个。

王：对，发出来一篇文章，还包括在《内蒙古大学艺术学院学报》上发了一篇，其实他是西方正统的人类学，他做的研究跟国内的人类学还是有差别的，定性定量的分析非常详细，而且这个研究的相关性，我觉得咱们国内现在的艺术人类学还达不到他这个高度。他到今天为止不懂一句中文，他能做到这样已经非常了不起。

靳：所以我当时特意要引张光直的，我就认为张光直试图在打通这个事情，因为他的老师是李济先生，而且是李门中的最优秀的学生。我的一个表哥在台湾，也是学习人类学的，他也听过李济晚年的课。我曾经质疑过张光直的这套办法，就是他关于中国上古的、青铜的、神话的解释，"绝地天通"。我表哥说张光直也是很标准的人类学、考古学的研究方式，而且受李济的影响。李济的书我也读过一些，表哥于嘉云（他翻译了很多人类学著作）跟我讲了李济上课时候的情景。老先生怎么上课呢？如果学生有不同看法，李先生在课上会很平等地说：于先生你怎么看？你提出不同观点，老先生会问你的根据是什么，并不在乎你是否反驳了他。老先生那种教书的方法很难，就像生活中我接触过原来北大几个老先生，像王力先生的课、冯仲云先生的课我听过，也接触过阎文儒先生。老先生上课的那个劲、那个派头、那种严格认真的教法，那真的是永远不会再有了，太难忘了。李济有一个很著名的假说，从某种意义上在我看来，其和结构主义是相通的，他举了《诗经》某个字、词，或者以诗经为一个灯谜的谜底，大家来猜测其本义是什么，我们从文献研究考证，从考古学实证，判断其为某某义，但其实这句话还可以有不同的证法和解法，也都能成立。意思我们各学科看到了这个实物解释，得出结论，不见得就是这样的，不一样。多年前我看这个我是理解不了的，现在我就有点明白了，即便我亲眼所见到，什么来制约我的认知呢？我只能得出这个结论来，但是一旦换个文化视野你所见到的马上就不同了。所以跨学科这个东西，对我们当时这些训练不足，恶补了那么多知识的人来说，是一个特别好的让我们接地的办法，我相信以后这个事情还能往下做，文学人类学也还可以做出很多东西来。

王：其实还是应该更多元化。

靳：是，就比如说同样是写《小二黑结婚》（赵树理），他写了很多关于山西的小说，他写了某一类人，他们用的器皿是什么、服饰、器皿的变化等，跟后来几个山西作家写的又不一样了，里边当时的变化都很有意思，他怎么制度化了这套东西。我十几年来就是做两方面东西：一个叫"原儒"，一个叫"东域"，这两者还是相得益彰的。但从受影响来讲，我是觉得从列维·斯特劳斯的结构主义学到了一些东西，后来的结构主义在我看来没有新的东西了，他的姿态和策略性的东西大于他在方法上的东西。

王：其实当时那个时期的人类学家，从布朗到马林诺夫斯基，包括后来他的学生弗思，还有列维·斯特劳斯这一批人都很厉害的，从功能主义到结构主义。

靳：对，这个变化是非常大，它也是方法论的，没有一个说我是结构主义者，一般不这么说，所以它变成了一种方法，一般都是这样。

王：我们现在也有一个学会，叫"中国艺术人类学学会"，这个学会是在费先生的积极倡导下成立的，因为当时国家民委已经不批国家一级学会了。2003年，费老提出要成立这个学会，费老当时给时任文化部的部长孙家正写了推荐信，在2006年底才成立起来，遗憾的是费老没有见到这个学会的正式成立。学会成立到现在正好十年了，现在学会发展的速度很快，会员也将近1000人了，每年都会召开国际学术研讨会。今年是在长沙理工大学办的，明年是大连大学来承办，到时候您有时间的话，我们邀请您一起去。

靳：接触人类学以后还有一个好处，我就把艺术实践这个事情开始落实了。此前好像说我们做文学评论，是按照知识结构来看文学作品的，很少有人真正从创作的角度去看，或者他自己不写东西，因为洋洋洒洒的文章跟这个作家的心路、创作的动机，这个过程其实是不搭界的。作为一个独立于作品之外的评论存在，在我看来这是两层皮。老弄人类学，包括弄面具、弄传说、弄戏剧这些东西，我自己也把它作为方法，比如教学里面也运用了戏剧艺术的方法，给学生讲经典的时候，我会让他们做戏剧呈现，同时直接搬到舞台，这是最老的一种艺术形式。我这十几年观摩了四五百场舞台剧、舞台表演的东西，也积累了一些心得，看这个领域的眼光也不一样了。前几年法国有一个太阳剧社，他们有一个剧叫《驿站》，就用了人类学的办法、方式，里面有人类学家指导他们，对当时中东的难民和东欧的难民做了调研，专门排演一出戏，这个戏的水平非常高。因为太阳剧社是类似于志愿者的团体，大家都拿很低的报酬义务来做，他们在难民营里生活了一年多，跟田野调查一模一样，然后将他们塑造成形象来反映，质疑了欧洲的政策和所谓的人权观念，这是实践当中人类学介入艺术的特别好的例子。今天文学研究大的格局里面这些空间也有，但是没有人特别自觉地来采取和流行体制对抗的一种姿态，这个对抗不能光靠宣言，而是要有办法和案例出来。我想用戏剧呈现的办法，在教学当中对人的培养，和我们对今天的理解、呈现都是有很大帮助的，我也慢慢试图在做，一点点往前推进这个事情。我们这里面每到一个地方，争取把在地的东西挖掘出来，把里面的传说、人物挖掘出来搬上舞台，这个和地方史的、地方文化的整理发展都有极大的关系。在某种意义上，我都是从这里面学习受到了益处，对我观察和介入今天的文化论争提供了特别便利的方法。

王：我觉得您讲的这些让我们脑洞大开。其实人类学的方法，我觉得一方面它是做现实的田野，它介入现实的日常生活；另一方面人类学的方法其实也可以做历史民族志研究。20世纪90年代以来，社会发展急剧变化，文化发展与学术研究也发生了转型。在艺术人类学研究领域，学者们在具体的研究中发现，就艺术而论艺术，纯粹文本的抽象哲思和逻辑推演式研究很容易陷入空对空，对于研讨的深入也多有不益。因此，他们急于寻找一个新的突破口，力图从方法论上寻求转换，开始注重实证研究，人类学注重田野实证研究的学术范式很自然被采借过来，并运用到实际研究中去。有一些学者也开始走出书斋，走向田野，尝试运用人类学田野调查的方法进行艺术研究，这也预示着学界出现了从"文本"研究到"田野"实证研究的转向。靳老师您对社会和文化转型多有研究，我想听听您是如何看待这种变化和转型的？

靳：没错，而且有一点我认为这种所谓的不介入，事实上会有真正不介入的观察吗？不太可能，我那几年也热衷于科学哲学，科学哲学这一方面读得比较熟了以后，后现代、后结构主义的这些东西在方法论上对我一点影响也没有，并不觉得它怎么新鲜。其实科学哲学从波普到库恩到费耶尔班德以后，到底是内还是外呢？其实我们这种介入当然不见得非要去做那种具体的涉猎事件，但得有个角度、触角接触到我们周边的人。反过来对我，比如说和周边国家的人接触的时候，像我做亚洲文化论坛的时候，也很注意这些外国学者对我们的现实的观察。比如说跟韩国的学者接触，他们整天到这儿来，各地罢工的事情、临时工和新工人的状况他们特别关注。可是我们在北京，高高在上，不容易注意到这个事。2002年我跟韩国学者白元淡女士第一次接触，特别刺激我。她在北大住的时候，随便转转，问民工吃什么呀？茄子，第二天吃什么？茄子，为什么？这两天茄子最便宜，周边有很多人他们都观察，所以这也是我慢慢在观察皮村和工大时，他们的视角给我的刺激。当时于建嵘写了一本《中国工人阶级状况》，坦率地说，他这本书做的调研完全不够，是随机采访做了一些分析，可是这本书因为此前没有人出过。2002年、2003年内地没有出，是在香港出的，我就专门给他开了一个会，讨论工人状况。据他自己讲，他比当年在安源毛泽东、刘少奇还更深入矿井里面，还多走了几百米，他自己是这么说的。但是你看这本书，他是一个随机采访，时间也很短，但毕竟是一个个案，纯粹是一个社会学的东西，全是人类学的田野观察。我当时有一个亚洲文化论坛就开了一个会。事后我听朋友告诉我，参加了这个活动的日本的樱井大造先生说到中国来这么多年，今天在我耳边炸了一颗雷，没想到中国学术界还有人在关注这个事情。我觉得人类学的视野天生是站在反抗者、弱势民众的一边，它有这个传统的，站在少数民族的或者说其他民族的底层的，它本身就有这个传统，我这样说可能很多人不同意。

王：这是它的方法论决定的。

靳：对，就当时参会者的发言内容而言，2003年真是炸了一颗雷。我也在想，我今年61岁了，退休了，现在我正试着用自己有限的资源在一定范围之内活动，包括改变过去的支教方式，从季节性的临时性的支教让它变成定点的、长期的，这个支教办法就是把几个传统对接起来，把在地的传统挖出来，让他们都变成地方史志或者地方艺术的专家。通过戏剧训练，有了这套戏剧呈现的办法，让他的语文能力、表达能力、组织结构能力、理解文献能力全提高了，现在在做这个事，当然和艺术文学没什么关系。

王：我觉得您刚才有一点提得非常好，就是说中国这种人类学的田野调查方法跟西方的还是有区别，因为中国面对的田野不一样，您带学生采访这些胡同、采访这些地方的人，我觉得这种方法挺好的。我们这次开会，中国人民大学人类学研究所所长赵旭东提了一个很好的观念，就是关于民族志的写作，提出一个叫写意民族志，我觉得这个很接地气。我们规规矩矩地按照西方殖民时期的人类学方法，那我们就学死了，我们真正想到中国的底层去调查，到民间乡土去调查，可能得不到我们想要的东西。

靳：我觉得甚至在某种程度上安德森提出的"关于想象的共同体"的观点，其实都吸收人类学很多的方法，你看他做的似乎全是理论的，其实他背后的人类学的工具的基础都有关系。所以我觉得人类学这个学科天然的属性和它的方法的特质，造成了它会永远面对一个当下的问题，它不是纯在高堂讲章里做那个东西，它应该是最了解现实的。比如说潘蛟他在民大有一系列讲座，有一次我就去了，是关于当前朝鲜族的迁徙问题。它又是一个个案的调查，跟当前社会的整个社会的东西差距和社会结构的关系直接，在某种意义上我们从文学出身的人来讲，人类学、社会学这个行当里的工作者，将来能够更有针对性地提出对中国问题的解决方案，至少是个案的示范，我挺看好这个的。这个学术和今天的文化建构是个什么关系？它是最直接的，因为它面临的都不是我们在这儿讲文学、讲西方理论能接触的，大多数人没有这个视野，毕业以后想着另外一套东西。可是有了这个视野深入了之后，对整个社会的认知和它的整个学术活动之间，总有一个碰撞的，这是非常好的。

王：多个个案的累积，它也能从一个面上来反映问题，所以这种个案的分析是非常重要的。

靳：所以从某种意义上，如果你们再继续学习或者毕业工作，都要慢慢建立自己的几个点，你对哪几个地方特熟悉，然后先从它某一个行当开始、某一方面开始做研究，然后对周边几个地方熟悉了，这个东西你再做就完全不一样了。尽管你做的好像还是一个理论，可是有了这个基础的时候，你的看法，包括你怎么去判断这个事物，是完全不同的，它真的是具有这种方法的一个东西。包括回到朱利安这里，朱利安这种哲学方法论，有了工具上的自觉意识，他绕到中国远东来看西方的知识论，他觉得可以有一种新的知识论产生，这样他就能够从异族的视角、异文化的视角，回头看自己原来的希腊理性主义逻格斯的进路，他会发现不同的东西，他的路子也蛮棒的。

王：您的硕士学位论文后来出版了吗？

靳：没有完全发表，部分内容发了，我帮你到研究生院找找吧，但是你能看出当时那种志大才疏，眼光很高，然后全是空中楼阁的建构。我当时设计了七八种文学研究的方法，通过人类学来建构新的七八种文学批评的方法，很惭愧，但是你可以将其作为一个反面教材。

王：没有，其实那是一个时代的学术印象，反映了那个时代的学术特点，还是要客观地呈现出来，因为有了20世纪80年代的这种学术积累，才有今天学术的建构，如果没有那段时期的话，今天的学术建构就是一个空中楼阁。

靳：对，经历了这么一个思想的皱褶区，但今天正规化以后，好像体系化对接了，但是问题就出来了。在教育上，中国所谓的"四化"，是个片面的东西，它是个结果，很单的一个维度，文化到底怎么现代化？这是一个要沟通努力的过程，而这不是仅仅去学一些儒家的东西、做一些儒学本体论能够解决的。它首先要在我们整个教学体系里和基层的教育、基础的教育要改变。而这个要改变，在学术界、思想界有很多重要的事要干，就包括观念的清理，怎么评价这一百年的历史，我现在也在做这个，怎么看。我们扭曲了这么多的东西，我们必须得重新看待它，这是特别必要的，而这个是一个撕裂性的话题，我相信人类学的东西类似这样的一种冲突也会遇到，因为最后都有一个价值的判断和解释，你需要解释。在这样一个信息化、全球化、网络化的时代，有共同的部分，仍然有各个不同的文化的东西，不管是它符号化了，还是没有符号化的，发掘出来保护、发展或者它怎么融入今天的创造，变成一个生命出来，这个事恐怕得几代人去做。但是我觉得现在最迫切的就是把基础教育和学术界从理论上正名这件事情先做了，一百多年大家都在争，我这里有很具体的敌手，辩论对象，先要跟他们练、跟他们磕。

王：其实近百年人类学这个学科在中国当然有政治上的原因，但是为什么它一直发展，但对社会、对国家的影响，其实并没有想象的那么大。但是我觉得可能跟它提供给国家、提供给社会思想的产生还是有关系的，因为我们自己本土化的理论客观来说，并没有真正建构起来。

靳：我觉得如果我们去做研究，不是简单地把社会学、人类学的模式拿到这儿，比如我在一个地方做12个月，一个自然周期完成了，学了那里的语言、做了一些记录、把它分类了，按照基础关系全都弄好了，我的个案就完成了，而且不介入。这不对，你其实已经介入了，你的生活方式已经进来了，只是你不评论，可是它连同我们去的人以及那个地方都在发展，都在所谓现代化的这条路上拼命地做，那么这里的变化如果你不观察不行，不是只记录，你要有一个好坏优劣的判断，哪一个更有利于它保存一些好的东西，哪一个能够适应市场，把它符号化，哪些东西是你不能碰触的，哪些东西是可以进博物馆的，它不一样。1987年我去云南，大理地区，我就发现他们原来的对歌传统变了，谈恋爱、找对象时拿手电筒闪灯。我拿着800块钱去云南，去了好几个白族的村，当时看他们不对歌了，男的站在这边，女的站在那边，一人拿一个手电，你晃我一下，我晃你一下，看得上就继续晃，看不上就不晃，你晃我、我晃你对上了，两人拉手走了。我们不能评论它好坏优劣，可是他们原来对歌的形式没有了，显得特枯燥，这是我1987年看到的一种变化。现在很多就是玩微信了，发照片或者什么，它都在改变，因此你不介入也不可能了。在这里边怎么把更好的东西表达出来，因为我想中华人民共和国成立才60余年，新文化运动以来到现在才100年，走到现在这个过程还没完，谁都没下定论，可是有些教训得吸取，不吸取教训、不正名、不解蔽是不行的。解蔽就是启蒙，重新认知西方给我们的这套东西，和我们的实践当中的教训不解决，那么你还在原来的路上走，还在继续犯错误，那付出的代价更大。

王：好的，非常感谢您用了3个小时的时间给我们讲述了这么多。尤其是对20世纪80年代这一段的思潮和您经历的这些运动，以及您进入艺术人类学这个领域的过程，让我们对那个时代的学术环境和艺术人类学的研究状况有了较为清晰的认识，而且您在研究中一直不断地学习，不断地反思，这样的研究方式非常值得我们学习。再次感谢您。

民间文艺与艺术人类学研究
——刘锡诚研究员访谈 [1]

王永健（以下简称王）：刘先生您好！受《贵州大学学报》（艺术版）之托，很高兴能够有机会对您做一次专访。多年来，您一直致力于民间文艺领域的理论与田野研究，取得了颇为丰硕的研究成果。记得上次在中国艺术研究院参加"刘锡诚先生从事民间文艺研究60年研讨会"，当时收到一本记录您出版著作与发表论文的小册子，打开一看着实让人惊叹，出版了20多部著作，发表了1000多篇论文，真的可以称得上是著述等身。我们先从您的求学经历以及如何进入民间文艺研究领域开始谈起吧。

刘锡诚（以下简称刘）：关于我怎样进入民间文艺研究这个学术领域，我曾在《在民间文学的园地里》这篇短文中简略地写过。1953年秋天，一个没有见过世面、穿着农民衣服的18岁的农民子弟，提着一个包袱跨进了北京大学的校门，学的是当年很时髦的俄罗斯语言文学，辉煌灿烂的19世纪俄罗斯文学和苏维埃俄罗斯文学吸引了我，滋养了我，给我打下了文学欣赏、文学史、文学理论、文学批评的基础，没有别林斯基、车尔尼雪夫斯基和杜布罗留勃夫三大批评家对我的影响，也许后来我不一定会走上文学批评的道路。

但我毕竟是农民的儿子，农村的生活和农民的口传文学与民间文化的耳濡目染，融入血液，深入骨髓，时时撞击着我的心胸，使我无法忘记。

---

[1] 刘锡诚，山东昌乐人，1935年2月出生。曾在中国民间文艺研究会、新华通讯社、中国作家协会、中国文学艺术界联合会任职。现为国家非物质文化遗产保护专家委员会委员、中国民间文艺家协会民间文化抢救工程专家委员会委员。代表性著作有：《中国原始艺术》《象征——对一种民间文化模式的考察》《20世纪中国民间文学学术史》《民间文学：理论与方法》《非物质文化遗产：理论与实践》等。

村子里老一辈的乡亲夏天在树荫下、冬天在地窖里讲故事的场面，瞎子刘会友弹着弦子给村子里的老乡们说唱的情景，多少年过去了，仍然在我脑子里时隐时现，他们的形象栩栩如生。恰在这时，我们的系主任、著名的未名社作家兼翻译家曹靖华教授担任了我的毕业论文的指导老师，他欣赏并同意我选择民间文学作为论文题目。于是我在燕园的北大图书馆和民主楼的顶楼小屋里大量阅读了"五四"以后，特别是歌谣研究会时代的丰富资料。曹先生是我的启蒙老师，他不仅指导了我的毕业论文的写作，而且介绍我在 1957 年夏天北大毕业后，进入了中国民间文艺研究会，从事民间文学的采录、编辑、研究和组织工作。1966 年 5 月"文化大革命"爆发，我被迫告别了民间文艺研究。

再次回到民间文艺领域和研究岗位，已经是 17 年后的 1983 年了。1977 年 7 月调到刚刚复刊不久的《人民文学》杂志社，一年后转到《文艺报》编辑部，开始了我喜爱和追求的文学编辑与评论岗位上的工作。正当我在文学批评上进入成熟期、作家协会又是个令人羡慕的单位，不料，我的领导、《文艺报》主编冯牧同志对我说："周扬同志要你到中国民间文艺研究会去主持那里的工作，他是我老师，我顶了他两次了，事不过三呀，你自己解决吧。"周扬竟然当面对我说，要我去年轻时工作过的民研会。尽管我心里一百个不愿意，尽管有作协领导的挽留，尽管有钟敬文老先生"那是一个火坑呀"的警告，但周扬是文艺界的老领导，在他面前，我一方面恪守老实听话的家教；另一方面遵循"君命难违"的古训，只好硬着头皮离开了《文艺报》，踏上了民间文艺工作的老路，重续民间文艺的因缘。这一去又是 8 年。但所幸的是，这是一条通往"边缘化"，专心做学问的路。离职后的 30 年来，我在寂寞和孤独中写作了包括《中国原始艺术》和《20 世纪中国民间文学学术史》两个国家社科基金项目在内的 20 多本书。

王：您的人生经历看来真的是非常丰富，可能也正是这条所谓"边缘化"的道路，孕育了您学术研究上的累累硕果。您的《中国原始艺术》一书，我在读博期间是认真拜读过的，我觉得该著资料相当丰富，而且分析颇具创见性。该书涉及人体装饰、新石器时代的陶器装饰艺术、原始雕塑、史前巨石建筑、史前玉雕艺术、原始岩画、原始绘画、原始舞蹈、原始诗歌、原始神话等，囊括了几乎所有的艺术门类。在研究中依靠历代文献、人类学或民族学田野考察以及考古学发现的材料为研究素材基础，并补充以许多鲜活的、口传的、非物质的材料。20世纪80年代，西方的艺术人类学研究刚刚传入中国，处于学术准备时期，这段时期的艺术人类学研究一个很重要的特点就是学者们对原始艺术命题的集体关注，我在《新时期以来中国艺术人类学的发展轨迹》（《民间文化论坛》2015年第2期）一文中做过一些粗浅的研究，您作为从那个时代走过来的学者之一，能否谈一谈为什么会兴起对原始艺术命题研究的热潮？这些研究对今天的艺术人类学研究有什么样的启示？

刘：正如你所说的，20世纪80年代，西方的艺术人类学研究刚刚传入中国，处于学术准备时期，这段时期的艺术人类学研究一个很重要的特点就是学者们对原始艺术命题的集体关注，我也是那个时候开始关注和研究原始艺术的。作为民间文艺的研究者，我对原始艺术的兴趣和关注，正是源于对民间文学艺术研究的需要。民间文艺与原始艺术固然不是一回事，但二者之间有着密切的关系。根据马克思主义的经济基础和上层建筑关系的原理，一个社会制度被另一个更高级、更进步的社会制度所代替，其属于上层建筑的意识形态还会长期存在于新的社会之中。我们所接触到的和用各种手段（文字记录外，还有录音、照相和录像）记录下来的民间文艺，不仅可溯源于原始艺术，有的甚至就是原始艺术的遗留。一般来说，原始艺术大体上由两个部分构成：一是原始社会的不同人群所创造和享用的艺术。在原始社会的低级阶段上，不仅没有出现社会分层现象和阶级差别，甚至连人与自然也难以分别开来，这种智力水平和认识能力在神话、诗歌、图画、舞蹈、音乐等原始艺术中有很明显的反映。正如马克思在《路易士·亨·摩尔根〈古代社会〉一书摘要》里说的："想象力，这个十分强烈地促进人类发展的伟大天赋，这时（指蒙昧时期和野蛮时期的低级阶段——引者）已经开始创造出了还不是用文字记载的神话、传奇和传说的文学，并且给予了人类以强大的影响。"二是人类社会进入较高阶段即社会分层和阶级社会后，还继续葆有的原始艺术（遗存），所谓民族学的原始艺术。马克思说："野蛮时代高级阶段的全盛时期，我们在荷马的诗中，特别是在《伊利亚特》中可以看到。……荷马的史诗以及全部神话——这就是希腊人由野蛮时代带入文明时代的主要遗产。"我国在全国刚刚解放、和平跨入新民主主义社会和社会主义初级阶段时，有些民族，如居住在云南边境上的佤族、景颇族、独龙族等，有些还处于氏族社会的末期，他们的民间文艺，实际上还是原始社会末期社会成员中所流传的原始艺术。因此，不研究原始艺术，就不能正确理解和阐释民间文艺中存在的某些深层问题。

我开始关注原始艺术及其理论，继而把中国原始艺术当作一个重要的学术研究课题，还因为受到马克思主义经典作家们的艺术论和艺术观的启迪。我从20世纪50年代末60年代初起，开始研读马克思主义经典作家们的有关著作，钻研他们对原始文化和原始艺术的论述。早年鲁迅先生曾翻译了蒲力汗诺夫（普列汉诺夫）的《艺术论》，雪峰译介过他的《艺术与社会生活》。1963年，王子野翻译了法国马克思主义者拉法格的《思想起源论》。我参考苏联青年汉学家鲍里斯·李福清赠送的一本俄文本《马克思恩格斯论民间文学》索引的复印件，从马恩的著作中收集编辑了一本《马克思恩格斯论民间文学》的专集（内部）。稍后，文学研究所民间文学室也于1979年编印了一本《马克思恩格斯论民间文学》的小册子。马克思、恩格斯、拉法格、普列汉诺夫等人的艺术理论遗产中，对原始艺术有很多精辟的论述，他们在原始文化研究上所创立的唯物史观方法论和对某些原始艺术的阐释，给我打开了进入中国原始艺术宝库大门的一把钥匙。我先后翻译了恩格斯《爱尔兰歌谣集序言札记》（与马昌仪合译，分别发表于《光明日报》1962年1月13日和《民间文学》第1期），撰写了《马克思恩格斯与民间文学》（写于1962年，发表于《草原》1963年第2期）、《拉法格的民歌与神话理论》（发表于《文艺论丛》第7辑，上海文艺出版社1979年版）、《普列汉诺夫的神话观初探》（发表于《民间文学论坛》1985年第5期）等论文。

我国原始艺术研究的基础一向十分薄弱。民国时期，除了前面提到的鲁迅翻译的蒲力汗诺夫（普列汉诺夫）的《艺术论》外，只有德国格罗塞的《艺术的起源》、洛伯特·路威的《文明与野蛮》（上海生活书店1935年版）寥寥几本外国人写的书。"文化大革命"前17年间，几乎没有人研究过这方面的问题。新时期以来，情况虽然有所改观，但史前考古学家、文艺理论家、文学史家、美学家、美术理论家各自分割，缺乏综合性、系统性和贯通性。进入20世纪80年代，出版了一些有关原始艺术的专著和论文，但较多的是对某一门类的原始艺术（如彩陶和岩画）和某一考古文化系统的原始文化的研究，也出版了几部介绍或借用西方的研究方法来构架中国原始艺术理论体系的著作，但大多重点倾向于构筑某种理论框架，没有一部是在汇集和梳理中国本土原始艺术材料的基础上，进而加以研究和系统化、理论化的著作。这不能不说是我国人文社会科学界、文艺理论界的一个很大的缺憾。有感于艺术理论研究的这种状况，我于1985年8月为中国民间文学函授大学学员写了一篇题为《原始艺术论纲》的讲稿（发表在《民间文学论坛》1985年第6期上），继而出版了一本论文集《原始艺术与民间文化》（中国民间文艺出版社1988年）。在这个基础上，承蒙钟敬文和林默涵两位老学者的支持和推荐，我于1991年向国家社会科规划办公室申报了"中国原始艺术研究""八五"社科基金课题，并于1991年12月18日得到批准立项。经过五年多的研究，于1996年6月23日脱稿，纳入《蝙蝠丛书》（刘锡诚主编）由上海文艺出版社于1998年出版。出版后，中国文联理论研究室、中国民间文艺家协会、上海文艺出版社联合召开了座谈会。钟敬文先生在《我的原始艺术情结》一文中说："过去有关原始艺术的著作，都是外国人写外国原始艺术的，没有人写中国原始艺术的书，更没有中国人写中国原始艺术的。我一直希望有人写出中国原始艺术的著作来，不能光是格罗塞呀，博厄斯呀所著的著作。日本做学问的人很多，也没有人写中国原始艺术的。系统地研究中国原始艺术，锡诚算是第一个。""这是一部严肃的科学著作。"（《文艺界通讯》1998年第10期）

《中国原始艺术》的写作，力求系统地收集和整理包括各少数民族在内的中国本土的原始艺术资料，把考古发掘出土的史前艺术资料和中华人民共和国成立前夕还处于氏族解体阶段的民族的原始艺术融为一体，把原始的（从旧石器时代晚期起）人体装饰、新石器时代陶器（素陶和彩陶）装饰艺术、原始雕塑、史前巨石建筑、史前玉雕艺术（造型与纹饰）、史前岩画、原始绘画、原始舞蹈、原始诗歌和原始神话等不同门类、不同形态的原始艺术资料尽其可能地收集起来，加以梳理和分类，使其系统化，找出其艺术规律和特点，并把不同时期的原始造型艺术、视觉艺术和口传艺术这些不同门类的原始艺术进行综合的研究。

我在研究中接受了西方引进的文化人类学和民间文艺学的田野方法，以实证为主要指导原则和特色。由于20世纪50年代我国学界批判了美国哲学家约翰·杜威（John Dewey，1859—1952）的实证主义哲学，于是实证的学术方法，也被误解为实证主义而在我国社会科学领域很长时间里成了禁忌。但在新兴的文化人类学、艺术人类学中，以田野调查为特征的方法，其实质就是强调和突出实证，强调深描，让材料说话。在写作中，我始终注意尽可能多地收集和引用中国本土的原始艺术资料：以史前考古出土的资料为主，辅之以民族学、人类学的田野调查资料，民俗学资料，以及口承文艺资料，以为参证。在唯物史观的指导下，通过对大量资料的分析、比较和研究，得出应有的结论，力避缺乏实证资料支持的玄学空论。我在本书中所提倡和运用的实证方法，其要义是在要求丰富的相关资料（特别是第一手的调查资料）的基础上引导出结论，有异于当下学界流行的、在没有必要的材料或材料相当缺乏的情况下，以空灵的头脑去构建理论和理论框架的学风。为了完成这个研究课题，我先后对一些中华人民共和国成立前夕还处于氏族社会末期的民族和地区的原始艺术，如沧源岩画、花山岩画、景颇族的《穆脑斋瓦》和舞蹈《金再再》、独龙族的射猎图画、四川珙县麻塘坝僰人的岩画等，进行了田野调查。

由于原始艺术具有原始意识形态的综合性、神秘性和一体性，我在进行原始艺术门类、原始艺术特点、作品释义等研究和分析时，运用了考古学、美术史、文艺学、民俗学、宗教学、象征学、文化阐释等多学科的方法，根据不同情况做跨学科的交叉研究和比较研究。多学科的交叉研究和比较研究，有助于解开作为原始艺术之源的原始思维的神秘的密结，从而在一定程度上克服和超越以往中国文学史、美术史、文学理论著作中在论述原始艺术和艺术发生时，只着眼于图解其思想内容以及社会作用、史前考古研究中只侧重于断代和器物描述的狭隘局限。原始艺术是人类从野蛮走向早期文明的标志之一。从所研究的对象和对象所显示的文化含义来看，我的研究对探讨中华民族早期文明有一定的意义。我曾指出，中国原始艺术发展到大汶口文化、龙山文化和良渚文化，玉器的造型和纹饰，已经昭示着社会分工和分层现象的出现，也显示着"礼"制在氏族群体中的萌芽，预示着人类早期文明所展露出的曙光。尽管至今所发现的中国原始艺术作品，还只限于粗糙简单的纹饰和体外装饰物等，尚未发现像欧洲旧石器时代洞穴艺术那样时代更早、规模更大的史前艺术品，如拉斯科洞穴壁画、维伦多夫和莱斯普克的维纳斯女神像等，但我国新石器时代的彩陶、岩画、玉器等原始艺术门类，作为人类从野蛮走向文明的脚印，其所达到的成就，无论在东方还是在世界原始艺术史上，都是有重要意义的。随着人们对客体审美感受的积累，表现在原始艺术中，逐渐形成了一些有明显特点的审美观念，如对称与等分、线条与色彩、写实与写意等。原始人已感到以对称的装饰或给某些花纹以等分或加等分线更能引起审美快感。与此有关的是节奏。没有节奏，就没有原始音乐和原始舞蹈。情绪的宣泄、身体的运动，只有符合一定的节奏，才能成为音乐和舞蹈。

原始艺术研究有助于中华文明起源问题的研究和推进。我们还清楚地记得，由于长江流域的河姆渡等古文明的发掘、大凌河流域的红山文化遗存的发掘，中华文明起源的黄河中心论，已被改写，多中心说已为学界所接受。近几年来，红山文化遗存的发掘又有很大进展，发掘出来的相对完好的泥塑大母神像和祭坛等，为中华文明早期的历史图景提供了更多的珍贵材料，可惜至今很少进入艺术人类学家们的视野。2008年，舞蹈学家、国家非物质文化遗产专家委员会委员康玉岩先生到海南黎族调查非物质文化遗产，拍摄到一组黎族的原始舞蹈，因其罕见和珍贵，他慷慨地发给我供研究之用。海南黎族的原始文化，早在民国时期就引起艺术学者的关注，岑家梧先生撰著了《图腾艺术史》（原名《史前艺术史》），这部经典著作给中国早期的艺术学研究贡献了重要的新篇。而康先生发给我的这些在21世纪仍然"活"在海南黎族民众中的原始艺术（舞蹈），对于研究和认识黎族的原始文化和民间文化、建构中国特色的艺术人类学是多么珍贵的资料呀。我选择两幅照片附在下面。

海南保亭黎族妇女的吹鼻箫（康玉岩摄）

海南白沙细水乡黎族老古舞（生殖崇拜）（康玉岩摄）

与原始艺术研究相关联的是对象征的研究。象征学（有人译为符号学）一时成了20世纪80年代世界范围内兴起未久的文化人类学和当时尚处于萌芽状态的艺术人类学的题中应有之义。我早先就买到并部分地览读了英国学者维克多·特纳的《象征之林》俄文本，阅读了移居大陆的台湾学者杨希枚的《中国古代的神秘数字论稿》（1972）、《论神秘数字七十二》（1973），以及西方学者的一些文化论，对象征问题多少有所思考。1987年9月，《民间文学论坛》杂志编辑部举行了一次"民间文化与现代生活"五人谈，北京大学乐黛云教授的发言传达了一个信息，那就是法国东方文化研究所的所长找北京大学比较文学研究所商谈一个协作项目，编一部世界象征辞典。因为我方没有这方面的现成资料，也没有人对中国的文化象征做过专门的研究，所以没有承担下来。她建议从事中国民间文化研究的人士着手这一课题的准备工作。当时，中国民间文艺家协会民间文艺研究所刚刚成立，便承担了这一课题，立即着手编制《中国象征辞典》的编辑计划、撰写和讨论样稿、确定选题范围，并向全国各地60多位专家学者约稿。经过三年多的时间，这部辞书的书稿总算编完了。作为主编，虽然并不因为我们贡献给读者的这部略显粗糙的《中国象征辞典》而感到轻松和满足，但是一想到它在中国毕竟是开启山林之作，心头不免漾出一种聊以自慰之情。我们愿意将这部书稿作为这一领域里研究工作的铺路之石。随之，象征研究在我国学界开始兴盛起来，陆续出现了王铭铭与潘忠党主编的《象征与社会——中国民间文化的探讨》（天津人民出版社1997年版）、周星的《境界与象征——桥和民俗》（上海文艺出版社1998年版），以及我在《中华英才》杂志的"京都夜话"栏发表的一系列以象征物的文化阐释为内容的随笔和稍后出版的专著《象征——对一种文化模式的考察》（学苑出版社2002年版）。2004年我为四川人民出版社出版的《中国象征文化丛书》写的序言《形著于此而义表于彼》中写道：

> 象征是一种群体性的、约定俗成的、传习的思维方式和交流方式。在人际交流中，人们常常是把真正的意思隐蔽起来，只说出或只显示出能代表或暗寓某种意义的表象，这就是象征。三国魏哲学家王弼在《周易略例·明象》里所说的"触类可为其象，合意可为其征"，就是这个意思，他所说的"象"，就是世间万物的表象、形态。因此，

象征一般是由两个互为依存的、对等的部分构成的，这两个部分，借用西方现代结构主义符号学的术语名之，一个叫"能指"（signifiant），一个叫"所指"（signifié）。瑞士语言学家费尔迪南·德·索绪尔（Ferdinand de Saussure）写道："象征的特点是：它永远不是完全任意的；它不是空洞的；它在能指和所指之间有一点自然联系的根基。象征法律的天平就不能随便用什么东西，例如一辆车，来代替。"

南宋乾道间的罗愿在《尔雅翼》一书里曾给象征下过一个界说："形著于此，而义表于彼。"他写道："古者有雉彝，画雉于彝，谓之宗彝。又施之象服，夫服器必取象，此等者非特以其智而已，盖皆有所表焉。夫八卦六子之中，日月星辰可以象指者也，云雷风雨难以象指者也。故画龙以表云，画雉以表雷，画虎以表风，画蜼以表雨。凡此皆形著于此，而义表于彼，非为是物也。"在罗愿之前是否有人系统研究和谈论过"象征"的问题，我没有研究，但我以为，罗愿的这个界说，以"形"与"义"分别来指称西方人所说的"能指"和"所指"，是相当贴切的、严谨的，自然也是科学的。在器物上绘画、雕刻，是我们中国人传之既久的一种习惯和风尚，陶瓶瓷罐、建筑装饰，多有绘画和雕刻，这些绘画和雕刻，多数是具有象征意义的或象征主义的。画龙以表云，画雉以表雷，画虎以表风，画蜼以表雨，画家笔下的龙、雉、虎、蜼所表达的并非这些动物或灵物本身，而是云、雷、风、雨这些象征含义，外国人看不懂，中国人一看却能心领神会，这就是约定俗成。

象征思维，是中国传统文化的一大特点。象征的领域涉及语言、风俗、宗教信仰、婚丧嫁娶、服装衣饰、文学艺术（包括口头文学）、神话传说、数字颜色、礼俗仪式、山岳、江河、园林、建筑、桥梁、节日，以及日月星辰、云雨雷电等自然现象和伦理、感觉（梦幻）等社会心理领域，无处不在。

与世界其他国家和民族比较起来，中华民族是一个有着特殊思维方式的民族，象征主义就是这种特殊的思维方式的重要特点和标志。在一个人的全部历程中，几乎每个关键时刻，你都会看到人们用象征主义的思维方式来对待或处理问题，而在中国的民间艺术中，象征可谓无处不在。象征的研究深入了民间艺术的内部，极大地丰富和深化了艺术人类学的田野研究。象征研究 20 世纪 80 年代在我国兴起，固然有赖于西方当代文化学者们的提倡和阐述，但其实，中国古代学者的象征研究遗产极其丰富，我们当代的一些学人有数典忘祖之嫌。最近在《中国社会科学报》2016 年 5 月 17 日第 2 版上读到一篇题为《象征主义抑或符号主义》的文章，谈论象征主义的思想史还是唯弗洛伊德、拉康、荣格马首是瞻，绝口不谈中国古代学者如在《尔雅翼》中留下了"形著于此，而义表于彼"的经典定义与中国古代学者的理论贡献。西方学者的贡献应该承认，应该借鉴，但我们不能在一切领域里都把自己变成西方学者的应声虫，我们应该在继承传统和借鉴外国的基础上建立和建设中国式的社会科学理论和方法。

王：近些年来，非物质文化遗产保护进行得轰轰烈烈，您也参与到非物质文化遗产保护领域的研究中，而且您本身也是国家非物质文化遗产保护专家委员会委员。可以说，从非遗保护工作刚刚起步开始，您就参与其中，目睹了我国非遗保护发展到今天的全过程，经常到各地考察，而且很多非遗保护文件的制定、项目和传承人评审等，您都是参与者，对非遗保护领域的研究有自己相当独到的见解。当前我国的城镇化进程发展较快，对于非物质文化遗产的生存土壤与文化空间产生了不小的冲击，您认为在这样的背景下，非遗保护领域最应该做的是什么？艺术人类学对非遗保护可以做些什么？

刘：中华传统文化是我们中华民族赖以生存发展、生生不息、凝聚不散和不断前进的最重要的根脉。中华传统文化又是在中华民族不断发展前进中创造、吸收、扬弃、积累起来的。在新一轮的城镇化进程中，我国广大农村中世世代代传承的包括"非物质文化遗产"在内的民间传统文化、乡土文化，遭遇了巨大的冲击，在许多地方出现了前所未有的衰微趋势，甚至灭绝的危局。

2013 年 9 月 27 日，文化部负责人在广西南宁开幕的"2013 中国—东盟文化论坛"上就城镇化进程对我国非物质文化遗产保护工作带来的冲击时发表谈话说：2011 年我国城镇人口比重达到 51.27%，居住在城镇的人口首次超过居住在农村的人口并将持续增加。[①] 乡村城镇化的重要标志，是

---

① 据国家统计局 2016 年 4 月 20 日发布的 2015 年全国 1% 人口抽样调查，大陆 31 个省、自治区、直辖市和现役军人的人口中，居住在城镇的人口为 76750 万人，同 2010 年相比，城镇人口增加 10193 万人，城镇人口比重上升 6.20 个百分点。

农村、农业、农民所谓"三农"生产方式和生活方式的转变，即相当数量的农民失去或离开了祖祖辈辈赖以生存的土地，放弃了与农田耕作相适应的农耕生产方式和基本上属于自给自足的生活方式，代之而起的商品经济与工业化、人口迁移与人口聚集、城市社区取代传统乡村等，不可避免地改变了，甚至在一定程度上摧毁了非物质文化遗产依存的社会环境和物质条件。因此，探索在城镇化进程中各种有效措施以保护和弘扬中华传统文化，业已成为执政党和各级政府以及包括文化人、专家及其研究机构、保护机构在内的全民族不可等闲视之的历史使命。

要保护、传承和弘扬我国农耕文明条件下乡土社会中所葆有的传统文化（主要的是广大农民、手工业者所创造和世代传承的非物质文化遗产以及包括以人伦道德为核心的乡土文化），首先要认清中国农耕社会的情状和特点。先贤蒋观云先生在1902年曾说过："中国进入耕稼时代最早，出于耕稼时代最迟。"（《风俗篇》，见所著《海上观云集初编》，上海广智书局1902年）漫长而稳定的耕稼时代，养育了中国的文化传统和东方文明，决定了中国人的思想和行为与西方人不同。作为耕稼时代主要标志之一的聚落（村落）生存方式，是以聚族而居、"差序格局"（费孝通语）为其特点的"乡土社会"。其特点是具有凝聚性、内向性和封闭性，与自给自足的农耕生产生活方式、家族人伦制度相适宜。而作为农耕文明的精神产物的非物质文化遗产和乡土文化，就是在聚落（村落）这一环境中产生并发育起来的。须知，没有星罗棋布、遍布中华大地的聚落（村落），就不会有丰富多彩的非物质文化遗产和乡土文化的创造和传承。

"非遗"是最广大的民众以口传心授的方式世代传承下来的，其之所以能够世代传承而不衰，就是因为它体现着广大民众的价值观、道德观、是非观，在不同时代都具有普适性。故而也理所当然地被称为是中华民族文化精神和中华民族性格的载体。但中国的农民要逐步摆脱贫困，实现小康，富强起来，走工业化、现代化、农业现代化的道路，城镇化便成了规划中的实现现代化的必由之路。而全面实现城镇化，改变以往城市和乡村"二元结构"的社会模式，就意味着逐渐消灭以"差序格局"为特征的传统的"乡土社会"及其人伦礼俗制度和乡民文化传统。显然，保护作为乡民文化传统之主体的非物质文化遗产和以人伦道德为核心的乡土文化，留住记忆，留住乡愁，与全面城镇化之间，形成了当前中国社会变革的一对主要矛盾。说到底，如果我们的城镇化是以牺牲和舍弃以非物质文化遗产和以人伦道德为核心的乡土文化为主体的中国民间传统文化为代价，那么，这样的现代化将成为只有物质的极大丰富而可能丧失了中华民族精神、民族性格和民族灵魂的现代化。令我感到快慰的是，中央关于城镇化的文件中已经提醒各级政府，"城镇化进程使传统的农村转型为城镇或城市，在转型中，要融入现代元素，更要保护和弘扬传统优秀文化，延续城市历史文脉"。

十多年来，保护非物质文化遗产和文化多样性已经成为世界各国有识之士的共识，我国的非物质文化遗产保护工作也取得了巨大成就。已经初步建立起了国家级、省市级、地市级、区县级四级代表性"非遗"名录保护体系，传统文化保护区建设和传统村落保护也取得了可观的成绩。但由于东部沿海地区、中部中原地区、西部边远地区社会发展的不平衡，城镇化进程的不平衡，"非遗"类别和性质的差别，保护单位素质的差别和措施落实的不同，面对着城镇化进程带来的保护工作的矛盾和挑战是空前严峻的。依我看来，目前，在东部沿海地区、中部中原地区和西部边远地区三个板块，在城镇化进程中不同程度地遭遇了一些新的问题，也出现了一些保护较好的案例。

城镇化进程给"非遗"的生存传承和保护工作提出了挑战，带来了前所未有的冲击，需要新的思维和新的智慧，从而激活其传承和赓续的生命活力。几年前，我在《我国"非遗"保护的若干理论问题》一文中曾列举了造成"非遗"衰微趋势的五个原因："第一，农耕文明生产的衰落以及宗法社会家庭和人伦制度的衰微；第二，农村聚落及其人际关系发生了历史性变革；第三，外来文化的强力影响；第四，现代生活方式和生活观念的变化；第五，传承者的老龄化，传承后继乏人。"（《中国艺术报》2012年8月8日）采取何种保护措施，自然要从这些造成衰微的原因入手。目前比较普遍的，是以文化产业和文化旅游的方式来对处于生存危机中的"非遗"进行保护，这两种保护方式是无可厚非的，但要看到，在城镇化进程中，"非遗"的衰微是一种无可挽回的趋势，而《中华人民共和国非物质文化遗产法》中规定的"记录"（文字、录音、录像）的方式，可能是最不该忽略的。只要记录下来了，就可以采取走进校园、传给后人、供学界研究等方式留住这些即将消失或已经消失的"非遗"样态。对于艺术人类学家们来说，保护城镇化进程中的"非遗"诸艺术项目，自是时不我待之事，要发挥我们的长项，分别不同地区、不同类别，分别轻重缓急，走向田野，抓紧时机以田野的理念和记录的方式，尽可能多、尽可能全地留住乡土社会所滋养和传承下来的这些文化根脉——乡愁。

王： 您说得是，非遗的保护与研究工作确实是面临着非常紧迫的局面，虽然这期间出现了各种各样的问题，不管怎样，已持续十多年的非遗保护工程对于民族传统文化的保护还是发挥了积极作用的，接下来是学界应该有所作为的时候了，应该对它们进行较为深入的调查与研究，而不只是流于形式、走马观花，这就需要科学的理论与方法论的指导。我想非物质文化遗产的保护与研究，需要理论基础和方法论支撑。非遗普查工作，需要踏踏实实的田野调查，对于研究工作，需要借助于理论对其进行阐释，而这些恰恰是艺术人类学所具备和擅长的。虽然有学者将非物质文化遗产建构为一个学科，但实际上它并不具备一个学科的要件。而艺术人类学目前来看虽不是一个学科，但它的学术视域、研究方法和理论基础已逐渐建构起来，更为重要的是它能够切实地解决问题，能够为非遗的保护与研究工作贡献自己的力量，相信未来的人文社会科学的发展趋势也会是"淡化学科，突出问题"，而且这一趋势已经逐渐明朗化。

中国艺术人类学研究发展到今天，已经走过30多年的发展历程，有了一定的学术积累。现在来看时机很好，2006年中国艺术人类学学会成立，搭建了一个国际化的学术交流与对话平台，2011年艺术学升格为门类学科，为艺术学科的发展打了一剂强心针，可以说也是众望所归。在以后的发展中，艺术学五个一级学科下面的二级学科设置想必也会进行及时的调整与更新，至少从目前来看，国内有相当数量的高校和研究机构设置了艺术人类学的研究生招生方向，并开设相关课程，可以看出学界对于该学科价值与前景的认可。[①] 以我们中国艺术研究院为例，2003年成立了艺术人类学研究所，而且在艺术学理论一级学科下设置了艺术人类学二级学科的研究生招生方向，我想这也是学术发展到一定程度的一种自觉。如果艺术人类学作为一门学科来设置与建设，您认为有哪些方面的工作是最为紧迫的？对于当前的艺术人类学研究而言，您认为存在哪些问题？有哪些好的建议给我们？

---

① 王永健：《新时期以来中国艺术人类学的发展轨迹》，《民间文化论坛》2015年第2期。

刘：虽然我在民间文艺学和艺术人类学领域里学习和探索的时间不算短了，也写过一些理论性的文章和著述，包括原始艺术和象征学研究方面的，但自觉地从艺术人类学学科建构方面所做的思考却很少，只能谈一点感想和建议。

何为艺术人类学？方李莉的回答是："艺术人类学是一门跨学科的学术研究视野，一种认识人类文化和人类艺术的方法论。既然是艺术人类学，就可以是从人类学的角度来研究艺术，也可以是借用人类学的方法和理论来研究艺术。"（《中华艺术论丛》2008年）王建民的回答是："运用人类学理论和方法，对人类社会的艺术现象、学术活动、艺术作品进行分析解释的学科。"（《艺术人类学译丛总序》）艺术人类学在中国的兴起和传播，如您所说，有近30年的历史了。在我的记忆里，1992年2月文化艺术出版社出版了我国第一本翻译的外国艺术人类学的著作是美国（后来是英国）学者罗伯特·莱顿著、靳大成等译的《艺术人类学》，同年11月，上海文艺出版社出版了易中天著的《艺术人类学》，此后，陆续出版了不少冠以艺术人类学的著作，2003年中国艺术研究院成立了艺术人类学研究中心，2006年成立了中国艺术人类学学会，于是这个新的学科名称就在学界普及开了。

在我看来，艺术人类学，是以人类社会不同阶段上广大民众所创造、传承、传播和享用的艺术活动和艺术作品为对象，运用（文化）人类学的理论和方法进行研究的人文学科。人类社会不同阶段上广大民众所创造、传承、传播和享用的艺术活动和艺术作品（包括传承者），从来被排斥在传统的艺术学的视野之外，或者用美国人类学家罗伯特·雷德菲尔德（Robert Redfield）的"大传统、小传统"来定位，应是"小传统"之属。以人类学的理论和方法研究艺术诸问题，与传统的艺术学和文艺学的理论与方法研究艺术，有着显著的差异。如果我的这个观点可以被接受的话，那么在我国，艺术人类学的研究最早应起始于20世纪三四十年代，那时虽然没有艺术人类学这个名称，但所研究的对象和所采用的理论与方法，却与今天所说的艺术人类学无异。前面提到的岑家梧的《图腾艺术史》如是，钟敬文1937年在杭州举办的"民间图画展览"及其所做的研究、北京中法汉学研究所1942年举办的"民间新年神像图画展览会"及出版的 *Exposition Diconographie populaire Images rituelles du Nouvel An*，也莫不如是。钟敬文在《民间图画展览的意义》中说："民间图画是民众基本的欲求的造形，是民众情绪的宣泄，是民众美学观念的表明，是他们社会的形象的反映，是他们文化传统的珍贵的财产。民间图画，它可以使我们认识今日民间的生活，它也可以使我们明了过去社会的结构。它提供给我们理解古代的、原始的艺术姿态的资料，同时也提供给我们以创作未来伟大艺术的参考资料。"（见《民间图画展览会特刊》，后收入所著《民间文艺谈薮》，湖南人民出版社 1981 年版）杜伯秋在 Exposition D'iconographie populaire Images rit-uelles du Nouvel An 的序言里说："此次展览会……目的为陈列一部分与中国民间宗教有关之图像，而选择此种图像之标准乃视其有无典礼或类似典礼之用途而定，盖此种用途在中国年终及新年时特别显著。"他们的解说指明了所研究和展览的民间图画，是民众所创造和拥有的图画，而且这些图画是与"典礼"（今天我们所说的"仪式"）相关的，而这正是我们今天的艺术人类学理所当然的研究对象。

  中华人民共和国成立以后，第一个对艺术界不被重视的"小传统"傩舞进行田野调查的，是时任中国舞蹈艺术研究会秘书长的女舞蹈家盛婕，她率领的团队在江西婺源做了我国学界第一个傩舞调查，开启了我国艺术研究者对傩舞的最初的认识。时至 20 世纪八九十年代，民间文艺学家、艺术人类学家们秉承着这样的理念和方法，对"大传统"之外的民众艺术活动和艺术作品做了大量的调查和记录，为我国艺术人类学的日臻成熟奠定了基础。如台湾清华大学教授王秋桂先生在财团法人施合郑民俗文化基金会的支持下，从 1991 年 7 月牵头组织许多大陆文化学者参加的"中国地方戏与仪式之研究"课题计划，用四年的时间，在基于田野资料所写的调查报告 80 种，如贵州傩戏、各地目连戏、安徽贵池傩戏、安顺地戏、福建寿宁四平傀儡戏、酉阳阳戏、重庆阳戏……调查报告中包括丰富的图片及仪式表演中所用的文字资料，如科仪本、剧本或唱本、表、文、符、箓、疏、牒等资料。又如中国艺术研究院方李莉研究员在原文化部和科技部资助下，率领团队从 2001 年起花费七年时间实施完成的国家重点课题"西部人文资源的保护、开发和利用"，最终成果出版了《西部人文资源论坛文集》《从遗产到资源——西部人文资源研究报告》等 12 种，就西北地区的戏曲、民间宗教、民间习俗、民间手工艺、舞蹈、建筑文化、少数民族习俗与信仰、关中工艺资源与农民生活 8 个领域的文化资源所做的个案调查报告，以及概述西部人文资源研究的历史与现状、西部人文资源所面临的生态压力、西南少数民族村寨文化变迁、人文资源开发问题、贵州梭嘎生态博物馆的经验调查等14个问题的研究结论，提供了翔实可靠、丰富多样的当代西部人文资源的田野调查材料和生活样相，以及民间艺术面临的衰微困境。流传于西北回、汉、东乡、撒拉、藏、土、保安、裕固等民族和地区的"花儿"，申报世界人类非物质文化遗产名录成功，但申报前对"花儿"的调查和研究呈现分散状态。现在有些地区开始做新的调查，如2007年，西北民族大学戚晓萍在坎铺塔对洮岷南路"花儿"的调查[①]；2012年甘肃省文化艺术研究所《中国节日志·松鸣岩花儿会》课题组在顾善忠的率领下在临夏回族自治州和政进行的田野调查等。这些课题的完成和田野调查的撰写为艺术人类学的趋向成熟准备了可靠的条件。目前来看，这样有系统的、带有全局性的艺术类田野报告和资料，还是太少了。

回想1928年4月，蔡元培就任前台湾研究院院长后，创立了历史语言研究所和社会科学研究所，他亲任社会学研究所下面的民族学组的主任，并出了一个题目组织力量进行调查：一是广西凌云瑶族的调查及研究；二是台湾高山族的调查及研究；三是松花江下游赫哲族的调查及研究；四是世界各民族结绳记事与原始文字的研究；五是外国民族名称的汉译；六是西南少数民族研究资料的收集。（据蔡元培《三十五年来中国之新文化》，桂勤编《蔡元培学术文化随笔》，第151页，中国青年出版社1996年版）这六个调查报告的写作与出版，奠定了中国民族学学科从无到有、理论体系的建构的坚实的基础。目前，中国式的艺术人类学学科的逐步完善，最为迫切的，是有赖于更多的这类有计划有组织的、全局性的、有点有面的艺术类田野调查资料的撰著与积累，在田野调查资料及其所形成的问题的基础上，以多学科参与、从多方面深化理论研究，而不是寄希望于移植外国的现成的理论，尽管外国理论的介绍是非常必要的。

十多年来，我国非物质文化遗产保护工作已经取得了世所公认的巨大成绩，对非物质文化遗产及其保护工作的理论研究，如"非遗"价值观、

[①] 戚晓萍：《洮岷南路花儿现状调查报告——以坎铺塔为中心》，《西北民族研究》2008年第1期。

项目本身的内涵和传承人的研究与阐释，有了长足的进步和提升。但联系的观点和方法（如与历史文化传统、地域文化传统），则基本上被忽视。在这些方面，艺术人类学已经有比较成熟的理论和方法，在"非遗"及其保护工作中大有用武之地，可以给予期望中的"非遗学"的建构以理论上的支持。我国《国务院关于加强文化遗产保护的通知》认为："非物质文化遗产是指各种以非物质形态存在的与群众生活密切相关、世代相承的传统文化表现形式，包括口头传统、传统表演艺术、民俗活动和礼仪与节庆、有关自然界和宇宙的民间传统知识和实践、传统手工艺技能等，以及与上述传统文化表现形式相关的文化空间。"而《通知》所述作为"非遗"的诸种传统文化表现形式，并非都属于前面我们所定义的作为艺术人类学研究范围（"视野"）的人类艺术活动和艺术作品，有的纯然属于人类有关自然界和宇宙的知识和实践，而非艺术活动与艺术作品。

艺术人类学近年来取得的成就与进展，是有目共睹的、值得学界高兴的。如果要问我有什么建议的话，我认为，艺术人类学学科虽然有30年的发展史，但学科建构方面的空间还很大。如英国学者罗宾·乔治·科林伍德《艺术原理》中说的"非艺术"（如巫术艺术等），如上述中法汉学研究所的"典礼"中的民间图画与留居美国的中国学者巫鸿的《礼仪中的美术》的命题，如中国的地域文化（荆楚文化、吴越文化、齐鲁文化、苗蛮文化……）所孕育的地域艺术传统及现代形态，如民众艺术与农耕文明，如文化圈、艺术圈，如大众艺术与"非遗"领域里的"文化空间"等，都值得学者们去研究，而且可以作出大文章来，从而丰富和提升学理建设。

王： 谢谢刘先生，您为艺术人类学的学科建构和未来发展提供了很好的思路和建议，可以说该做的事情还有很多，一个学科的成长壮大可能需要几代人的持续努力。新的时代赋予了我们新的使命，我们会抓住历史机遇，脚踏实地地做好田野调查和研究工作，夯实学科根基，建构学科理论。最终目的是使它能够与社会发展紧密联系起来，为民族文化艺术的保护与研究工作贡献力量。再次感谢您接受此次专访，祝您身体安康。

面向普通民众的中国艺术人类学
——周星教授访谈 ①

王永健（以下简称王）：周老师好，非常高兴能有机会对您进行一个专访。我本身一直在做中国艺术人类学的学术史研究，您又是中国艺术人类学研究领域非常重要的一位学者。尤其是您从民俗学角度切入研究，产生了很多学术成果，并且，很早就主编了《中国艺术人类学基础读本》，它对艺术人类学这样一个新兴学科在中国的发展而言，非常有价值。

周星（以下简称周）：谢谢永健。是的，我有时候是从民俗学的视角切入。

王：您对中国的民族民间艺术，包括城市艺术做了系列性的研究，比如对民间的花馍、礼馍的研究，还有对城市中的广场舞的研究，等等。从

---

① 周星，男，陕西丹凤人，1957年出生，日本神奈川大学教授，民族学博士。1981年本科毕业于西北大学历史系考古专业，1984年硕士毕业于中国社会科学院历史研究所，1989年博士毕业于中国社会科学院民族研究所。1989—2000年，先后在北京大学社会学人类学研究所从事博士后研究，历任副教授、教授、副所长、博士生导师。2000年至2021年，任日本爱知大学国际交流学部、国际中国学研究中心（ICCS）教授、博士课程指导教授。学术兼职主要有中国民俗学会副理事长、中国艺术人类学学会副会长、中山大学中国非物质文化遗产研究中心学术委员、冲绳国际大学南岛文化研究所研究员等。主要研究领域为民族学（文化人类学）与民俗学。主要著述有《史前史与考古学》（1992）、《民族学新论》（1992）、《民族政治学》（1993）、《境界与象征：桥和民俗》（1998）；主编（或合作主编）有《社会文化人类学讲演集》（1996）、《田野工作与文化自觉》（1998）、《中国民族社区发展研究》（2001）、《二十一世纪：文化自觉与跨文化对话（一）、（二）》（2001）、《民俗学的历史、理论与方法》（2006）等；译著（或合译）有《现代文化人类学》（1988）、《文化人类学的十五种理论》（1988）、《汉族的民俗宗教——社会人类学的研究》（1998）等。先后发表的有关艺术人类学方面的论著，主要有《中国古代岩画中所见的原始宗教》（1984）、《沧源崖画村落图新探》（1986）、《鹳鱼石斧图与中国古时传说》（合作，1990—1991）、《把民族民间的文化与艺术遗产保护在基层社区》（2004）、《中山装、旗袍、新唐装——近一个世纪以来中国人有关"民族服装"的社会文化实践》（2004）、《作为民俗艺术遗产的中国传统吉祥图案》（2005）、《人类学者如何看待民俗的艺术》（2007）、《艺术人类学及其在中国的可能性》（2009）等。

农村到城市，您涉猎的范围很广。所以，我想在学术史的研究中，一方面对您的研究成果的文本进行详细的梳理；另一方面是想从口述史的角度，通过专访，了解您的研究中文本之外的东西，比如，治学经验、研究心得，甚至田野趣事等。我想在艺术人类学学术史的写作过程中，把文本和口述史结合起来。

周：我理解。

王：因为我觉得，文本可能中规中矩的，但口述访谈的过程，却会有一些经验性的东西流露出来。

周：我明白，也就是学者的个性，比较生动、感性的部分，对吧？

王：对，它们在文本中无法表现出来，我特别想把这两者结合起来，以完整地呈现您对艺术人类学的研究。

周：谢谢永健。

王：咱们就从您的学术研究的发端开始谈起。我注意到，您本科是学习历史学的。后来又到中国社科院继续攻读硕士、博士。

周：对。我本科在西北大学历史系，硕士在中国社科院历史系，后来博士又到了民族系。

王：后来的博士是做的民族学？

周：对，没错。

王：这段求学经历对您后来从事艺术人类学研究是非常重要的，对吧？

周：对。坦率地说，我大学是考古专业，考古专业重视"物"，把研究对象确定为一个"物"，是实体性的存在。当然，这个"物"可以是普通物品，也可以是艺术品。我在大学期间，比如说关注过岩画，但那个时候不大从艺术史上去想问题，等于把它视为宗教、巫术，当然，有时候也会想到原始的艺术。后来，我在社科院历史研究所学习"史前史"，也就是原始社会史，当时中央美院关心原始艺术的人很愿意跟我们交流，因为做艺术史研究的人或者关注艺术学原理的这些老师，他们多是从原始艺术来思考问题。我呢，当时没太从原始艺术的角度来思考，我们主要是研究原始社会、原始社会史。我的本科是考古专业，硕士是中国原始社会史，所以，才会关注史前岩画。

王：还是历史学的视角。

周：对。当时的理念是历史学的，艺术的感觉没那么强，把史前器物当作艺术品来考虑的意识不强。

王：主要还是作为原始社会史研究的对象。

周：是。记得那时候，我们曾和中央美院的朱青生、尹吉男讨论过问题，我记得很清楚，我跑到他们宿舍去聊天。后来，我想为什么和他们在一起讨论呢？原来他们也对原始社会感兴趣，他们从艺术史的角度看问题，或从艺术发生学、艺术学理论看问题，所以，原始艺术史是非常重要的。当时，我们都年轻，我是正儿八经的原始社会史专业，在硕士期间，我写过《中国古代岩画中所见的原始宗教》，还写过《云南沧源岩画研究》等，但那时候确实艺术的意识不强，就是把它当作历史。多年以后，我自己走向艺术人类学之路，其实简单地说，是和费孝通先生的影响有关。费先生当年在日本，他80岁寿辰的时候，写过"美美与共"，就是我们今天说的"十六字箴言"，这个对我影响很大。此外，费先生晚年曾多次提到"富了以后怎么办"的问题，费老其实是有一个倾向性的看法，也就是生活艺术化。这也是为什么费老后来和方李莉老师交流比较多，他的看法，也就是艺术生活化、生活艺术化，从方李莉提供的一些材料，例如，景德镇的案例，提供了一些给他思考的素材。确实，人富了以后怎么办？大概是要过更有艺术品位的人生，也就是说，原来我们都是农民，或者是普通做生意的人，现在我们都富了，富了也就意味着可以过上比较优雅的生活、相对有品位的生活，或者是艺术化的生活。所谓的"怎么办"这个部分，其实也和费先生后来明确提出的"文化自觉"的命题，是相通的。中国人富了以后，得有品位，不能总是当"土豪"啊。所以，民众富足之后，他们的生活应该是朝艺术化的方向继续走的。我逐渐地意识到这一点，所以，后来我在给方李莉的博士后出站报告《传统与变迁——景德镇新旧民窑业田野考察》写的书评中，对此有所表述。

王：对，《传统与变迁——景德镇新旧民窑业田野考察》这本书影响很大。您写的那篇书评，我也拜读过，两万多字，很是受益。

周：当时，我是希望方李莉把她和费老的对话突出地放在前面，我呢，作为一个托底的同行支持她，所以，那个书评就成了那本书的"跋"。我的角度是作为同行，和方李莉对话，一起讨论问题。那个时候，我跟方老师都意识到，费老晚年提出的"中国人富了以后怎么办"的问题，其实是非常重要的啊！这个话题是说，普通中国人的人生，可以在实现富足和小康之后，过上艺术化的生活，也就是"诗意的栖居"啊。简单地说，就是民众的日常生活需要有一个品质提升的过程与方向，而艺术可以在其中发挥独特的作用，可以点缀生活，比如说，农民画或许就可以点缀刚刚搬迁到都市新居的普通新市民的家庭生活，并满足他们的乡愁情感呢。

王：说得是，装点生活。

周：对吧。你开个饭馆，也可以挂上农民画，就像是"农家乐"一样。费先生实际上考虑得比较远，我们在他的影响下思考问题。刚开始的时候，大家谈的基本上是艺术生活化、生活艺术化，因为生活艺术化才显得有品位，才能够有优雅的人生。回到中国的封建时代，优雅的士大夫们，他们似乎是过上了令人欣赏的高品位的生活。可是，现代社会，中国人都富了起来，不是少数人，不是只有知识分子才能够优雅和有品位地生活。永健是博士，您富了，或者某位医生、律师也富了，可以过得很好，但现在的情况是，那位卖烧饼的武大郎先生，他也富了，他家里也可以跟您家一样，有瓷器摆设，可以一样优雅。我们以前想象过一个举人和一个卖烧饼的都富了的情形吗？这是中国历史上前所未有的，是中国社会一个巨大的变革，费先生很早就意识到这个问题。从某种意义上说，我跟方老师大概都较早地意识到艺术人类学在中国的可能性，这也是为什么我会全力支持方老师来创办中国艺术人类学学会。我们在认知上，都从费先生那里受到了启示。20世纪90年代末，费先生提出这个问题，我和方李莉刚好那个时候都在所里，有幸多次听到费先生讲这个事儿。

王：确实是啊。这些年中国经济的高速发展，使老百姓的生活发生了翻天覆地的变化，满足于吃饱穿暖之外，人们手里有了一定的余钱，便可以琢磨精神消费的事了。普通老百姓也开始琢磨这些事，这是历史上不常见的，这些现象都是艺术人类学研究应该关注的问题。

周：我早期做的人类学是偏少数民族，偏实证主义的研究。我本人不是一个对艺术特别敏感的学者。但从那个时候起，我意识到，富了以后其实是有两个选择，另一个可能是堕落，如吃、喝、嫖、赌、吸毒之类。

王：嗯，很庸俗的消费。

周：对，土豪爆买，庸俗消费，甚至去欺负别人，拿钱砸别人，为富不仁。但确实是，只有富足了以后，才有可能选择优雅，可以做慈善，可以有品位，可以有档次，那么，这个档次是什么？品味又是什么？令中国人心满意足的那种怡然自得的生活方式到底是什么？那个生活之美从哪里来？这些其实都还没有结论，不存在定论。以往的士大夫阶级形成的优雅的生活方式，在文震亨的《长物志》里，那是中国士大夫阶层的优雅生活。但现在是全民，不是个别人，不是皇亲贵戚，不是状元，不是某个商人发了财，而是全民都富了，当然，这个过程没有那么均衡，或者没有达到多么不得了的程度的富足，可能有若干个阶段。这期间，即便很多人可能不懂西方的油画，也不会摆设那么高雅的器皿，可他还是可能会有艺术方面的需求，比如，在家里装点一个小盆景，挂一幅字画，这个字画很可能还是个赝品。这几年艺术品市场很火爆，可能从艺术家来看没有那么高大上，但这就是民众的生活，终于能有这个消费了，从年画之类到艺术品，发生了很大的变化，所以，中国出现了不少画家村，甚至是批量生产的作品，大部分都有销路。为什么？百姓乔迁新居，搬进去房子是空的，需要补墙，所以，就挂上一幅假油画，弄个《向日葵》，莫奈的，大家都知道是假的，但我看着舒服，又有什么关系呢？这就是民众生活富足了，就对艺术品有了需求。

王：对艺术的追求和向往，是在物质消费的需求得到满足之后，人们手里有了富余的钱之后，才大面积发生的。

周：对，艺术满足点缀生活的这个功能，变得前所未有的重要了。以前，很多艺术被认为是高雅的、高大上的、属于上层的，不是普通老百姓的，艺术过去总是跟普通人的生活切割开来的。现在，我们却需要强调，日常生活中的艺术、艺术的日常生活化。这两个命题，我觉得拿方老师研究的景德镇的案例来说，比较好懂。景德镇的陶瓷可以是艺术化的，也可以是生活化的，谁都能买得起。中国的老百姓，我们还没有那么富，但我们喝茶，这个杯子是白瓷，以前的茶具可能粗糙些，像是大碗茶，有点"土"，现在却可以比较优雅了，现在有了这个意识，也有了这个可能，甚至老百姓日常生活里，他用的瓷杯就可以是景德镇某某艺术家的作品啊。

王：是啊，人们还是有一种对美的追求在里面。

周：对，就是费孝通说的理想型的生活。理想型的生活是什么？这个以前从没想过，以前我们穷了几个世纪，现在终于有机会来谈生活的优雅了。

王：这其实也是费先生提过的物质生活满足后，普通民众对美好生活的追求、向往。

周：没错。从这个意义来讲，我觉得方老师艺术学的基础比较好，我原来不太懂艺术，但我觉得也能理解费先生的思路。我们思考费先生这个富了之后怎么办的问题，如果方老师是探高的话，我就是托底。我关心的是更世俗的、更底层的、更草根的，所以，我研究的艺术也是更草根的。我觉得，这个时候艺术人类学的出现，能够矫正中国长期以来艺术学领域追求太高大上的取向。

王：就中国的艺术研究领域而言，它的一般研究的路数是就艺术而论艺术，注重艺术品研究，不大关注艺术存在的文化场域以及艺术背后的意义世界，不太注重田野研究，应该说，这样的探讨很容易陷入空对空的抽象思辨的泥潭。

周：好像高雅的艺术就是要脱离出来，跟生活切割，可是，人类学的理念关注的恰恰是老百姓日常生活中的美、日常生活中的艺术品，这是我们的基本理念。我记得，在中国艺术人类学学会成立大会的时候，我首先提出的一个问题就是，人类学家怎么看民俗艺术？老百姓日常生活中的艺术看着不起眼，当然，我也理解，如果换一个角度，如果我是艺术家，当然也明白"花馍"没有罗丹的雕塑那么引人注目，但罗丹的雕塑对中国农村、黄河流域的农家妇女没有意义，对她们来讲，"花馍"鱼、青蛙等造型，就是她们的艺术，属于她们人生中的价值表象，或那种美感，对吧？

王：您主编的《中国艺术人类学基础读本》，前言的题目就叫《艺术人类学在中国的可能性》，我觉得您提出了非常重要的观点，有两个方面：一个是说我们现在这个时代，艺术人类学的研究非常有必要；另一个是说要对艺术本身和社会语境中的艺术进行研究。

周：对，我们关注富了以后的民众，普通人的生活要有美感，但普通的民众生活中那些曾经的民俗艺术，长期以来是被忽视的、被贬低的，或者是被无视的，很少有人在意它，觉得那个不登大雅之堂。老百姓觉得美滋滋的那些很"土"的，很少有人看得上，这里有一点价值观问题。另外，艺术研究长期以来是对作品的研究、文本的研究、著名艺术家的研究，可大都忽视了田野调查。所以，中国艺术人类学学会的成立，它的伟大之处，就是为中国的艺术研究注入了田野研究的活力。

王：对，长期以来，我们的艺术研究很少关注田野中的艺术、现实生活中的艺术，艺术人类学恰恰开启了面向田野的艺术研究之门，这不同于以往的就艺术而论艺术那种抽象思辨式的研究，这种实证的田野研究很重要！

周：对。《红楼梦》很重要，马克思主义艺术理论很重要，高雅艺术也很重要。但同时，艺术在中国老百姓的生活中到底是怎么回事呢？比如，戏曲，就需要到农村去看一看，村里的戏台是怎么回事？红白喜事，老人去世了，专门有人演戏，都是些什么戏？是怎么演的？等等。就是说，日常生活中这种艺术，不同的地方剧种在当地百姓生活中的价值是怎样的？这些问题过去不大清楚，因为田野调查不够。对于中国的艺术研究长期以来的局限性，艺术人类学做出了补充。艺术人类学这种实证的、田野的、现场的调查，使得不管是高雅的或者说不太高雅的、民俗的艺术，在老百姓生活中的意义重新被作为一个话题提出来。艺术家也罢，艺术评论家也罢，如何去理解百姓生活中的艺术，或许老百姓不大讲究那些艺术学的大道理，但他们生活中有，也是需要这些的。所以，我在那次成立大会的发言中讲到，我们中国确实过去是有这种偏见，比如，美术学院瞧不起工艺美院，美术好像要比工艺美术高雅一点，认为做工艺美术的就是工匠。

王：对，往往认为美术就是高雅的、高端的，工艺美术就是民间的、低端的，实际上就是一种偏见。

周：以前说"匠气"，大概是贬损的意思，但现在时代变了，讲"工匠精神""匠气"就很重要啦。以前不讲工匠精神，就是瞧不起工匠。所以，我们理解方李莉所说的，中国的传统手工艺需要有一个文艺复兴。日本有一个柳宗悦，他推动"民艺运动"，就是从老百姓普通的日常生活中的器物看出美来，似乎一个粗糙的酒杯、酒坛子，但工匠成千上万地做，不停地画，三笔就有一个兰草的纹样，他做了那么多，那纹样也就成为极致的艺术啊。

王：太熟了，熟能生巧！

周：对，匠人反复地操作，最后就出神入化了。柳宗悦发现这些普通工匠的作品，其实有很高的艺术境界。他就去探究，所谓的"美"是怎么产生的？"美"是在千篇一律、机械枯燥的训练和操作中，因为积累而终究会产生的一种境界。您看，就在那些粗瓷上，出现了非常精致的"美"，兰花之"美"，这就是他所说的"民艺"，民众的艺术、民间的艺术、草根的艺术。但这类"民艺",长期以来,不入艺术家的法眼。日本经历的"民艺运动",影响了日本人的审美,日本的财阀、政治家、艺术家、有钱人,包括教授、著名的艺术家,都收藏这些东西。而中国没有经历过类似"民艺运动"的洗礼过程,一个艺术家稍微有点本事,就瞧不起别人,说别人是"匠人",总是这种感觉。这其实有问题,所以,就由我们艺术人类学来补这一课。所以,您也就理解我研究的那些题目,大概都是一些很俗气的现象,像是农民画、花馍、广场舞等。以广场舞为例的话,它作为舞蹈艺术学上的意义并没有多大,但它在人民的日常生活中的意义,却非常重要。

王:您实际上是要通过这些艺术事象,来探究它背后的社会意义。

周:对。我们要理解民众的生活,也就是说,舞蹈学院里的舞蹈表演,职业演员极致的人体之美是一种"美",但老百姓,一位大妈在那里扭她有点胖的身体,也是一种"美",对吧?她在她的人生中达到、追求或者实现她的美,"美美与共"嘛。现在的关键是舞蹈艺术家的那个"美"对她的"美"有偏见,我觉得,艺术人类学很伟大的地方,就是不断告诫我们,要克服这些歧视,超越这些偏见,拒绝这些先入为主的看法或印象。比如说,方老师为什么研究手工艺?研究手工艺的意义在哪儿?李老师为什么研究普通的刺绣?因为这些手做的东西,像瓷器、紫砂、枕顶绣等,在日常生活中,由普通人的双手产生出来的"美",可能说不出那么多大道理,但这些质朴的、朴素的,在生活中让人觉得温暖的"美",老百姓自己感觉到"美"就行了,对吧?学者们过去无视它们,所以,需要由人类学来补这一课,这就是我说的艺术人类学在中国的可能性。每个人的生活中都有"美",都有艺术的空间,都有对艺术的需求,而艺术家、评论家、学者们,还有那些优雅的人士,都不应该贬低民众生活中的那些艺术及其重要性。

王:嗯,这很有普遍性意义,需要艺术人类学把它们纳入学术研究的视野之内。

周:对,所有人民的生活中都需要艺术。就像"厕所革命"一样,所有的人都应该享有安全、舒适、洁净、有尊严的排泄环境,所有人也都有权、有可能享有他们生活中应该有的艺术。可能是一位出租车司机,家里挂一幅莫奈的油画,即便它可能是复制的或印刷品;可能是一位打工妹,

69

她在家里或许会听贝多芬的交响乐，当然她选择听家乡的民歌或流行歌曲，也没有什么高低的不同。以前的偏见是觉得中产阶级才是高雅艺术的享有者，所谓艺术只是某些人的特权。

王：也就是形成了一些所谓的"标准"。

周：那是不对的，中国社会的迅速发展颠覆了这些，人类学告诉我们，中国社会在这方面有无限的可能性，像"798"艺术区、很多地方的"画家村"、农民画，包括那些批量制作模仿艺术品的作坊，虽然达不到能够被优雅人士认可的高度，但老百姓看了觉得好，觉得舒服，觉得精彩，就行。当然，不把它们作为一个个地道的艺术品来评价，但是作为一个个具有社会属性的艺术的载体或承载物来评论的话，它们的价值其实也是很重要的，因为它们满足了人们那个阶段的美感，以及对艺术的消费或追求。所以，我觉得，艺术人类学很适合在中国这个时代横空出世，费孝通先生晚年提出了思路，方李莉、我，还有很多学者也都参与进来，让艺术人类学这门学术在中国变成现实。通过艺术人类学的研究，我们推动了对很多偏见的矫正。您知道，任何一种偏见的弱化或消失，都是中国社会和文化的一点进步。中国社会存在很多偏见，像对外地人的偏见、对少数民族的偏见、对穷人的偏见、对弱势群体的偏见、艺术家对"匠人""手艺人"的偏见等，应该说在人类学的研究当中，学者们一直在致力于克服这些偏见。

艺术人类学帮助我们克服那些诸如古典音乐对通俗音乐的偏见、油画对国画的偏见、国画对农民画的偏见，结果便是达成"美美与共"。我们当然也承认，可以通过不断的艺术训练，慢慢提升花馍之"美"或广场舞之"美"，这没关系，但还是有人会不断地回到花馍去寻找灵感，或通过花馍思考乡土艺术和民众生活中的审美等相关问题。我这样想，觉得这就是我走向艺术人类学的方向，但其实，我不是很在意我是不是一位艺术人类学家，倒是觉得，普通民众的生活变得比以前好了，老百姓生活更有滋有味了，其中审美和艺术的部分也有了更多的可能性，这很值得我们艺术人类学去探讨。

王：是的，我理解您的艺术人类学研究，实际上，就是在关注艺术现象的同时，更执着地去理解它们背后的社会意义、文化意义，艺术人类学通过这样的研究，可以感受到自己是能够对当代社会及文化的发展有所观照和反映吧。您也非常注重普通人是如何看待他们自己生活中的那些艺术的，由此接近艺术在社会文化语境中的意义。

周：对，没错，我是那样想的。我觉得自己进入艺术人类学，多少做一点这方面的研究，与方李莉老师和大家的鼓励有关。我一直比较忙，她不拉我，你们不拉我，我也就做别的事去了。你们拉着我，我也就进来了，可能也是缘分。我其实没有什么了不起的治学经验，我基本上是个草根，做艺术人类学也关注草根层面的价值，重视草根的艺术，以及普通人的人生和日常生活。我的研究，确实是更为关注日常生活中那些普通的人。在我的心里，在我的价值观里，还是追求感同身受、同情之理解，不喜欢精英绅士的派头，我的研究选题，通常也都没有那么伟大，普普通通、实实在在，这大概也算是我的一个特点。您知道，费先生的伟大之处，在我看来，就在于他写文章不在意文章有多么深奥、多么了不起，有没有被谁引用，而是在意当地的镇长、村长、乡镇企业的老板，还有普通读者能不能明白。费孝通学术的这个特点，其实对我影响还是蛮大的。

王：通过写作和普通百姓交流，人类学的作品要对人有启发，这很重要啊。

周：对，这一点我觉得特别伟大，迈向人民的人类学。作为人类学者，我们应该向费先生学习。

王：比起对人类学者个人的评价而言，人类学对于社会的贡献、对社会的发展有没有推动更重要。

周：我原来是学考古学的，多少跟其他老师不太一样，我比较重视"物"，我研究桥啊，花馍啊，石敢当啊，通常总是有个东西，倾向于看得见、摸得着的对象。

王：以"物"为基础的艺术。

周：对，我会围绕一个"物"，它的"美"是怎样的？是如何被不断地解构、建构或重新解释的？比如，"汉服运动"的研究，等于说有一个实体的对象，总是能摸得着、看得见，很实在的，就在那儿。这或许算是我的特点吧。

王：嗯，确实是跟您的本科学科背景——考古学有关系。我读您的文章时能够感觉到，您对一个艺术事象进行研究的时候，一般是喜欢对它的历史源流进行追踪。

周：是的，也不能说是多么了不起的特点，只是觉得把一个研究落实到"物"的上面比较靠谱儿一些。

王：实际上，我觉得您的学术研究，在某种意义上，也是中国艺术人类学多少区别于西方艺术人类学的一个特点，就是西方艺术人类学可能很注重共时性研究，但中国的艺术人类学研究除了重视共时性，还非常注重历时性的研究，毕竟我国是一个拥有5000多年文明史并延续至今的国家。

周：我们对自己的家底，比如"非物质文化遗产"中艺术类这一方面，还是应该研究到位，既然已经把它们列入"非遗"名录了，就成为国家的文化家底，但又没有很好的研究啊。所以，你们研究所的工作量很大，对吧？凡是列入"非遗"就算是国家的宝贝，但研究得跟上，光说"非遗"如何重要，意义不大，而应该把每一项的研究，包括对它们的历时性溯源，都落到实处。比如说，风筝，它的起源、历史演变、本体论的研究、造型的艺术性等，都需要有翔实的研究报告才行啊。这时，我就会想起乔健先生提出的"从实求美"这个说法，我觉得和费老的"美美与共"一样重要，都是我们的艺术人类学应该遵循的。

王：当然，还有它们的社会意义，包括艺术事象的商品化的过程、它们在现当代社会所面临的问题和困扰等。

周：对，对艺术事象周围各种状况的解读，非常重要。我把它视为传统的中国式做学问的一个路径吧，就是把它们做透，甚至考据的方式也罢，总之，围绕某个艺术事象，把它周围的网络和全部联系都涉猎到位，然后，我们再看它和社会及文化的关联。至少我们做中国的艺术人类学，多少有比西方学者熟悉的一面，对吧？莱顿先生来中国山东做民间艺术研究，当然他有外国人的视角，那是非常重要的，有时候会有独特的敏锐性，但我们要去做，也是应该有自信做好，然后，就能去跟莱顿教授对话，对吧？中国艺术人类学者的长处，其实并不在于对欧美的艺术人类学能够引用一点，然后跟它隔空对话，反倒是立足于我们本土的民间艺术的田野调查，吉祥图案也罢，刺绣也罢，如果做得彻底，接近于穷尽了对象，然后，我们再跟莱顿教授请教和对话，那就不太一样了，会比较有底气吧。我也不是说这种方式绝对重要，但它确实是一个好的路径。

王：这里涉及艺术人类学和物质文化研究的关系，很多艺术都需要有一个载体。所以，有时候，艺术人类学研究，也就是对艺术品的研究呢。

周：是啊，通常是得有个载体。我有时候特意强调民俗学的视角，也就是生活论的视角，普通人的日常生活里，充斥着"物"，也存在很多"艺术品"。

王：我注意到您有一本书叫《乡土生活的逻辑》，这本书基于丰富的田野工作经验和实地调查资料，对日常生活和民俗文化展开论述，在动态地把握民众生活方式之变迁趋势的基础上，对于生活文化和传统民俗在现当代社会中"再生产"的文化实践及其相关策略有着独到的理解和阐释，对我启发挺大。

周：谢谢您这么说。我的基本看法是老百姓过日子，日子里面有逻辑，有结构。比如说，过年我们放鞭炮，或婚礼上新娘子穿红衣服，这里头就有中国式的"美"，中国农民的"美感"，这些"美"在百姓生活中很是具体、明确啊，用我们陕西人的方言说，就是"美得很"。"美"在日常生活中有很多种表现形态，过去我们总是把艺术品、艺术家、艺术事象从日常生活抽离出来谈论，认为它们高于生活。当我们谈论农民艺术时，比如，庙会上演戏，秦香莲的扮相"美"，我们不能忘记，那个"美"是在一个庙会的场景下，这种"美"的价值，往往是在各种民俗活动或仪式当中体现出来的。"美"的日常生活性，它在百姓生活中的多样性，都需要艺术人类学家去好好调查。乡土之"美"和民众知识的关系、它的载体的形态，这些都有很多可以去研究的空间。艺术人类学研究民众的艺术，研究民俗艺术，就是要回归到百姓生活里，不是从第三者看它"美"或"不美"，而是在生活中观察百姓说它"美"或"不美"。记得多年前，我在陕西调查时遭遇到的那个故事。房东大妈要给她的舅舅过生日，她买了一个生日蛋糕，包装花花绿绿，是"西式"的，上面有厚厚的一层奶油，做得非常漂亮，按照我们的说法，这大概是一种西式之"美"，甚至可以说是一种现代性之"美"，西式生日蛋糕出现在农村或小城镇，可以说是有一个更大的都市文化，甚至是有全球化的文化背景。但房东大妈就是觉得哪儿不对劲儿，因为它来得太容易了，小时候生活苦，得到舅舅那么多的照顾，为舅舅祝寿所要表达的心意和感情，花30块钱买个蛋糕，太容易了。于是，房东大妈就按照以前的老方式，亲自动手做一个花馍，这比较费事，和面、揉面、生火蒸熟，最后才能表达那份情感。一个工厂或作坊生产出蛋糕这种华丽之"美"，和朴素的、手工做的花馍，哪个更"美"

呢？我们很难判断。对这位农妇来讲，她最后两个都有，给舅舅送了蛋糕，也送了花馍。永健到我家做客，我带您去吃大餐和在家包饺子，亲自下厨房给您做饺子，您就算觉得不那么好吃，也会感受到周老师那份情谊啊，因为费了心思，花了时间和手工啊。

王：有份情谊在里面，手工中蕴含着情谊。

周：手工费心，那种情谊之"美"，以前我们没有想过。我突然发现农民会有这种美感。在做艺术人类学的研究之前，我没有这个感觉。艺术研究容易往"高雅"艺术走，这也正常，我也不反感，但恰恰容易对乡土、草根的艺术生成偏见。艺术评论家赞美某位艺术家的时候，总是说他或他的作品，如何不同凡响，比较脱俗。我觉得，艺术人类学反倒是要反对"脱俗"，这也就是民俗学的艺术研究，就像张士闪他们所做的研究，能够给中国的艺术人类学做出贡献的地方。

王：对，艺术学者或艺术评论家，确实是比较喜欢谈论高雅艺术。所以，我觉得民俗学取向的艺术人类学研究很重要，我在《新时期以来中国艺术人类学的知识谱系研究》中，将中国艺术人类学研究划分出四种主要的研究取向：人类学的研究取向、艺术学的研究取向、民俗学的研究取向、美学的研究取向。当然，每种研究取向的研究具有自己的特点，关注问题的角度有一些差异。

周：有多种取向，其实挺好的啊。民俗学的艺术研究比较接地气。

王：对，它更为关注乡民的生活、仪式等方面。

周：老百姓往往不大去区分什么是艺术、什么不是艺术。我们给人家分类，但很多时候，分得比较勉强。人家老百姓说"花馍""礼馍"，是不是艺术无所谓，只要"花馍"漂亮，看着舒心，表达了情谊，就开心。

王：他们更关注"花馍"承载的社会意义，还有文化象征。

周：对。当然也有"美"。奶奶给外孙女、孙子做个"花馍""鱼儿馍"，也是有"美"的价值，不能说完全没有"美"。所以，这里就需要理解农村的能人，会做花馍的和不会做花馍的，会做的女性更受尊重，有些媳妇嫁过来不太会做，就去跟人家学。农民不是没有"美"的观念，只是他们的观念，不完全等同于美学家定义的概念。所以，又回到费先生说的那句话——各美其美。过去这个部分确实整理得比较少，对它们长期以来是无视的，甚至是贬低的。现在，艺术人类学恰恰能够让这个部分重新得到评价。作为一个艺术人类学者，我也知道罗丹的雕塑很高雅，但我不能在它和"花馍"之间做高低优劣的评价。在我看来，陕西乡民通过"花馍"表达对舅舅的感情，和罗丹通过雕塑作品表达他对情人的感情，其实没有什么区别。

王：各美其美，各有各的价值和意义。

周：但以前不是这样，我们的美学被殖民化，西方的标准，西方的艺术、艺术家，好像西方的美术史就是人类的美术史，这个不太对头。我们艺术人类学一直在矫正这个偏差，把失去平衡的部分找回来。中国的艺术人类学这几年贡献很大。我觉得有几点值得赞许，其中的第一条，就是让中国的艺术研究有了"田野"的概念，现在，大家都知道"田野"这个方法和路径了。很多博士生、硕士生去做田野调查，有了田野工作的概念了。

王：而且，现在也越来越规范了。

周：对，有这个概念，很多就都变了。到田野中去看民众生活中的艺术和美感，我觉得在这方面，中国的艺术人类学做出了很多贡献。让我谈对中国艺术人类学研究的看法，我个人觉得，民俗艺术这一方面的研究还有很大的拓展空间。

王：您觉得主要从哪几个方面？

周：中国的民俗艺术这一大方面，还是需要花大气力去整理。个案的研究已经很多了，乡土的、民俗的、本土的、在地的艺术，各地的个案已经有不少，可是，总觉得在个案基础上的升华的、共性的、普世的、规律性的东西还没有完全归纳出来。作为我们民族的、国家的最为基本的草根艺术，有哪些部分、哪些方面可以归纳出来？这些具有丰富的地域性和民众性的草根性艺术，它们彼此之间又有哪些是可以通约的？记得以前我跟方老师还讨论过这个话题，都感到是需要尝试去归纳或整理的时候了。中国普通百姓日常生活中的艺术，或者反过来说，普通民众的艺术生活，里面有一些是乡土的，也有一些是外来的，当然还有经由艺术院校再生产出来、创造出来的，它们彼此之间是怎样达成一个融会贯通的关系，揭示它们彼此互动的过程，大概也是今后需要明确的一个方向或难点。另外，我觉得中国艺术人类学的学术研究，理论和实践，也需要体系化，这也是您这么多年一直在做的课题。也就是说，方老师还有其他很多学者，之前一直在探讨的中国经验、中国理论,都需要慢慢地把它体系化。这个过程挺不容易,除了要有理论的构想,还需要有大量的个案、实证性的研究来支撑。

王:对,个案研究的支撑是很重要的。

周:比如说,究竟洋人欣赏京剧的什么?他们看不懂,也听不懂,为什么会觉得"美"?艺术人类学就可以做这样的个案研究。也就是说,当全世界的艺术在一起碰撞时,究竟会发生什么样的"化学反应"?就像特朗普总统说中国的京剧艺术好,到底是出于礼貌,还是真正被震撼,被"美"到了?这个我们还不太清楚。

王:可能不仅是一个礼貌问题,因为他自己主动,不按常规出牌跨上去握手,这种动作可能就是发自肺腑的一种喜欢。

周:我觉得,艺术人类学还应该致力于研究的,可能也是很主要的课题,便是围绕艺术、艺术品和艺术创造行为的不同思维方式。感性的、激情的、冲动的、灵感的思维方式,和均衡的、合理的、理性主义的思维方式,人类的这两种思维方式,它们彼此的关系。原始艺术的思维被认为是永恒的,不管社会多么进步、多么趋于理性化,资本主义多么发展,人的艺术性思维、艺术的感受、感悟,也就是感性的这个部分总是存在,可能这两种思维的关系,将来艺术人类学需要有更高的理论来归纳它。未来到一定时候,可能就需要把精英的艺术和草根的艺术、把理性的艺术评论和艺术家冲动的创作之间的那些关系、关联,就像李亦园说的那样,"致中和"。比如,朱乐耕老师的陶艺创作,方李莉老师作为他的夫人,可能容易理解,但我们怎么理解他呢?方老师毕竟带有私人情感色彩,那么,其他的陶艺家、陶艺评论家怎么看?一位评论家和一位普通的消费者,他们把朱老师的作品买回家用于装点,他们又是如何看的?

王:您提出了一个很重要的问题,就是从哪个角度出发,一个是艺术研究者的角度,另一个是受众的角度,从艺术的接受者的角度出发。

周:我以前给方李莉《传统与变迁》那本书写的评论里,提到了一个不足之处,就是生产者,生产瓷器的人很有名,产地很有名,但有一个问题是买瓷器的人怎么看?全世界的瓷器消费者怎么看?这一直是景德镇陶瓷研究的短板。陶瓷研究,不管你把景德镇的生产者说得多么伟大,毕竟落实到最后,这陶器是日用品,是拿来在生活中用的,除了小部分盘子摆在那里，大部分还是实用的，用来喝茶啊，或栽花啊。

王：对，确实很需要这个角度的研究。

周：它是个实用品，日用的消费品嘛，也没有那么贵，把它说得过于高，就脱离生活了，就违背了瓷器本身的意义。作为消费品，它就是运到非洲，非洲人也买得起，对不对？

王：现在西非海岸发现有大量的中国古代瓷器碎片。东南亚的普通人也都买得起。

周：20世纪五六十年代的公私合营化，景德镇最大的贡献就是白瓷，大批量生产，老百姓大概都能用得着。现在讲的艺术瓷，就不一定所有人都用得着了。这个变化的过程很值得追索，可能要找到一个点，艺术家、艺术评论家、艺术品消费者、艺术品收藏家之间的"接点"是什么？哪些因素影响到对它的"美"的定义，对吧？我觉得这也是难点。艺术家灵感性的创造，艺术评论家理性的评论，消费者出于日常生活的、世俗性的立场或观点，在生活中使用它，好用不好用，是不是可以虚荣一下，别人会不会羡慕我，这些不同意向的"接点"何在啊？我一直觉得，艺术人类学要打通这个"接点"，我自己一直找不到它。

王：这里面可能难度比较大，做生产者或艺术家这部分的研究比较容易，但要做消费者层面的研究可能就比较难。

周：难度是大，但恰恰艺术品要还原到日常生活中去，消费这一方面很重要。我觉得，中国的艺术人类学应把它作为一个课题，也就是日常生活的审美化。这方面，中国的社会迅速地发生变化，艺术人类学应该做一些这方面的田野调查。比如说，我们假定一个传统的村落变成了都市的一个小区，居民家里的摆设有哪些变化？人们的艺术消费发生了哪些变化？这些变化意味着什么？

王：是啊，变化背后的东西是值得我们关注。

周：艺术人类学应该研究艺术家、艺术评论家、艺术品消费者、艺术品收藏者四者之间的关系。当然，收藏可以是个人，也可以是博物馆。它们之间的关系，究竟在什么样的情形下，我们可以找到一个什么样的场景，才能够有所探讨、有所思考啊？

王：您提的这个问题非常前沿。

周：我在调查陕西农民画时，印象最深的，就是画农民画的画师，自己家里不挂，反而是要挂文雅的山水画。

王：明星照啊，书法啊，山水画啊，或许他们以为这些代表的是时尚、洋气、文雅。

周：他反而挂的是书法，他也觉得农民画"土"，虽然他自己生产、销售它。他自己挂的中堂画，是正儿八经的山水画，虽然不是著名画家画的，但毕竟是山水画。

王：您觉得他为什么会这样？为什么会出现这种问题？

周：长期以来，士大夫阶级的审美，就像英国文化研究中的那些典型的理论所揭示的，上层阶级影响到普罗大众的审美趣味。我们一方面要承认，优雅的士大夫阶级形成的审美取向，对民众的民俗艺术的贬低是不公平的，艺术人类学要把这个失衡扳回来；另一方面，也要承认整个中国未来的审美，随着社会的发展，社会上层、中层、底层的关系会不断出现变化，但可能并不是底层的、草根的民俗艺术去引导，而是优雅的曾经是士大夫阶级的审美去引导。士大夫阶层通过有闲情逸致的人生，由他们推敲、修行出来的，经过洗练的中国传统的艺术形式，可能更能代表中国民众未来的审美生活取向。比如，父母打工，但儿子、女儿是艺术院校的毕业生，他们不会和父母的审美一样，这里没有继承性，他们受过院校艺术训练，到第二代可能就变得是他们自己追求的，家里的格调就变了，是吧。并不是说民俗艺术没有价值，但也不是说民俗艺术就一定能够代表中国未来的审美方向。尤其是现在中国富足了，艺术要往哪个方向走？我认为，两者之间会有一个对话关系，有些艺术家会不断到民间去寻找创作的素材和灵感，我知道很多画家专门去看农民画。

王：也就是采风。

周：对，这是一个非常复杂的互动关系。艺术家们、艺术评论家们居高临下，对民俗艺术的看法往往不够公正。这类观念倒不是只针对民俗艺术，在一定意义上，这是艺术理念的殖民主义化现象。好像钢琴就要比二胡高级、钢琴家的演出门票可能比二胡演奏家的更贵，这可能是中国社会的总体价值倾向有点问题，但也不能怪谁，这是历史造成的。近一百年来，我们失去了文化自信，但这种状况希望未来能有一点改变，将来希望看到笛子演奏家和钢琴演奏家创造出的声音各有各的"美"，且"美"的价值是对等的。我在爱知大学有一位博士课程的学生，他是一位笛子演奏家，我去听他的笛子演奏音乐会，很震撼，我以前完全不知道笛子居然会有如此宽阔和丰富的表现力。所以，我觉得，中国的艺术家能够为养成一般国民的审美自信做出贡献。这样的自信，当然不是拒斥什么的指向，而是如费先生说的，是开放的、参与性的、意识到全球化的文化自信。一个吹奏笛子的艺术家，同样可以让钢琴为自己伴奏；同样地，喜欢芭蕾舞的，或专业的舞蹈家，去跳跳广场舞也无妨。依托于本土艺术之根，参与全球化的艺术共享，我觉得艺术人类学的贡献，也有助于提升国民的审美修养，以及在审美修养基础之上的艺术自信、文化自觉。艺术人类学这个学科越成长，就越能不断地提升中国传统艺术的自信。但在参与全球化的艺术共享之前，中国各族群的艺术，地方的、草根的、不同侧面的艺术，有些不够成熟或粗糙也没关系，但一定要多样性。回到传统艺术或民间艺术的保护问题了，有些东西现在的年轻人不喜欢，你勉强也没有用。确实有一些，像京剧之类确实需要保护起来，其实我们所处的阶段，实施保护还是挺困难的，情况没那么乐观。

王：是，可能日本的情况比中国要乐观很多吧？

周：日本的现代化过程比较顺利，不像我们国家这个过程不太顺，所以，老纠结。它不像我们曾经那么长久地把传统文化当作现代化的"敌人"，再加上"民艺运动"的影响，所以，日本保护自己的传统艺术和民间艺能，其实是全社会有共识的。

王：确实如此。

周：中国的文化和艺术，总是在现代化进程中面临各种苦恼。理想的状态是经过努力，找到一种平衡，但这个现在还达不到。重要的是不能妄自菲薄啊，艺术人类学的研究使我们意识到，国内的艺术家、艺术评论家、艺术创作这一大领域，确实不经意地存在误区、偏见、先入为主，或者那些其实是被殖民的观念，在我们看来已经是理所当然。对这个部分，艺术人类学的立场能够让我们清醒、让我们明白，最后让我们迈向一个从艺术角度出发而能够确立的文化自信。我觉得，艺术人类学对于中国艺术领域的贡献，或许就在这里。因为艺术人类学强调的田野研究，恰恰是指向普通民众的生活，而不是个别有成就的艺术家。艺术家个人很伟大，但我不认为那有多么重要，在我看来，百姓生活中有艺术，有审美，过得美滋滋的就好啊。这是我的感觉。

王：您的这些提示，我觉得非常重要。我很关注您的个案研究，您从陕西的"花馍""礼馍"，到城市中的"汉服运动"和广场舞，包括那个饺子、国民食品的研究，实际上这些都是从老百姓日常生活的角度出发的，都是活生生地存在于民间社会中的老百姓的艺术，是我们在生活中必须要面对的。

周：同时，它们也是我的生活。

王：对，它们也是您的生活。

周：仔细想一想，我在本土和异域之间穿梭往来，在日本生活，平时吃不着饺子，所以，就觉得饺子比较重要。我一个陕西人，到了海外生活，对本土的文化意识反而会增强。说是乡愁也罢，怀旧也罢，本土与异域间的穿梭使我对本土艺术有比较清晰的意识。比如，生活在国内，可能会觉得那些大妈们跳的广场舞并不怎么好看，哪有芭蕾舞演员跳得好看？广场舞还有一个特点就是"闹"，噪声大，弄得周围不安生。但在日本，周围一片寂静，我就会觉得中国大妈们那种热情、奔放、人生的乐观，反而是特别可爱的地方。这在国内不一定能感觉得到，所以，有些时候就需要跳出来看。所以，我做的部分研究，因为自己孤悬海外，有距离，反而算是能跳出来看问题了。正如费先生说的，田野调查你要能进得去，但也要出得来。

王：对。在田野调查的方法论中，这一点很重要啊。

周：费先生说，我们的生活中到处都是田野，我们生活在田野之中。像方老师做景德镇的研究，她从景德镇跳出来，到世界各地去看瓷器。这个部分其实挺重要的，从海外看中国的本土艺术，有些时候无所谓城乡，但在国内，城乡的区别就很重要。从日本看中国本土的民俗艺术，城市的广场舞和农村的"花馍"，其实没有多大的区别，它们都是活生生的中国老百姓生活中的审美。其实，我在研究广场舞之前，还研究过迪斯科舞。20世纪90年代，我去北京的迪斯科舞厅体验式调查，有那么一个瞬间，突然就觉得明白了这些年轻人，你进舞厅后，不跳也得跳，因为你站在那儿，拿着一瓶汽水或啤酒喝的时候，不跳其实是很难受的，几乎不可能，听着那个音乐，"咚咚咚"，不跳就会难受，节奏敲打着心脏很不舒服，但当你跟着音乐一起跳，反而就舒服了，你跟它的节奏一样，心脏反而自如、放松啦。我感觉，那个场景性，实际上营造的是一个"非日常空间"。

中国社会，年轻人可能有很多说不出来的困扰，到了那儿，就突然有一种释放，大家都喝酒，疯狂地跳，没有顾虑，所有人跟你是同一个节奏。包括星球大战的音乐，整个舞厅完全不是"本土"的。换句话说，迪斯科舞蹈不是本土舞蹈，它传进来时有强烈的异质性，但它的卖点就是异质性，吸引年轻人。如果只是从外来舞蹈和本土舞蹈的对峙性来看问题，会把它看成一种冲突。但如果跳出来看问题，这难道不是中国老百姓多了一个选择吗？中国老百姓的舞蹈生活多了一个舞种啊。看问题的角度不一样，观点也会不同。

王：是啊，站在不同的立场和视角，看法也会不同。从文化生态的多样性来看，丰富点没什么不好，大家可以自由选择，各取所需。

周：就如费先生说的"各美其美""美人之美"，舞蹈生活的选择性也就多了一些。那个时候，我还在北大，做迪斯科舞厅的研究，后来我做广场舞研究，潜意识中好像是有连续性，虽然不是特意的，但它确实是形成了参照，广场舞是那些逐渐步入社会边缘化状态的群体的舞蹈生活。老龄社会来了，这些弱势的人群也有一个机会表达自己。那些跳迪斯科的青年，也多不是"优秀"青年，而多是稍微有点边缘化的青年，但社会存在这个"出口"，其实是蛮好的，让人们有机会通过身体表达自己，释放一下。中国百姓的舞蹈生活的这种多样性和多元化，很好啊。有些人在《莫斯科郊外的晚上》的伴奏下，跳着四步，也很优雅，我觉得，多样性就很好，每一种舞蹈都不错。未来的可能性是人民生活越来越丰富、越来越好之后，大家跳舞也可以各得其所，"各美其美"。从这个意义上讲，中国的艺术人类学能够不断地让中国的各种艺术的多样性得到发展，尤其在艺术评论这一方面，也能够让它更公平，因为我们艺术人类学的每一项田野调查或研究，都很贴近老百姓的艺术生活。那些草根的、民俗的艺术，通过艺术人类学的研究来提醒全社会，这些原来就是我们本土的各种形态的艺术，也不是说它们有多么伟大、多么了不起，但它们是咱们普通百姓生活的一部分。艺术人类学这个学科应该站在普通民众、弱势群体、边缘群体人们的立场上，追求公平、正义、人权，致力于让那些边缘的人群、边缘的艺术重新得到评价。所以，我觉得方李莉教授和你们研究所做的工作很棒。中国艺术人类学学会，恰恰需要重视草根艺术的研究。假如，让我个人来审美，油画和农民画比较，同时挂在墙上，我可能喜欢油画，觉得油画比农民画更有味道，但作为艺术人类学者，我会站在普通民众的立场上去看待和发掘农民画的价值。正是因为美院的油画艺术家们常常瞧不起民间艺术，看不上农民画，我反倒愿意为农民画多说几句。

王：我们的艺术和审美评价的体系本身，还是有一些问题存在。

周：边缘艺术、底层艺术、民俗艺术、大众艺术、小群体艺术、业余性的艺术，都应该是艺术人类学去重点关注的。而专业的、主流的、高层的，比如，书法、油画、芭蕾等，艺术人类学去研究的意义就没有那么迫切，因为它们已经有了专业的学会，已经有很多人在研究了。当然，艺术人类学能够为那些专业性的部门艺术的研究，提供来自"田野工作"的冲击。但相对而言，民间的艺术，比如，吉祥画里的汉字表象，可能就比较有艺术人类学可以作为的空间。精英艺术不是说不重要，也可以去研究，但民间的、大众的艺术对于艺术人类学来说更为重要。艺术人类学家要突破精英艺术家对民间艺术的贬低，纠正相关的偏见。中国社会一直存在严重的"歧视"问题，中国社会倾向于建构等级制，把什么都分成等级，有各种"鄙视链"，甚至教授还分出一级、二级、三级，当了教授，还有长江学者，不断把人分成等次。恰恰我们应该超越这些，艺术不应出现那么多等级，古典音乐对流行音乐、专业舞蹈对广场舞的歧视是不对的。中国有那么多老百姓，为什么审美制度或艺术评判，要有等级制一类的标准？恰恰那些被僵硬的评判标准忽视、藐视、歧视的审美，在我的价值观里反而比较重要。

王：艺术人类学研究"他者"的艺术，民间的、异域的和少数民族的艺术，这些部分其实最人类学，费孝通先生后来又开创出"家乡人类学"、方李莉老师研究景德镇、您研究陕西的"花馍"，能不能说是对"家乡"的艺术人类学研究？

周：对，这就需要跳出来啊。有个条件，那就是你得离开"家乡"。

王：跳出来，也就意味着是把"家乡"当作"他者"来研究。

周：对，您说得很对！费先生以前常批评我们，说我们的问题就是跳出不来。我觉得艺术人类学对"他者"的研究，有几个特点吧：一个就是边缘的、底层的、异域的、他者的、弱势的艺术，更容易成为研究对象；还有一个，就是对艺术品的物质文化研究，包括陶瓷、风筝、刺绣、剪纸、"花馍"等，都是"物品"啊。但艺术人类学光靠物质文化研究去打天下可能不行，还需要跟博物馆学、考古学等学术领域进行沟通，相互协作。

王：多学科的交叉、互助。

周：艺术人类学这个学科挺特别的，除了作品、艺术品，还有对艺术家和匠人的研究，现在叫"传承人"，他们的生活史研究也都挺重要的。

王：对人的关注，实际上一直是艺术人类学的一个重要特点。

周：我自己觉得，我可能做不了这类对于人的研究，因为我不能像你们在国内有那么多的时间、机会和条件。我每次回国，时间都很紧张，做不了长时段的田野，没有跟人深入交流啊。我可能只能做一点较为表层性的课题，用费先生的话说，人在田野之中，任何地方都可以是田野。比如，我在首都机场，看到农民画、漫画被用来表达"中国梦"，那机场就可以是我的"田野"，但这样的观察和研究，确实比较表层化。我想今后还是集中思考"艺术生活化""生活艺术化""日常生活审美化"之类的问题。举个例子，拆迁后的村民被安置到居民小区，他们的生活变革，住了新房以后，审美的部分有哪些变化？家居的布置、空间格局等。比如，原来的民居通常是有堂屋的，可以悬挂祖先的像，现在没有了，现在可能是沙发，对面是电视机，沙发后上方挂一件十字绣作品，十字绣在艺术评论家看来，可能不入流，但对普通百姓的生活来说，它有意义，代表着女主人的某种审美、勤奋，辛辛苦苦绣出来，有价值。

王：确实是啊。确实在艺术研究领域，我们过去对艺术和艺术品的消费很少关注，存在相当大的空缺。对艺术品消费者的研究，应该是中国艺术人类学研究有待补上的一个短板。我们只知道收藏家，但比如说，农民画谁会买？买之了后干什么用了？什么时候应该有个点来做，例如，某一个社区的艺术品消费群体的研究。

周：对，现代城市社区的居民家里都摆设一些什么？居民们的艺术品消费到底是怎么回事？他们消费的不光是物化形态的艺术品，还可能去看电影，消费视觉艺术，这些部分特别复杂，我也觉得，这一直是我们中国艺术人类学没有去尝试解明的地方。

王：这样的调查到现在为止，可能还没有一个学科做过。

周：嗯，很难。只有艺术人类学有这个理念。以前我在北京大学工作时的同事岳梅博士，她留学美国学习人类学，就研究美国中产阶级家庭的艺术消费。

王：我听岳梅老师讲过她的研究案例。

周：美国的中产阶级家庭里的手绣，她就研究这个。那些中产阶级的家庭主妇，过着优越的生活，有很充裕的时间，她们做手绣，将其当礼品去送给别人。这类题目其实是有未来性的，中国社会里中产阶层进一步富裕，其对艺术品的消费，其日常生活迅速地审美化，可能将是一个大课题。

王：对，确实是一个大趋势。

周：或许将来可以设定几个焦点，选择几个类型化的典型社区，做一些类似于考现学的艺术品消费问题研究。日本的考现学，比如，针对一家人，经过主人同意，将他家里所有的艺术品、所有摆设，全部予以观察、拍照、分类、整理，然后，进行细致的访谈。比如，他家里有几十件艺术品？都是从哪里买的？哪些是别人送的？还有那几件是上辈人留下来的？或者在购买的那些艺术品中，几件是去美国旅游时买的，几件是从潘家园买的？他为什么要买这些？所有这些艺术品彼此的组合关系、搭配关系又是怎样的？他选择购买的标准又是根据怎样的审美原则？或者完全没有？这些都不清楚。艺术品在老百姓家庭里到底是怎样的状态？这个部分，我觉得是艺术人类学未来有可能突破的课题领域。

王：可能将来是一个学术的增长极。到今天为止，这方面的研究难度非常大啊。比如，当年景德镇的仿古瓷消费，消费者都来自东南亚、香港、台湾，这些人来景德镇购买仿古瓷，但你要采访他们，其实很难找到他们。而且，要把他们作为一个群体来看待，就更难了。要找到一个人，相对比较容易。

周：确实，很难确定这些消费群体啊。

王：最后，我想再问一个问题。您是中国艺术人类学从发端至今整个成长过程的见证者、亲历者，也是学会为数不多的发起人之一，您也多次参加学会的活动，给学会以实实在在的关注和指导，我特别想请您发表一点感想、看法或者寄语。您认为中国的艺术人类学研究，它未来的发展方向，或者什么样的发展模式才是一个比较理想的状态？

周：谢谢您这么表扬我。我想说的是，中国艺术人类学未来的可能性，如果说费先生的人类学研究是志在富民的话，中国艺术人类学就是要回答国民富足以后，普通百姓如何跟西方的人们一样过着优雅、美好的生活。所以，我们现在做的就是让人民的生活"美"起来，也就是过上艺术化的生活，就是所谓"诗意的栖居"吧。生活的优雅和品味，通过什么来表达呢？就是艺术、艺术品、艺术生活、艺术家的参与。比如，艺术家参与的乡村建设，提升人民的美好生活，不光温饱、富足，还要"美"。这个需求今后将是非常巨大的，但它还要有一个自觉的过程。日子好了，整天打麻将，并不是不好，常说国内老太太无聊，打麻将，可您看国外老太太坐在轮椅上发呆，没人理，也没有同伴。中国说三缺一，老姐妹来了一起玩，多美？当然，还可以一块儿去跳个舞，学个书画，参加各种艺术活动，这应该就是国人美好生活的一部分吧。所以，我觉得，中国的艺术人类学应该回答或呼应，中国人民生活变得更加美好这个过程中的审美化、艺术化的需求。任何人都有可能在他未来的生活中有对"美"和艺术的追求。艺术人类学的研究彻底消解了原先对于普通民众那些草根的、边缘的、底层的艺术的歧视，尊重底层的、弱势的人们对于"美"的向往和追求，这就是艺术人类学可能的贡献，也就是迈向人民美好生活的艺术人类学，我觉得大家一起按照这个方向去思考才对啊！

王：非常感谢您！今晚通过对您的访谈，我学到了很多好的治学理念和经验，也在更深的层面理解了艺术人类学研究的价值和意义，意识到将来艺术人类学的发展方向和着力点，真是受益匪浅。再次感谢周老师！

城市中的艺术田野与音乐上海学的生发与实践
——洛秦教授访谈 [①]

王永健（以下简称王）：洛老师您好，非常感谢您能在百忙之中抽出时间接受我的采访。多年来，您一直致力于中国古代音乐史和音乐人类学领域的研究，可谓著述颇丰。而且，您是新时期以来音乐学研究领域较早出国留学的一批学者，学成回国后回到上海音乐学院，开辟了上海城市音乐人类学研究的新天地，成立了上海高校音乐人类学E-研究院，编辑出版了一系列高质量的音乐人类学丛书，培养了一大批致力于城市音乐田野研究的学生，在学界产生了很大的影响。我们就从您作为一个音乐学者是如何切入音乐人类学研究谈起吧。

洛秦（以下简称洛）：谢谢你对我的采访。我就从我的学术生涯开始谈起吧。在学理论之前，我从事小提琴演奏专业，在浙江省歌舞团管弦乐团担任乐团首席。为了求学，考入上海音乐学院转学理论研究，随夏野先生攻读中国音乐史硕士。在中国音乐史的学习过程中，也陆续读了一些其他学科的书，受到了其他人文学科一些理念和方法的影响。也因如此，相比较中国音乐史领域来说，我不算是很传统的学人。在早期研究中，我似乎就有一点"音乐人类学"这方面的意思，尝试着把音乐方面的与中国特

[①] 洛秦，上海音乐学院教授/浙江音乐学院特聘教授，中国音乐史学会会长、中国艺术人类学学会副会长、音乐人类学E-研究院首席研究员、"周文中音乐研究中心"学术委员会执行委员等。主要著作《Ethnomusicology 的理论与方法英文文献导读》《国立音乐院—国立音乐专科学校图鉴（1927—1941）》《海上回音叙事》《音乐人类学的理论与方法导论》《音乐中的文化与文化中的音乐》《街头音乐：美国社会和文化的一个缩影》等十余种，发表论文逾百万字。译著：《八个城市的音乐文化：传统与变迁》《作乐：音乐表演与聆听的社会意义》《艺术中的音乐》等。先后获上海市领军人才，国务院政府特殊津贴专家，中国音乐金钟奖理论评论奖银奖，连续第四至七届中国高校人文社会科学研究优秀成果奖，上海市第十、十四届哲社成果一等奖等。

定的历史语境相结合来思考。当年出国留学，也就选择了 Ethnomusicology 这个学习方向。

去了美国以后，刚开始很艰难，出现了语言的问题、知识的问题，以及经济的问题等。通过多年的学习发现，音乐人类学这门学科（姑且算作学科）对自己的学习和研究有很大的帮助和提升，我开始思考如何来理解音乐的问题。音乐人类学告诉我们，不能单纯将音乐作为一种纯粹的审美功能，作为一种技术，或者作为一般欣赏和娱乐的媒介去看待，而要从一个更深刻的层面思考、理解和认识它与社会、宗教和文化等复杂的关系。音乐，从它起源开始一直到现在，它的很多作用、功能在不同时期、不同地区（民族和国家）有不同的特点，我们对于它的认识还不够。特别是对于中国而言，在中国，除了一些戏曲、传统音乐以外，主要就是西方的古典音乐，现在社会比较开放，也有通俗音乐、流行音乐，但是音乐教育中对于音乐种类的介绍和认识，还是局限在中西，除了中，就是西，西主要就是指西方古典音乐。事实上，世界音乐这个领域告诉我们，世界之宽大，文化之多样，人类音乐之丰富，我们对国家和民族的音乐认识还很少。所以，当年我就想，如果能够将来回国，能够将音乐人类学这个学科完整、全面地介绍给中国，一定可以开启我们对音乐很多的新认识。

王：您到了美国之后，发现音乐人类学（或民族音乐学）这个概念在美国和中国的语境中是不是不太一样？您感觉最大的差别在哪里？

洛：就音乐人类学学科本身的性质，以及对其的理解和认识而言，现在中国和美国已经没有什么差别，几乎应该是同步的。但是，1991 年我去美国留学时，音乐人类学在国内的情况与欧美的发展还是有很大差别的。那时美国的音乐人类学已经相当完善，无论是学术研究，还是教学或田野工作实践，都已经趋于成熟。Ethnomusicology 正式进入中国是 1980 年，之后的 10 余年期间，尽管有很多学者投身于此，但对于 Ethnomusicology 究竟是一门什么样的学科，其实并不是很了解，只是称谓上用了"民族音乐学"，大多数人都认为它是研究民族音乐的学问，所以称之为"民族音乐＋学"。也由此对于中文译名问题有过不少争议。在很长一段时间中，虽然有不少称为"民族音乐学"的文论出现，但它们还是保持着固有的民族民间音乐研究的理念和方式，研究目的主要为探讨音乐的形态。这与现在音乐人类学的目的是不一样的。因为音乐人类学在研究音乐形态的同时，更主要的是关注音乐的文化功能，探讨一种音乐形态背后的思想及其行为，音乐活动对当地人的生活、生命具有什么样的意义。也因如此，音乐人类学的研究范畴和内容并不限定于民族民间音乐，它几乎涵盖了人类学所有音乐的形态、行为和思想。

王： 自20世纪80年代以来，对该学科定义为民族音乐学还是音乐人类学有过一些争论，您如何看待？在国外的情况是怎样的？

洛： 国外也会有一些差别，也会分一些流派，除了Ethnomusicology，还有"Anthropology of Music""Anthropological musicology"等提法，虽然称谓上有不同，但学科本质基本上是一致的，就是寻求一种音乐给予人类及其社会的意义是什么。在名称的使用上，我提倡音乐人类学，就是因为中国音乐学界有自己的民族民间音乐研究的传统，不少人理所当然地认为研究民族音乐的学科就称之为民族音乐学，没有从学科角度去认识它的复杂性，特别是与人类学的紧密关系。原本译名的问题没有那么复杂，叫张三或李四，只要是约定俗成即可。问题是，由于从日语翻译过来的"民族音乐学"，字面上误导成了民族音乐之学，所以事情就复杂了。另外，也由于Ethnomusicology更注重文化研究，也为一些一知半解者误认为其不研究音乐，由此也造成了一些对Ethnomusicology的误解。正由于此，我主张称之为音乐人类学，既符合学科的性质，又可以避免不必要的误解。

事实上，过度纠结于译名的是或非无益于学科发展。我曾撰文《称民族音乐学，还是音乐人类学——论学科认识中的译名问题及其"解决"与选择》指出，在这30余年来的讨论中，各种认识（包括赞同和批评）都有其必然的缘由，各种理解都有其自身的角度，各种译名和称谓也都有不同的学术立场。尽管每一次的争议都显得有些激烈，但每一次的讨论都对Ethnomusicology及其译名、学科有了新的理解和认识，特别是对其本土化学科属性和范畴的准确性指向提出的众多中肯批评和建议，对我们的学术研究，特别是对这门外来学科在中国的发展及其在中国传统音乐研究中所积累的本土化经验的总结，都产生了积极的作用。

从更为广阔和深远的前景来看，我认为，Ethnomusicology仅仅是音乐学发展路途中的一个阶段。例如，达克尔斯（Vincent Duckies）早在1980年为《新格罗夫音乐与音乐家词典》撰写的"音乐学"条目中已经提出了"所有音乐学应该以音乐人类学方法为中心"的可能性。西格尔

（Charles Seeger）认为该条目"极好地总结了一种音乐人类学的重要视角"（1985年）。而且，2001年版的《新格罗夫音乐与音乐家词典》的"音乐学"条目中，明确论述了 Ethnomusicology 及其他人文学科对音乐学的影响，并再次提及了哈里森等学者提出的"事实上，音乐学的整个功能将应该是音乐人类学的"。换言之，音乐人类学的思想和方法将成为音乐学发展的趋势和方向，其未来和前景不再以具体或狭义的音乐形态为目的，而将以整个人类的音乐文化背景为范围，以研究人、研究社会、研究文化作为其目的和意义。因此，促使建构具有浓厚文化性质的音乐研究将是Ethnomusicology 的终极目标，音乐人类学在不久的将来必将完成自己的使命，我们将迎接的是更具人文特征的音乐学。在这一层面和境界上，民族音乐学或音乐人类学（或其他称谓）"殊途"同归！

王：您在一篇文章中曾写道，当前不一定非得把音乐人类学定义为一个学科，实际上在国内学界，音乐人类学得到公认，它的研究方法具有跨学科性，具有很强的统合能力，在这种情况下，音乐人类学与民族音乐学在方法上还是有所差别。您也写道，对于一个学科的认定，它首先要有自己独特的研究内涵，学科有自己独特的方法论。但实际上，人类学语境中的"田野研究"与民族音乐学的"采风"并不是相同的概念，而且差别比较大，人类学家要求做长时间的田野，通常以1年为一个周期，有一个春夏秋冬四季轮回的过程。但民族音乐学讲的就是采风，对音乐进行片段式的采集。

洛：它们的目的不一样。音乐采风的目的是从传统里寻找音乐素材为作品创作服务，这与欧洲很多作曲家的做法是一样的，例如匈牙利作曲家巴托克、柯达伊，以及俄罗斯"强力集团"的作曲家，他们的音乐采风都是为了创作出具有本国传统音乐特点的作品。在我国也一样，延安时期的冼星海、马可、吕骥等都对民间音乐做了大量的采风，并撰写了民间音乐分析的文章。然而，这些并非为了学术研究，因为其目的不是去探讨音乐的价值、功能以及意义，而是取材为创作服务。我们所做的田野工作，是要去音乐田野中对于研究对象进行体验与参与，去认识与理解研究对象，在此基础上进行文化上的解释。所以，二者的目的是不同的。

王：您早年写过一本《街头音乐：美国社会和文化的一个缩影》，拜读之后感触颇深，您在美国留学时，可以说从西部到东部这些城市都走遍了，这些街头上的音乐人、歌者收录很全，而且做了很深刻的文化分析。我想问一下，您当时写此书的初衷是什么？

洛：1991年秋，我前往位于美国西雅图的华盛顿大学（University of Washington）读书。从居住地到学校，每天要经过一条大学街（University Way）。这条街上，有一位黑人歌手天天在路边上自弹自唱，同时销售自己录制的音乐盒带。他的演唱很好听，吸引着街上来往的学生人群。有很多次我想买一盒他的音乐带，可是一想7美金是我两天的伙食费，就犹豫了。时间就随着犹豫而过去，从华盛顿大学硕士毕业后，我去了俄亥俄州的肯特大学（Kent State University）读博士。有一天收到了华盛顿大学寄来的校友通讯，上面头版刊登了大学街的黑人歌手自杀的消息，这无疑是校园的一个重大悲剧。这位黑人歌手是大学街的明星，华盛顿大学生活的一部分，所有的人都熟悉和喜欢他。消息说，这位黑人歌手开枪自杀，原因是他不愿忍受寂寞，自杀时衣冠整齐，身旁有他心爱的吉他陪伴着。看到这一消息，我非常难过，很后悔当初没有收藏他的音乐带。第二年春天，我又去了西雅图，这条华盛顿大学街上再也听不到那位黑人歌手的歌唱，这件事情给我很大触动。美国街头音乐考察并非我的博士研究课题，但是这样一次偶然的情感触动，以及之后数年考察经历，成为留学美国期间最难忘的历程，而且对我在生活态度和学术理念上产生很大影响。我在文章《音乐人类学叙事诉求人文关怀》中表述，从历史文献中我们可以看到，欧洲最早的"街头音乐"现象可以追溯到荷马时期的音乐活动中，现存的资料中记述了不少当时在集市广场上演唱的歌曲，以及具有节奏性的伴奏等。之后，欧洲中世纪时期流浪艺人的性质和他们的音乐活动情形也有一些类似于我们今天谈论的街头音乐的内容和形式。近现代的西方社会中，街头音乐活动更是多见。在中国古代宋朝就有关于"路歧人"的记载，这种不能入勾栏的表演者就是街头从艺人。瞎子阿炳是中国街头音乐家的典型。然而，上千年的历史记载着街头从艺活动，为何长期以来音乐学鲜有关注？原因可能是从传统的音乐学观念来看，街头从艺本身并没有多少内涵。

如今，我的"美国街头音乐研究"能被大家关注，并非因为街头从艺的内涵有了很大发展，也不是因为《街头音乐：美国社会和文化的一个缩影》一书的学术水平或研究质量，而是因为百余年来音乐学的发展有了长足的进步，学术观念发生了很大变化，同人们充分肯定了《街头音乐》在研究对象和方式上所涉及的学术理念、文化外延和人文关怀问题进行尝试性探讨具有一定的积极意义。

《街头音乐：美国社会和文化的一个缩影》是一项音乐人类学研究的尝试，它的研究对象是一个不被传统学术范畴所关注的现象。街头音乐人人熟悉，但是少有人问津。在我们的课堂教学、学术理念、理论视角中，权威观念多推崇精品文化。一般唯以贝多芬为贵，视街头音乐之类不入流；音乐学者们多以学术为重，那些街头生活、人情琐事则是无暇顾及；音乐表演家们更以音乐厅、大舞台为艺术生涯的殿堂，街头的小弹小唱全然是"小贩小摊"的买卖。即便是如今提倡多元文化的社会中，我们大众是不是常常会在街头从艺者与破衣烂衫、肮脏、瞎眼的乞丐之间画上等号呢？

2001年第7版的《新格罗夫音乐与音乐家词典》"音乐学"条目开篇中对音乐学性质给予了新的界定，提出音乐学研究不仅针对音乐自身，而且应该包括与之相关的社会和文化环境中的音乐人的行为。如果音乐学正是一门研究人类一切音乐文化现象的学科，那么它就包括古典的、传统的、民间的、历史的和现今的，任何形式的音乐活动。因此，无疑街头音乐也应该是音乐学研究的内容。音乐人类学作为音乐学的一个分支学科，其几乎与音乐学同时成长，经历了百余年的不断反省、不断成熟的过程。我认为，音乐人类学的最根本的思想即音乐是一种文化，这一思想的发展过程从探讨音乐与文化的关系，将音乐安置在文化中研究，进而视音乐作为文化，至今我们已经基本达到共识：音乐是一种文化。

文化如何发生？它从哪里来？文化的发生来自思想、观念。思想、观念的推动力又在哪里？设问让我们回到了原点，即人本身，英语中以大写的Man来表达。因此，这也就构成了音乐人类学的核心理念，即音乐是人的思想、感情和心灵的一种形式，它所研究的是音乐与人的关系，关心的是音乐作为人的生活方式所承载的作用、价值和意义。人文关怀由此而成为音乐人类学诉求的目的。这也正是有了《街头音乐：美国社会和文化的一个缩影》产生的真正动力。

王：您回国之后一直在做音乐人类学的研究，后来提出了"上海城市音乐田野"，这个概念的提出是不是跟您在美国做的街头黑人音乐的案例之间有一定关系呢？

洛：典型的人类学田野是在乡村，无疑这是学科的传统。然而，我在思考，人类进程的现代化特征就是城市化。城市化的迅速发展必将对城市音乐内容、形式及其文化生态产生重要影响。因此，音乐人类学关注城市音乐文化的变化，认识城市音乐的作用，理解城市音乐文化的意义，已经成为音乐学领域中的重要研究内容。"城市音乐人类学"作为一个专门的学科称谓也由此产生。正如内特尔（BrunoNettl）所说："城市音乐人类学之所以能为音乐变迁及其过程的研究做出重要贡献，其原因有二：其一，相对于偏远乡村音乐环境来说，音乐在城市中的各种变化极其迅速；其二，事实上乡村中的许多变迁都是由城市事件的变化引发而来的。"①

由音乐人类学家的"田野工作"逐渐由此开始从乡村转向城市，开启了人类学观念的"城市音乐田野"考察的新领域。加上留学期间的美国街头音乐考察作为我的城市音乐研究的第一个案例，对于开展"上海城市音乐田野"也起到了重要的作用。

"城市音乐田野"作为一种新的工作领域，它与传统意义上的乡村的"音乐田野"有哪些区别？差别仅在地域空间，还是多维的整合社会、历史、文化为一体的复合空间，抑或更有虚拟空间？在秉承传统的"田野工作"方法论上，城市音乐研究是否应该有新的拓展？从研究主体出发，由"城市音乐田野"产生的民族志写作又有什么样的不同以往的方式？以"他者"研究为关注对象的音乐人类学研究是否成为唯一的特征本质？关注"我者"文化是否将成为音乐人类学的城市研究的主要或核心立场？带着这些问题，10余年来，我一直在"上海城市音乐田野"中努力工作。

王：城市田野的概念在人类学界来说，是相对较晚才出现的，就现在中国国情而言，城市化进程加快，改革开放30年来，可以说翻天覆地。尤其像上海这种国际化大都市，既有很长的历史，又非常现代化。在这种背景下，城市艺术田野就具有了典型性的意义。您的团队立足于上海本土文化，做了非常扎实的田野研究。请您谈一下上海城市艺术田野的相关研究情况。

---

① 内特尔：《八个城市的音乐文化：传统与变迁》前言（Nettl, Eight Urban Music Culture: Tradition and Change, Urbana: Uni-versity of Illinois Press, 1978），洛秦、黄婉译，《星海音乐学院学报》2009年第4期。

洛：如何从音乐自身的源流里面去找到它与社会、文化的一系列联系，要做到这点确实不太容易，我是从这几方面着手的。一个方面是历史的视角。音乐事物的发展是一个历史积淀的过程，特别是像中国是一个具有五千年文化历史的国家，在其土壤上形成的各类音乐及其事象没有哪一个不具有深厚的历史，虽然具体的音乐形态所具有的历史或长或短，但对于研究中国音乐文化而言，离开了历史的视角，也就离开了事物的根本基础。即便是上海的城市历史只有两百多年，但这两百多年正是中国近现代社会发展最为翻天覆地的历史时期，在上海城市中产生的任何一项音乐事象都有着复杂的历史过程。另一个方面是社会学的视角。在中国近现代史上，上海一直是一个非常特殊的城市，仅二百多年的时间，从开埠通商到现在发展成为国际大都市。特别是20世纪上半叶，上海的港口商业性、租界殖民性、舞厅娱乐性、移民多元化、吴越传统的城市化、西方文化的影响，以及国内革命战争和解放战争等，都无不在音乐的各类形态上打下了烙印。

因此，在上海城市音乐田野工作中，我安排了一系列历史和社会与音乐相关联的课题。例如，田飞的硕士论文《从"百代小红楼"考察民国时期上海的唱片业发展和影响》。1908年建立，以"小红楼"为象征的百代唱片公司是中国最早的唱片公司，也是民国时期规模最大、发行量最大和最有影响力的唱片公司。借助百代唱片公司这个平台，一大批传统的戏曲、曲艺音乐被保留下来，近代大量的音乐家、表演家在这里开拓自己的事业和施展自己的才华。因此以"小红楼"为象征的百代唱片公司的发展历史是中国近现代音乐史当中一个重要的组成部分。在以往中国近现代音乐史研究成果当中，有关唱片领域研究的文献相对较少。田飞的论文在这一领域做了一些尝试，以百代唱片公司作为研究对象，用音乐史学的研究方法挖掘、整理相关历史文献和材料，从中梳理出百代唱片公司发展的脉络，包括百代唱片公司的构建、人员构成、唱片制作与生产，以及公司的经营和销售情况。同时探讨它作为中国近代最具有代表性的唱片公司对民国时期上海城市音乐文化的影响和对传统音乐文化遗产的保护所做出的贡献，其中含有四个方面的思考：对民国时期上海城市音乐文化生活方式的影响、为传统音乐文化遗产的保护做出贡献、为近代音乐的发展做出的贡献、殖民地背景下的上海唱片业。该论文在中国音乐史学会第十届年会暨第五届全国高校学生中国音乐史论文评选中荣获硕士组一等奖。

再如，胡斌的博士学位论文《现代认同与文化表征中的古琴——以上海古琴文化变迁为个案的音乐人类学研究》。上海古琴文化百年来的发展变迁实际上就是中国现当代古琴发展史的一个缩影，也是中国现当代社会文化发展史的一个缩影，论文试图说明，琴人群体的文化认同受到不同时代主流话语的深刻影响，现代社会分工与文化分层导致其传统角色的现代转型，同时造成传统认同与现代话语之间的矛盾冲突；在整个变迁过程中，传统的古琴文化阐释话语已经发生了现代性转变，外在的社会化语境越来越成为规范古琴文化行为、改变古琴文化隐喻的关键性因素，包括文化遗产与文化消费在内的"全球化"话语已经成为一种客观趋势，传统与现代、本土与外来诸多因素的张力建构了当代古琴文化认同的开放性结构，塑造了当代琴人群体在机遇与困境中的多元认同。

潘妍娜的博士论文《"回归传统"的理念与实践——上海昆剧团全本〈长生殿〉研究》，作者针对四本《长生殿》"回归传统"获得成功的现象，借用我提出的"音乐人事与文化研究模式"对这一现象进行分析。论文指出，促成四本《长生殿》产生和成功的原因在于：随着国家经济的发展，上海逐渐成为一个全球化都市，在此历史场域下，从政府到社会滋生了一种对于"传统"的需求。同时在上海特殊的城市环境之下，一个希望获得振兴的剧团，一个希望重塑城市/文化形象的政府/国家，一批希望重塑文化身份、回归传统生活的新兴受众群体构成了支撑四本《长生殿》产生的音乐社会。在此需求前提下，世界非物质文化遗产申办成功为昆剧带来的机遇"不新不旧"的创作观念，多元混杂的艺术实践和关键人物唐斯复是四本《长生殿》获得成功的特定机制。

还有一个比较成功的例子是张延莉的博士学位论文《评弹流派的历史与变迁——流派机制的上海叙事》，作者通过对评弹流派兴盛的20世纪上半叶两个黄金期与当今流派发展的历时比较分析，使用"流派机制"这一分析工具，通过对各个构成要素的比较，关注了评弹流派的历史与变迁。论文认为：其一，当今评弹没有新流派产生的原因是整个流派机制的缺失，失去流派生成、发展的生态环境；其二，原有流派在当今社会所发生的变迁从而导致流派意义和功能转化，朝着舞台化艺术化方向发展，并形成上海、苏州的地域性差别。该文的关注点在"城市化进程中中国传统文化的生存问题",聚焦点在"中国传统曲艺评弹的生态",探寻的是造成这一生态背后的原因和发展趋势,使用历史叙事和现实叙事相结合的叙述方式,试图探讨评弹流派在上海的历史与变迁及其背后的文化意义。该论文获得中国音乐史学会第十三届年会暨第八届全国高校学生中国音乐史论文评选中荣获博士组一等奖。

至今,我们已经完成了有关上海城市音乐研究的硕士、博士论文26篇,正在进行中的近10篇,涉及了与音乐相关联的各个层面的问题,诸如戏曲、民俗、曲艺、移民、宗教、经济、教育、社团、媒体、剧场、出版等。

王:在城市音乐田野的基础上,您进一步提出了构建"音乐上海学",我感觉这是蛮重要的一个概念,在您的文章中也曾介绍过"音乐上海学"。如何更深入地理解"音乐上海学"这个提法,我想听听您的看法。

洛:"音乐上海学"犹如红学、莎学、敦煌学这样的概念,我们不能从真正意义上的一个学科层面上来认识。例如历史学、心理学、社会学、人类学、物理学等,这些学科不仅体现了特定的研究对象,也规定了特定的研究范畴和方法。众所周知,音乐活动成为研究对象可以追溯到古希腊和周代,但人们将其研究规范为"科学性"的范围、方法及目的而成为一门学科——音乐学(musicology),那只是一百余年前的事,即奥地利学者阿德勒的《音乐科学的范围、方法和目的》(1885)一文成为学科建立的标志。另一类的"学"则以特定的研究内容来命名,如上述的"红学""莎学"或"敦煌学",由于《红楼梦》《莎士比亚戏剧》和敦煌莫高窟所蕴含内容之丰富、研究价值之珍贵、成果积累之丰厚,以及涉及问题之庞杂而成为专门之"学"。

因此,提出来"音乐上海学"这个概念,因为这个城市有很多东西值得探讨,它是一座"音乐富矿"。为促使上海音乐研究更具有学科意识,以及学理性、整体性和规模化,充分挖掘其在中国音乐中的特有价值,并且试图以音乐社会区域研究或城市音乐人类学的富矿案例,我以"学"冠之来倡导"音乐上海学"的价值和意义,探讨其作为一个专门的学术领域进行关注和深入研究的可能性和必要性。

就城市音乐现象而言,世界上再也不可能找到一个像上海这样具有复杂性的城市。世界上几大城市,纽约、东京、巴黎、伦敦等,它们都是国际大都市，音乐内容很丰富，也各具特色。然而，我们从最权威的《新格罗夫音乐家与音乐大词典》的条目中，可以搜索到有关音乐城市的内容十余项，可是，从音乐内容的丰富性、复杂性、多元化方面考察，它们与上海相比相去甚远。简单地说，西方大城市所具有的各类音乐活动上海都有，而上海具有的"地方性知识"的内容和特点，是世界上任何大城市都不具有的。因为它具有所有大城市的现代性功能，同时其还带有以往租界文化的痕迹，也是一个吴越传统的集散地，而且脱离不了的意识形态影响更是增加了它的多元色彩。对于这样一个复杂体，"音乐上海"以至于成为专门的学问——音乐上海学，应该是当之无愧的。

王：您从2004年开始研究上海城市音乐，到现在有接近10年的时间了，您感觉在这10年的研究过程中，您所带领的学术研究团队形成了哪些本土化的理论与经验，请您再从这方面谈谈。

洛：我想主要就是两个方面。一方面，我一直在探索如何把新史学的一些理念，尤其是把历史学引入到人类学中间，这样符合中国历史和文化的特定语境，对学科来说也是一个拓展。人类学的理念和方法进入音乐学已经一个"新兴学科"，再让历史学加盟音乐人类学，更是"新新兴学科"。城市音乐研究离不开社会问题的探讨，再请社会学加盟历史音乐人类学，音乐的人类学、历史学、社会学这三个学科的相互补充和协助，使得"音乐上海学"有了坚实的理论基础。

"音乐人事与文化"研究模式是"音乐上海学"的一个研究工具。我在《论音乐文化诗学：一种音乐人事与文化的研究模式及其分析》中指出，由于西方音乐人类学最初的视角是以研究"他者"为基础的，他们的对象主要是非欧洲的音乐及其文化。也因如此，音乐人类学诞生之际对于学科的范畴明确地规定为研究欧洲古典音乐以外的文化传统。在"反思"思潮的影响下，音乐学者开始关注"家门口"的"我者"音乐活动，也就是从"他们是谁"转向为"我是谁"的立场，从而影响了方法论更新变化。

然而，音乐文化研究在中国的情形是完全不同的。我们一直以来（也可以说完全）是在"家门口"进行田野，不论是当下的田野，还是历史的田野，中国学者一直关心的是"我是谁"。当受到西方学术思想影响之后，反思的觉悟也同样使得我们进一步思考，我们是否真的关注"我是谁"。

在某种意义上，我们的确发现不同民族文化背景下"他者"的观念也同样存在于中国学者中间。但是，音乐人类学的中国经验依然还是以"我者"研究为根本。反思使得我们认识到，所谓中国多民族语境下的"他者"是"我们"中的一部分。因此，询问的对象便成为"我们是谁"。这就是音乐人类学的中国经验总结的出发点，也可能是终极目标。

另一方面，中国的音乐文化从来都是与历史分不开的，我们的学者也从来不会忽略历史，所以对于具有五千年文明历史国家的音乐人类学者来说，"历史意识"是扎根于我们的学术传统和学术理念及方法之中的。例如，20世纪三四十年代的上海，黎锦晖"时代曲"、聂耳《义勇军进行曲》、黄自的清唱剧《长恨歌》几乎在同一个社会环境中产生，然而却是完全不同的音乐内容和形式。同样，在同一时期的上海社会历史条件下，百乐门舞厅、"左联"（中国左翼戏剧家联盟音乐小组）、国立音专、大同乐会、工部局乐队，它们同时存在并产生重要影响。

在这样的前提下，笔者提出的模式——"音乐人事与文化"研究的设想，其意义在于总结前人经验的基础上，发现各自模式的理论建构和实践运用所具有的差异及存在的问题，通过建立该模式中关注特殊性的研究，来探讨事物发展的一般规律，从而试图寻找和解决音乐所涉及的"人事与文化"关系中的"有机性"和"必然性"问题。更重要的是，提出更适用于研究中国音乐文化现实的理论模式，为音乐人类学的中国经验反思与总结做些尝试。因此，"音乐人事与文化"的研究模式的"历史意识"是在更大范畴中来探讨音乐与文化的关系。在音乐文化研究中，大历史的作用和影响是绝对无法回避的。从一定程度上讲，任何具有普遍意义的典型人物和事件都是历史的产物。同时，规律性的探讨更是建立在历史意识及其哲学基础上才能呈现其意义，特别是中国音乐文化与大历史的关系更为密切、不可分割，太多的重要音乐人事都是与大历史休戚相关的。将"历史意识"植入模式之中，作为其构成的重要部分正是音乐文化研究的"中国经验"或者说是"本土化"学术模式的特征之一。

王： 对于城市艺术田野这一领域，国内艺术学界涉足得并不是太多。上海市教委与上海音乐学院合作，在上海音乐学院设立了上海高校音乐人类学E-研究院，这个机构集中了国内和国外音乐人类学领域一些知名学者，整合了资源，形成了一个学术共同体，一起来做音乐城市田野，这是很重要的。我想请您对上海城市音乐田野研究和 E- 研究院未来的发展做一些展望。

洛： E- 研究院这个项目和机构的设立对我们来说，起了很重要的推动作用。它提供了一个学术研究的实体和平台，同时有经费上的支持。E- 研究院模式设计者不是学者，而是上海市教委科技处的领导。设计者很有科学研究的远见和魄力，E- 研究院的设计主要是想突破国内科研体制上的困难，即学术研究与行政管理之间的矛盾，让科学研究由科学家自己管理和建设，科研项目的负责人是学者，项目实施不受行政干扰，这位负责人称之为首席研究员，他设计、规划学科的发展计划，支配经费的使用，聘任相关专家、学者。这位首席研究员必须是某一学科领域的著名学者，也要有很好的学术人脉和资源，同时具备较强的行政组织、管理方面的能力。

上海高校 E- 研究院项目开始于 2002 年，指导思想是成熟一个建一个，哪里具备了条件，就在哪里设立。最早设立的是上海大学的社会学研究项目，运行很成功。之后，上海市教委开始在各个学科物色对象，很像经济上的风险投资。上海音乐学院的音乐人类学经过申报、考察、论证、答辩、审批等步骤，于 2005 年，上海市教委正式批准建立音乐人类学 E- 研究院。我们的建设目标是，依托上海音乐学院的优秀学术传统，建立现代信息化基础设施的工作平台，与国内外大学和研究机构的该领域的著名学者联手，整合和优化有关的研究资源和人才，采用市教委领导倡导的独立运营和组合的机制，强调学术的基础性、交叉性、前沿性和现实性，立足上海、扎根中国、放眼世界，以"中国视野的音乐人类学建设"为目标，开展扎实且具有创新意义的基础研究。通过脚踏实地的研究和实践，产生一批在音乐人类学领域的中青年学科带头人，形成一个在本研究院带动下的音乐人类学"上海学派"为特征的学术群体，以"音乐人类学研究在中国的发展"为研究主题，成为国内该领域的学科优势和品牌，并且在国际音乐人类学范围内产生积极的影响。

10 年来，围绕建设目标，音乐人类学 E- 研究院做了大量工作，包括出版了多个系列的著作，例如，"音乐人类学的理论与实践文库"近 20 种，其中《启示、觉悟与反思——音乐人类学的中国实践与经验三十年（1980—2010）》五卷是对音乐人类学在中国发展的梳理与分析；"上海城市音乐历史与文化研究丛书" 10 余种，其中《海上回音叙事》（洛秦编著）

荣获第九届金钟奖理论评论奖的银奖。《音乐人文地理》丛刊以音乐田野工作的实录为内容，图文并茂地记录了大量的实地考察的经历和思考。E-研究院团队成员们发表了大量文章，《音乐艺术》连续多年在每年第一期开设"音乐人类学 E- 研究院专栏"，围绕各类学科的重要议题展开探讨。E- 研究院举办了许多学术会议，其中举办了多期"音乐人类学 E- 研究院专家讲习班"特别令人关注。这些成果对音乐人类学在中国的建设与发展产生了积极的影响。

今后的工作依然会在上述的各个方面继续展开，诸如，一方面不断出版国内学者撰写的优秀音乐人类学著作，继续丰富和扩容上述几类丛书的规模；另一方面陆续推进国外最新的、最成熟的理论译介，为音乐人类学在中国的建设与发展补充理论营养和参考。知彼才能更好地知己，只有了解国外学界最新的动态，才可能更自觉地建设中国学者自己的理论。音乐人类学 E- 研究院规划的"西方音乐人类学经典著作译丛"至今已经出版了近 10 种，国内学界反响很大，其不仅及时反映了国际学界的最新研究成果，而且中文翻译的质量之好、出版形式的规格之高，可以说是有目共睹的。我们还将继续下去。同时，努力建构音乐人类学的中国经验，研究成果通过"音乐人类学的理论与实践文库"、《音乐艺术》的音乐人类学 E- 研究院栏目中继续呈现给学界，其中"音乐上海学"将作为最具中国经验的项目不断开展。再是，在音乐人类学 E- 研究院发展过程中，我们逐渐建立了一个成熟的教学体系，无论是课程的设置，还是教学的方法，抑或一些相应的师资和读本，我们正在与国际学界同步发展。对此，我们还将陆续出版配套的课程教材，为热衷于音乐人类学学科的青年学人的创造更多更好的学习条件。

王：感谢洛老师在这么短时间里给我们带来了如此丰富的内容，由于时间关系，还有很多话题我们可能还没有展开，期待下次再与您探讨。最后，祝音乐人类学在中国的发展、音乐人类学 E- 研究院的建设，以及上海城市音乐研究的不断深入，取得更大的成绩。祝您工作顺利，谢谢！

由民族学视角介入艺术人类学研究
——色音研究员访谈 [1]

王永健（以下简称王）：色音老师，您好！受《贵州大学学报》（艺术版）的委托，对您做一个专访。多年来，您一直致力于人类学、民族学领域的研究，尤其是关于蒙古族萨满的研究。中国艺术人类学学会自最早发起成立到现在，您一直参与其中，现在是学会的副会长，可以说见证了学会的成长历程。我想问一下，您是怎么认识艺术人类学这样一个学科的？它与人类学、民族学、艺术学之间是一种什么样的关系？大概从您的角度先来谈一谈这些问题。然后，咱们陆续再展开。

色音（以下简称色）：关于学会的发展历程，我还比较清楚。我一开始就参与学会的成立，包括成立大会在内的历年的学术年会，我基本上都

---

[1] 色音，男，蒙古族，1963年生于内蒙古哲里木盟科左后旗。1986年6月毕业于内蒙古大学哲学系，同年9月考入中国社会科学院研究生院民族文学系，1988年7月获文学硕士学位。1988年9月考入北京师范大学中文系攻读民俗学博士学位，1989年3—7月在大连外国语学院出国培训部参加日语短期培训，1989年10月作为中日联合培养博士生被国家教委选派到日本筑波大学历史人类学系攻读文化人类学和民俗学博士课程。1991年7月归国后继续在北师大中文系学习，1992年3月获博士学位。1992年5月被分配到中国社会科学院民族研究所（后改为民族学与人类学研究所）工作，同年9月进北京大学社会学人类学研究所博士后流动站，在费孝通教授的指导下从事为期两年的博士后研究，并提交了题为《游牧社会的变迁》（约20万字）的研究报告。1994年7月出站后回中国社会科学院民族所工作，同年9月被提升为副研究员。1996年4月—1997年4月赴日本国立民族学博物馆讲学一年。2003年12月以客座教授身份赴日本国立国际日本文化研究中心工作一年，于2004年11月归国。现为北京师范大学文学院民俗学与社会发展研究所教授，博士生导师。主要社会兼职：中国民族学学会副秘书长、中国人类学民族学研究会常务理事、中国艺术人类学学会常务理事、中国民俗学会理事、中国宗教学会理事。中山大学历史人类学研究中心（教育部人文社会科学重点基地）、中央民族大学哲学与宗教学系、内蒙古大学蒙古学研究中心（教育部人文社会科学重点基地）、内蒙古师范大学兼职教授。代表性著作有：《蒙古秘史》《蒙古民俗学》《东北亚的萨满教》《中国少数民族现状调查·内蒙古卷》《蒙古游牧社会的变迁》《居延故地——黑河流域的人文生态》《科尔沁萨满文化》《水资源与生态环境——黑河流域水资源状况的社会学调查》《地理环境与民俗文化遗产》等。

参加了，有那么两次，因和别的会议冲突了，没参加。学会当时成立的时候，国家层面上还是非常重视的。首先，费孝通先生比较支持成立这个学会，他觉得这个很重要，中国应该有把人类学和艺术研究结合起来的这样一个学科，他建议成立这样一个学会；然后，国家层面上，当时文化部的孙家正部长也非常支持，还有中国艺术研究院的王文章院长也是非常支持。现在从全国范围内来讲，成立国家一级学会，中国字头的一级学会是比较难的，审批比较严。但是由于我们老一辈的专家学者，以及文化部、中国艺术研究院等相关部门的领导也非常重视这个学会，所以就比较顺利，民政部审批下来也比较快，同意成立这个学会。成立的时候，文化部的孙家正部长亲自参加，所以跟一般的学会还不一样，这个学会的起点还是比较高，虽然成立得比较晚，但是起点比较高。

  从近10年的发展过程来看，发展比较迅速，学会的会员有将近1000人了，这个发展速度是比较惊人的、可喜的，这说明有很多学界的朋友们、学界同人，还有一些年轻的研究生比较关心这个学科，他们对这个学科比较感兴趣，所以积极参与这个学会的活动。这个学会的成立，我觉得还是意义比较重大，因为过去艺术学领域的研究和人类学包括民族学领域的研究有点脱节，各做各的，但实际上在这个不同的学科领域，过去很多学者都在做类似艺术人类学这样一个视角的研究，过去各做各的，人类学的艺术研究，也是比较偏重人类学的方法和理论视角，艺术学的包括艺术起源的研究，民间艺术的研究，也是基本上按照传统的艺术学理论方法和一些美学的理论方法等来研究，相对来讲，第一手的实地调查比较少。从艺术学的视角做艺术人类学和人类学角度去做艺术人类学研究，它们的出发点和侧重点在方法上还是有些差异，过去有这样一些学科上的区别，但通过中国艺术人类学学会的成立，过去在艺术学领域，包括美学领域，做艺术人类学方向研究的学者和人类学领域的关注艺术人类学，以及有关原始艺术、民族艺术、民间民俗工艺这样的一些研究领域的学者都在学会这样一个平台上，大家共同参与到各种学术活动、国际学术研讨会，包括每年的学术年会，把过去在各自领域、各自专业的角度做艺术人类学的一些学者聚集到这个平台上，做同样一个艺术人类学主题的研讨，互相之间相互影响，相互学习、借鉴，这样就更好地推动了艺术人类学学科的发展。所以，这些年来我感觉到中国的艺术人类学这个学科发展比较快，而且跟国际上相比，队伍也比较庞大。

这几年方李莉研究员和李修建博士在梳理国外的相关成果，罗易扉博士系统地梳理国外艺术人类学发展的历程和脉络。这个过程当中我们也了解到，实际上国外的一些艺术人类学研究，从国别的角度来讲，各个国家研究队伍不是那么庞大，不像我们中国这么一个庞大的学术队伍，英国、美国、日本做艺术人类学学科的学者不是很多，不过也确实有很出色的学者，像范丹姆先生、莱顿先生都做得非常好，但是像他们这样的杰出学者毕竟人数较少。在中国，实际上过去民族艺术学、民族音乐学领域已经有很多学者在长期从事研究一些类似艺术人类学领域所关注的热点问题，过去他们不叫艺术人类学，比如说音乐领域的民族音乐学的研究历史较长，并且比较成熟，后来也分出来一个音乐人类学，在音乐人类学领域，早在我们中国艺术人类学学会成立之前，已经有相当多的成果了。我们成立中国艺术人类学学会之后，过去在各自的音乐学领域、民间美术领域做审美人类学研究的专家学者也比较关注中国艺术人类学会的学术活动，他们相继入会，参加到我们学会的活动当中，这样的话，他们也接触到人类学领域的最新理论方法和前沿的一些动态。同时，他们的一些研究，对我们这些过去主要做文化人类学和民族学的学者来讲，也是一个很好的学习机会，过去我们各自做各自的，很少有机会与从事音乐、美术、舞蹈研究的一些学者去交流。有了中国艺术人类学学会这个平台之后，就有了比较频繁的交流和互动的机会，不同学科的学者之间有一个促进的作用。总体来说，中国艺术人类学这个学科，现在进入了相对成熟的阶段，像王永健博士系统梳理过中国艺术人类学学科发展的几个阶段，我觉得分得很到位，中国艺术人类学学科是一步一步从早期的、初步的酝酿的阶段，逐渐发展到现在的成熟阶段，目前已进入能够跟国际学术前沿接轨的这样一个阶段。我觉得中国艺术人类学学会，一方面对中国艺术人类学学科的发展做出了很大的贡献；另一方面我觉得将来应该还能发挥更多的作用，比如对国家相关部门的有关决策提供学理依据等，在应用对策研究方面我们也应该进一步加强。在我们近10年的发展过程中，非常关注像非物质文化遗产保护这样的一些国家各级政府比较重视的公共文化建设的领域，我们通过从艺术人类学的角度也做了相当多的研究，也为国家相关决策提供了学理上的一些依据，今后可能在更广阔的领域去发挥它的价值和现实意义。

王： 色音老师说得是。学会与民俗学会、民族学会、人类学学会相比较起来，人数现在也不算少。而且中国艺术人类学学会的研究者的学科背景，是非常复杂而多元的，甚至这种多元性可能要比人类学学会、民族学学会还要复杂，因为这里边既有美学的学者，又有哲学的学者，还有文学的学者、历史学的学者，以及各个门类艺术的学者。所以说中国艺术人类学学会这样一个学术平台的建立，具有一种高度的统合性，能把复杂学科背景的学者有机地统合在一起，虽然大家学科背景不同，但是共同讨论艺术这个研究对象、讨论共同的问题，形成一个学术共同体。这样的研讨从不同的视角、不同的角度介入艺术研究，这种跨学科的和多元的学术背景的交融，可能更有利于问题研讨的全面性和深入性。还有您当时在日本留学有好几年的时间，在日本也有类似的学科，可能不叫艺术人类学，而是叫民族艺术学，他们的研究状况，您当时在日本有没有了解他们那边的情况是怎样的，请您简单说一下。咱们学会也走过10年的发展历程，这中间我们取得很多成绩，同时我们的研究中，也存在一些问题，您觉得应该怎样去规避这样一些问题，包括您怎样认识存在这样一些问题，应该如何来规避，大体说一下这两个问题。

色： 艺术人类学这个学科，本身就是一个交叉学科，它是艺术学和人类学这两门学科相互结合的产物，有跨学科的性质。在艺术这个门类下面又分很多具体的艺术类型，像这个音乐、舞蹈、美术，还有民间工艺等，这些涉及面比较宽，它们虽然都是在艺术门类下面，但不同的艺术类型区别比较大，像舞蹈造型、美术这样一些艺术和民间工艺等。对于民间工艺而言，手工艺技术是它的核心。在艺术门类下面不同的艺术类别，其研究方法和视角也不一样，像音乐这个领域，比较专业，如果没有一定音乐学的乐理、声乐，这方面理论方法和基础很难介入，所以目前在音乐人类学、艺术人类学的音乐方向的这个领域当中，大多数还是原来学音乐学和民族音乐学的学者在做。那么，我们从人类学角度去做研究时，可能更多关注仪式，有一些民间的宗教仪式、民俗仪式，它与民间艺术的一些关系，相互之间整体的一些结构关联性和仪式本身的结构，以及在这些音乐、舞蹈，包括一些民歌、歌谣，在整个仪式当中扮演着什么样的一个角色、发挥着什么样的作用等，从这些角度去研究，真正的音乐本体的研究，我们没有这样一个专业上的素养和训练，可能就没法儿深入去研究这些领域。在人类学和艺术学的结合方面，已经做了一些工作，但是每个人的知识结构、专业背景都不一样，所以研究的角度、侧重点，在某些方面深入程度都会有些区别。那么将来我觉得，还是一种跨学科的研究、合作的研究，是非常可行的，国际上也是比较流行做这种不同学科之间交叉的、跨学科的研究，国际上也是有不同表述的术语，像日本和韩国叫"学际研究"，就是学科和学科之间的；像中国台湾地区，他们叫作"科际研究"。日本和韩国重点突出它的"学"字，这些地区已经有相当长的时间用这种"学际研究"或"科际研究"的方法，去研究一些交叉的领域。这种研究方法我们叫作"多学科研究""跨学科研究""交叉学科研究"等，目前好像也没有一个统一的提法，但这几个提法基本上说的是一种方法，就是一种跨越不同学科，去交叉研究的方法。这种方法，在今后是非常重要的一个发展方向。

近代很多人文社会科学包括自然科学的很多学科，早期都在西方国家兴起，门类形成之后，它越分越细，就是近代以来各个学科发展的一个方向、一个趋势，就像人类学，除了体质人类学和文化人类学这样两大分类之外，文化人类学之下还分成宗教人类学、生态人类学、饮食人类学、艺术人类学等，都在文化人类学这个范畴内，从人类学角度来讲，它是文化人类学的一个分支学科，过去是这么分，越分越细的一个发展趋势。包括自然科学和人文社会科学，以及人文社会科学里面的各个门类之间，过去分得很细，学科的边界划得很清楚，所以，有一些老一辈的学者，就很难有跨界意识，我是搞法学的，我是搞社会学的，我是搞历史学的，我是搞哲学的，我是搞文学的，这分得很明确、很细，而且他们也有一种学科的自觉意识，觉得我就是这个领域的，其他领域我不太懂，所以不敢去碰它，有意约束自己的学科视野。在中国，改革开放以后，这种学科意识开始有所突破，这种跨学科的交流研究逐渐兴盛发达，从近10年的发展来看，已经是很多交叉学科逐步形成了自己的理论体系和方法。如人类学和艺术学这两个学科交叉的过程当中，形成了艺术人类学这样一个交叉学科，但同样是艺术人类学这个学科，从艺术学领域介入到艺术人类学的学者和从人类学领域介入到艺术人类学方向的学者，他们的侧重点还是有区别的，也就是说，人类学视角的艺术人类学和艺术学视角的艺术人类学，虽然同样是说的一个交叉学科，但在侧重点及研究方法上还是有所区别，这从目前的状况来讲还是比较明显，还没有大的改观。比如，像过去从艺术学领域比如文艺评论、美学领域做艺术人类学研究的专家学者，主要的方法或视角，还是偏重原来他们所做的艺术学、美学等学科的一些方法，比较形而上的抽象的理论思辨、理论探讨多一些，缺乏一些以田野调查为基础的实证研究。文化人类学区别于其他人文社会科学的最大的一个特点，就是它比较强调长期的田野调查，根据田野调查掌握的第一手的民族志资料去研究艺术，更关注活态的艺术事象，在民众活生生的生活世界当中的艺术，这些民间的艺术在民众现在的日常的生活当中，这些艺术的样态是什么样的，在整体的生活文化当中，一些民间艺术在发挥什么样的作用、功能，它的表现形式怎么样等，所以它首先要关注活态艺术的活生生的样态和它的传承发展，同时比较重视它的语境，这些不同的艺术门类、艺术表现形式在活生生的生活世界当中，它们在不同的语境下，表现形式、表达方式可能有差异，在不同的情境当中，动态地去把握艺术形式。人类学是从艺术和社会的互动、艺术和其他文化之间的相互交流互动，这样一些动态的过程当中去研究各种艺术，尤其对民间艺术的研究，对活态传承的艺术研究比较关注。

关于日本的艺术人类学这个学科，过去我关注得比较少。我是1995年去日本的国立民族学博物馆做客座教授，在日本工作了一年。当时这个博物馆有一个研究民族音乐学的学者，这位学者当时在世界上很有名，但是他退休以后，有一段时间，国立民族学博物馆做这个方面研究的学者就断了，前几年好像又进了一个年轻的搞民族音乐学研究的学者。国立民族学博物馆在这方面做得比较早也比较强，还有多摩美术大学有艺术人类学研究所。还有一些研究非洲的学者，必然要关注一些他们的民间艺术，在非洲人的日常生活中的作用，因为实际上有些民族和族群当中，一些民间艺术跟他们的生活是融在一起的，要研究他们的文化，要整体把握他们的文化和社会的话，不关注艺术是肯定不够的。还有包括东南亚的研究，像巴厘岛这些地方，民间艺术、民间舞蹈等非常发达，所以他们也有一些从国别角度做比较专门的研究成果，他们不一定叫作艺术人类学，但他们做的一些很专业的民间艺术的研究，都属于艺术人类学的这个范畴。

王：其实在国内也出现过这种情况，就是很多学者做艺术研究，他们借鉴人类学的理论和方法，但是并不一定把自己的研究定义为艺术人类学。

他们对人类学的理论与方法的使用是不自觉的，他们把这种方法和理论借鉴过来之后，是为了自己研究的拓展与深化。所以说，这是一种不自觉的状态下对人类学理论与方法的践行，而真正有意识地去使用，是在20世纪90年代中期以后，艺术研究领域有好多学者开始主动地去学习和借鉴人类学的理论与方法，而且有的学者把自己的研究冠名为艺术人类学。莱顿先生的那本《艺术人类学》，1991年由中国社科院的靳大成先生组织了一个翻译小组，译介到国内来，今年在长沙开学会年会的时候，我也请教了一下莱顿先生，这本书是否是世界上第一本冠名为艺术人类学的著作？他的回答是肯定的。从20世纪90年代中期以后，中国艺术人类学研究有一个从不自觉到自觉的发展历程。尤其是学会成立以后，发展势头就更好了，因为大量的来自不同学科背景的学者加入学会这个跨学科的平台上来，讨论共同的问题。虽然学科背景不同，但是为什么能在这样一个平台上共同讨论问题、相互交流对话呢？按理说，从现代学科分野以来，好多学科之间是自立门户的，彼此之间是不交流、不沟通的。所以说，学会的成立给大家提供了一个跨学科的交流与对话平台，是人类学的这个理论方法把大家统合到一起了，大家到这个平台上来，没有了学科和专业的隔膜，可以互相交流与借鉴。这可能也是未来人文社会科学发展的一个趋势，就是"淡化学科，突出问题"。所以吸引着更多学者的加入，他们能够从学会这个平台上获取需要的理论和方法，来真正解决他们实际想要研究的问题。刚才您提到的日本的那段经历，我觉得非常好、非常重要，因为您在那里留学多年，视野非常开阔，对日本国内的情况也了解得非常透彻，刚才您提到的日本多摩大学，今年8月我们在北戴河开北戴河艺术论坛研讨会的时候，其中就请了一个日本多摩大学的教授，叫椹木野一，他就提到在他们学校有一个艺术人类学研究所，他也在该所工作。我看他的研究就像您所说，大部分都是关于艺术评论、艺术展览这方面的内容，而且做策展人的一些事，包括在日本的濑户群岛做一个大地艺术祭，濑户群岛原先是一些堆砌废弃垃圾的岛，他想通过艺术的手段，来复活这些岛，然后在岛上建立美术馆，吸引游客去旅游，最终使这些岛屿重新复活。他做的这些事情也很有意思，可能跟我们国内的艺术人类学研究稍微有些出入。咱们学会成立这么多年以来，每年都有大量新加入的研究者，您觉得研究中普遍存在着哪些问题？您觉得这些研究者应该怎样去规避这些问题？

色：你刚才谈到一个是 20 世纪 80 年代开始，我刚才也提到改革开放以后，逐渐地，学术氛围比较活跃，国外的一些理论方法被介绍到国内，当时一些中青年的学者也是吸收了国外最新的理论方法，因为"文化大革命"期间，很多学科的学术研究中断了，还有国家开始封闭之后，接触国外的理论方法的机会很少。改革开放以后，从 20 世纪 70 年代末 80 年代初开始改革开放，到了 20 世纪 80 年代中后期之后，有一部分中青年学者已经比较了解国外的一些理论方法，以及各种不同学科的动态，所以当时还是比较活跃的。当时我在中国社会科学院研究生院读硕士，我是 1986 年考到社科院研究生院的，那么正好这个时期，像中国社科院研究生院是非常活跃的，学术很多前沿的理论方法的讨论也是非常活跃，当时已经有一些研究美学的专家，写过一些关于艺术人类学和审美人类学的文章。当时有个叫彭富春的年轻学者，现在应该在武汉大学工作，他是先师从刘纲纪先生研究美学，后来师从李泽厚先生，他当时在美学领域已经很活跃了。我记得 1987 年他写了一篇题目为《美学的人类学转向》的论文，这个应该是我觉得比较早地关注从美学转向艺术人类学动向的一篇论文。这说明，确实 20 世纪 80 年代中后期就已经有人从事这个研究，从国内来讲，中国大陆的一些学者就有这样的研究了。当时美学比较热，20 世纪 80 年代有几个特点，就是 20 世纪 80 年代中后期叫"文化热"时期，这个"文化热"当中有"美学热""考古热"，这当时都是很热门的一些专业，其中像张光直先生的考古人类学的一些成果，对中国大陆学术界的影响也很大，他是把考古学和人类学结合起来，国外出了名的，又做考古、又做人类学的田野工作，把考古挖掘的出土文物跟一些现实的民族、族群当中还在用的，日常使用的一些道具、皿具结合在一起来研究分析，然后在古今对比中解读那些出土的早期文物的功能等，这种把考古学和人类学结合的研究大致从 20 世纪 80 年代开始，很多学科的交叉已经产生了一些很好的成果。当时"美学热"，李泽厚、刘纲纪先生，还有叶朗先生等，都是当时非常有名的，还有些中青年学者非常活跃。走到今天，"美学热"有所降温，我不研究美学，但是我的一些同学，还有一些师兄弟也有做这个研究的。目前来看，"美学热"开始降温，因为它研究取向，依我的感觉比较形而上的，可能过于抽象，脱离一些实际，谈来谈去，反正是很少有新的东西出来，很难提出一些新观点。当然也有一些新成果还在出版，但它那个热劲有点降温了。这种情况下，过去做这种传统美学研究的一些学者，也开始转到艺术人类学视角的研究，开始注重民间工艺的美学特征、美学价值，也做了一些实地考察等，所以这是一个大背景下的大转向。到现在我们的艺术人类学学科发展这么快，这说明了它还是逐渐成为一种显学。实际上人类学这个学科传到中国也有一百多年历史了，但在中国人类学的地位、影响力，现在还是很有限，反而人类学和艺术学交叉当中产生的艺术人类学这个学科，这些年成为很热门的学科，我认为其正在成为一种显学。这说明了，过去艺术学的影响还是比较大，做艺术研究的专家还是很多的，那么现在跟人类学一结合，这两个学科交叉当中、碰撞当中，又产生了一些新的理论方法，对艺术研究领域也带来了一些新的活力、新的视角。过去因为文艺学和艺术学基本上是交叉的，可能侧重点有些不同，文艺学也包括文学评论、文艺作品等，毕竟文学领域和艺术领域的研究学者很多，一旦在这个领域当中利用人类学的理论方法，研究出一些新鲜的成果，提出一些新的观点以后，关注的人自然就多，影响力就大，并且像现在艺术跟社会的关系，跟社会各阶层的关系很密切，这样反而使这个学科现在发展得很快。发展得快，包括我们这个学会逐年壮大，会员逐年增多，这是个好事，包括建筑领域的，很多艺术门类的学者都进来了，这是一个好事。但是，目前对艺术人类学的理解上，有一些学者可能还是比较浅薄，处于初级的这样一个阶段，还没有真正理解人类学是什么、艺术人类学是什么，因为它这个学科是逐渐积累经验，才能有感悟、感受、感觉的一个学科。人类学家研究的有些文化现象或艺术现象，有的只能意会，而不能言传，这么一个无形的东西，你把握这些无形的、很潜在的文化的或艺术的内涵背后的深层的意蕴，没有一定时间的人类学，或者是艺术人类学的这种训练，以及这个学科的知识背景，很难做到很深入的研究，有些东西很难用文字表达出来，但是做人类学的学者做的时间长了，很熟练了，就知道这个现象、这个艺术事项是值得研究的，别的学科研究不了，但有可能人类学者能做出一些解释。2016年在长沙召开的学术年会上，也有不同学科的专家参加了，过去像建筑、建筑艺术方面研究的学者参会比较少，今年增加了几位，包括长沙理工大学人文学院、艺术学院、设计学院的一些老师和研究生也来参会，这是一个好事，但相互之间还是需要一个磨合，跟不同学科的人还是要有一个磨合的过程，对他们来说，之所以关心这个，也是因为这个视角、研究方法对他们有用，所以我们这个学会就是给他们提供一个交流发展的机会，同时不同学科、不同领域的学者聚在一起，在同一个研讨会上发表，互相之间肯定都有启发和借鉴。我们的艺术人类学学会还是比较包容，它是新成立的一个学会，首先会员的年龄结构比较年轻化，比较开放，包括学会内部比较团结，所以整体上到目前为止，是比较包容的这么一个学会，下一步，我们还是要发挥学会的优势和传统，还是要包容发展，只要关心这个领域方向的学者我们都要吸纳，这个过程当中互相磨合、互相学习、逐渐成熟，这是我们下一步重点加强的一个方面。

还有一点，艺术家如何参与到社会现实和当下的社会建设，这个问题也是非常重要的，所以把一些相关的研究成果，包括艺术家作品，转化为对现实有用的活动，这种艺术人类学的实践活动也是非常重要的，包括我们今年以学会的名义召开的北戴河艺术论坛，这种活动过去比较少，现在因为地方政府，包括一些城镇，不同层级的一些政府领导负责人，也在关心把这些文化遗产、传统艺术跟当下的城镇发展、社会建设，包括美丽乡村、美丽中国建设如何结合方面，都在探索一些比较可行的结合模式，这个过程当中，艺术人类学大有可为。通过今年的北戴河艺术论坛，也能够发现我们这个学会发挥了很好的平台作用，一方面促进地方政府重视这个问题，支持他们的一些做法，给他们出谋划策，出一些点子；另一方面邀请一些这方面有经验的，像日本的椹木先生，还有国内已经做得比较不错的"798"的，当时实践参与过的艺术家、当地的一些决策者，以及相关的一些研究学者，互相聚在一个平台上去讨论，各有所获，各有所得，相互之间是一个促进、影响的关系，这就是说以后这方面多发挥一些作用，作为一个国家级的一级学会，它应该为现实、为社会服务，这也是它的主要职责、功能之一。

王：说得是。多年来您一直致力于蒙古族萨满仪式相关方面的研究，我也看过您写的一篇文章，关于蒙古族萨满仪式音乐的，可不可以从这个角度结合您的萨满研究来谈一下，您是如何介入艺术人类学研究的？有哪些好的研究心得和经验可以分享一下？

色：我是从读硕士时候就开始关注这个萨满教，尤其是蒙古族的萨满教。我是本科学的哲学，在内蒙古大学哲学系学哲学，然后到四年级毕业的时候，当时就有要求写学士学位毕业论文。哲学比较抽象，当时我觉得写哲学方面的论文还是很费劲，尤其很多理论包括西方哲学的一些抽象的理论、黑格尔哲学等学起来比较费劲。我对宗教比较感兴趣。中国哲学史，它离不开宗教。我觉得宗教也是哲学的一个部分，所以我就选择写宗教方面的。定了大致方向后，我去图书馆查资料的过程中发现当时有一本书叫《北方民族原始社会形态研究》，1986年初看到这本书，是一个叫吕光天的先生写的，后来才知道他就是现在我工作的这个社科院民族研究所的一位学者，参加过20世纪50年代的少数民族社会历史大调查，是大调查课题北方组的成员。他负责北方的鄂伦春、鄂温克等少数民族的调查，后来改革开放以后，根据他中华人民共和国成立初期的一些调查，整理出一本论文集。其中三分之一的篇幅就是论述萨满教，我看了他的这本书，读到其中一些有关萨满教的论文之后，才发现我小时候在老家那边经常听到的那个"博"（bó）实际上就是他所说的萨满。从此我就决定写有关萨满教的论文，接着就查资料，当时也没条件下去做田野，就是查文献，把那些跟蒙古族相关的《蒙古秘史》、早期的波斯人拉施特写的《史集》、伊朗人志费尼写的《世界征服者史》以及《马可波罗游记》等文献认真阅读，从中把那些跟萨满教有关的记载做摘录、做笔记。最后在这个基础上写了题目为《论蒙古族原始宗教——萨满教》的本科学位论文，这个论文当时就是为了对付毕业嘛，但是我还是下了很大的功夫，结果指导的老师也看中了。他觉得这篇论文写得不错，他也帮我修改，提出一些修改意见，鼓励我再完善。这篇论文作为大学本科毕业论文通过了。1986年9月我考入中国社科院研究生院，当时到社科院研究生院之后，有不同研究所的、不同专业的，人文社科的硕士生都编到一个班级里。所以，历史学的、考古学的、文学的、哲学的，都在一块儿。结果这个过程当中呢，有一位叫赵光远的老师开设"民族与文化"的课程，刚入学就开了这样一门课，他讲的基本上都是文化人类学的一些理论方法。我原来是学哲学的，没接触人类文化学这些理论方法，到了中国社科院以后才学这门课，还能读到一些相关文章。当时有个叫中国民间文艺家出版社的，已把弗雷泽的《金枝》、泰勒的《原始文化》、马林诺夫斯基的《文化论》等经典著作译成中文出版了，能读到这些书，在这个过程当中也能接触到日本等国文化人类学理论方法。我跟赵光远老师交流的时候，他了解到我本科论文写的是萨满教，就建议修改后投到中国社科院研究生院学报，就这样，该论文很快就发表在《中国社会科学院研究生院学报》1987年第5期上。这篇论文发表以后，我们同学也看到了，其中，学考古学和历史学的同学比较感兴趣，跟我交流，探讨一些与萨满教相关的问题。因为当时张光直先生在《中国青铜时代》一书中提到的中国早期的文明是一种萨满式文明的观点在国内学界很有影响。张光直毕竟是国际上很有名的考古人类学家，所以学考古学和历史学的同学们都想了解萨满教。

后来，硕士阶段就开始研究《蒙古秘史》，主要运用跨学科方法研究的。因为我学的哲学这个学科比较庞杂，哲学系的学生还要学逻辑学、伦理学、教育学，包括法学、心理学都要学。我认真读《蒙古秘史》后发现它的内容涉及面很广。当时的学界，学文学的人说《蒙古秘史》是蒙古族文学经典，学历史的说《蒙古秘史》是蒙古族最早的历史文献，双方都是从各自学科的角度强调它的，把一个本来是很整体的庞杂的文献给分解了，这样对它的评价就很片面了。在读《蒙古秘史》的时候发现，它不只是一部文学作品，也不只是一个历史文献，它实际上是一种类似百科全书似的历史巨著，记录了13世纪蒙古社会的方方面面，包括了蒙古文化的哲学、宗教、法律、伦理、教育等诸多领域。我就从这些角度去研究它，写了一本《蒙古秘史的多层次文化》。1987年我在读硕士阶段就完成了初稿，写完后就投到内蒙古文化出版社，当时的出版社效率和印刷速度比较慢，1990年才得以出版。

1988年我考上了北师大民俗学专业攻读博士学位，导师是张紫晨先生。考上以后导师就说研究题目早点定为好。问我对什么感兴趣，我就回答说我本科阶段写过萨满教的论文。听了后他说那太好了，感兴趣的话你就研究萨满教吧。张先生当时正在写《中国巫术》，他对萨满教巫术也比较了解并特别感兴趣。就这样，我就开始准备博士论文。当时国内能看到的萨满教研究著作特别少。1985年出版了秋浦先生的《萨满教研究》，是他主编的。此外还翻译出版了国外的一些萨满教研究著作，有苏联、土耳其、蒙古国学者的萨满教研究成果，还有两本蒙古文的书。当时整体上对萨满教的研究比较保守，还是在一种叫迷信、封建迷信这样一个话语下研究萨满教。而且对萨满教的理解，当时了解国外的最新前沿研究成果的人不多，因为"文化大革命"时期中断了，关于这个方面，包括一些文献都没有外文的。

1989年，我被选入国家教委中日联合培养博士生计划，把我派到日本筑波大学，在日本留学的时候我就发现日本学者已经把西方的很多萨满教研究成果都翻译成日文了。还有日本的学者也出了很多成果，一看他们的研究成果主要是依据广义萨满教概念，咱们国内当时的研究还是比较狭义的，只是局限在北方少数民族的萨满教研究，其他地区像南方少数民族地区当中类似萨满教的信仰并不研究或者不认为是萨满教。我到日本以后发现，实际上国外的萨满教研究已经是一种叫广义上的概念，不是简单地叫不叫萨满，这是次要的，但它只要是有萨满教的特征的一些民间信仰都纳入shamanisim概念的研究。

我从20世纪80年代到20世纪90年代初的萨满教研究基本上是民俗学、宗教学这种范畴的研究，很少关注它的艺术层面，把它当作一种民俗现象，当成一种民间信仰来研究，当作一种宗教形态来研究，很少关注它的艺术层面。当时我觉得我也没有受过艺术学的训练，很难研究它的艺术层面，但是后来做萨满仪式的调查过程中发现萨满仪式的很大一部分，一半或者是三分之二都是由它的歌舞仪式组成的，它的神歌，边唱边跳，很多神词啊，请神啊，送神啊，都是用歌词、神歌来表达，所以感觉到研究萨满教把这个艺术层面的部分都忽略了，等于这个萨满教研究是缺了很大一部分。所以，我从20世纪90年代末开始，进入到21世纪之后也是逐渐地去关注它的萨满舞蹈、萨满美术，各写了一篇论文。本来萨满音乐我不想去碰它，但不碰吧，它确实很重要，没有它就缺一部分，后来我在2011年出版的《中国萨满文化研究》中分析了一些萨满音乐方面的内容。通过近10年参与到中国艺术人类学学会的学术活动和各种学术研讨会，我也确实学到了很多。以后我会进一步由艺术人类学的视角去关注萨满艺术。

王：非常好，最后一个问题，就是您能不能分享一下您跟费先生做博士后期间的一些学习心得和体会？

色：1992年我从北师大的博士生毕业后，先到社科院工作，后来得知费孝通先生在北大社会学人类学研究所招博士后。我是1992年9月进入北大博士后流动站，费先生是我的合作导师，当时费先生正在主持"中华民族凝聚力的形成与发展"这一大的课题，他让我结合这个课题来定博士后的研究方向，我当时就选了一个有关蒙汉经济文化交融的人类学研究的题目。重点研究的是清代中后期之后蒙汉农牧文化的交融。从清代中后期之后，内蒙古地区包括东三省的蒙古族地区开始从事农耕，就是开垦，搞农业。在此之前，内蒙古地区蒙古族还是主要靠游牧的生产方式，从事畜牧业，但是到了清代中后期发生了重大变化。到了清朝末期，内地的山东半岛、河北这些地方的农民通过闯关东的方式进入蒙古族地区，开垦的面积越来越大，进入蒙古族地区的内地汉族人口越来越多，这种情况下蒙古社会很难维持传统的畜牧业，它的农耕面积扩大后，草场面积缩小，所以畜牧业也迅速衰落。这样的情况下有一部分蒙古族开始定居，经营小范围的畜牧业，后来经营小规模的畜牧业也越来越难了，不得不开始转向农耕，蒙古人也开始种地。这就是整个社会的发展与变迁，生计方式和生活方式发生变迁，定居农耕成为必然的趋势。在这样的情况下，整个蒙古族地区的生计方式分成三种类型：一种是纯游牧地区，另一种是半农半牧，还有一种就是纯农区。蒙古族地区蒙汉杂居的地方，就是基本上畜牧业很少了。我重点研究了社会文化变迁，除了梳理它的历史文化以外，还选了一些不同类型的地方，做了一些调查。研究报告出来以后，费先生提出了一些修改建议，正式出版时费先生题了书名。这本18万字的《蒙古游牧社会的变迁》于1998年由内蒙古人民出版社出版发行。这本书的一些研究方法借鉴了费先生的《江村经济》《乡土中国》等著作的研究方法，在北大读博士后期间，等于多学了一个学科的视角和方法，也就是社会学的这个视角，还有人类学这个方法。过去我在北师大读民俗学专业期间接触过一些社会学和人类学的理论方法，但是系统地学习社会学和人类学的理论方法，还是在北大博士后流动站工作期间，受到费先生以及当时在北大工作的几位老师们的影响，所以北大这个阶段，对我的学术生涯来说非常重要。

王：谢谢色音老师，无论从宏观的还是从具体的微观研究都做了非常好的阐述，分享了您多年学术研究积累的心得体会。最后请您借这样一个平台，对我们年轻的学者们，以及新加入学会的学者，给一些寄语吧。

色：就国内而言，艺术人类学这个学科起步稍微晚一点，不过中华人民共和国成立之前，20世纪初也有一些学者研究原始艺术、图腾艺术等，有一段时期还可以，但是中华人民共和国成立初期到改革开放初期这段时期，艺术人类学这个学科的发展不是很理想，也有人在各自不同的领域做零星的研究，但是真正有所起色、有所发展，是近十年的事儿了。中国艺术人类学学会吸纳了很多年轻的学者，以方李莉会长为所长的中国艺术研究院艺术人类学研究所也培养了不少年轻学者，这些年培养的年轻学者已经成长起来了，是值得高兴的一件事情。他们现在也在发挥很重要的作用，包括学会的工作、秘书处的工作以及梳理国内外的艺术人类学学科发展的历程，在这个方面发挥了年轻人的外语优势，还有思维敏捷这样的一些特点，已经把国际上很多前沿的最新的理论方法翻译过来，介绍给中国学界。中国的艺术人类学学科水准目前来讲，跟世界一流的艺术人类学水准在同步发展，这是比较可喜的成就。下一步呢，希望这些年轻学者要广泛团结国内的同行，这个年龄层的一些年轻学者，要有一种团结、凝聚、包容的姿态来互相合作、互相促进、互相学习，共同促进中国艺术人类学的学科建设和学科发展，这是一个总体上的要求。那么具体到这个专业上的研究上，理论方法上已经有了比较好的积累，但是学科实际上还是不断在发展，所以还是要关注最前沿的理论方法。刚才我提到跨学科这个方法，它是将来的人文社会科学领域的一个大的发展方向，除了目前已经接触到的一些学科理论方法之外，还有一些像民俗学领域的表演理论乃至自然科学领域的一些学者用的最新方法，比方说数字地图、地理信息系统等，借助这些方法来研究艺术。此外，学风上要踏实，一定要踏踏实实地做学问，实实在在地去做田野调查，挖掘更多新的资料，发现一些新的问题，继续扩展丰富自己的知识面，掌握的知识越多，不同学科的知识越多，对艺术人类学学科的发展越有利，所以还是要坚持已有的学风，不断完善自己的学术规范，这样才能推动艺术人类学的理论创新和学科发展。

国际化与在地化的艺术人类学研究
——彭兆荣教授访谈[1]

王永健（以下简称王）：彭老师您好，很高兴能够在北京对您进行这次专访，来之前我做了一点准备，从知网上搜了一下，对您的访谈有六七篇。

彭兆荣（以下简称彭）：对，但是从艺术人类学角度的没有。

王：对，从不同的角度，如旅游人类学、文化遗产、饮食人类学这些方面，廖明君老师也从民间文化研究的角度对您进行过访谈。我本身在做中国艺术人类学的学术史研究，在我的《新时期以来中国艺术人类学的知识谱系研究》一书中，以重要的学者及其学术团队为关注点，您所带领的学术团队也在我关注的视野之内，我梳理了一些代表性的研究成果，尤其是您带了很多的硕士生和博士生，做了很大一批成果出来，我觉得这些都是中国艺术人类学发展历程中具有代表性的研究成果。所以我想从艺术人类学研究这个角度进行访谈，包括您是如何从人类学的角度介入艺术研

---

[1] 彭兆荣，男，四川美术学院"中国艺术遗产研究中心"首席专家。厦门大学人类学系教授（一级岗），博士生导师。中国人类学学会副秘书长，中国文学人类学研究会副会长兼秘书长，中国艺术人类学研究会副会长，北京大学特聘项目博士生指导教授，四川大学文学与人类学研究所教授。国家哲学社会（艺术类）重点课题"中国特色艺术学体系探索研究"首席专家，主要从事文化人类学、文化—艺术遗产研究。担任"联合国教科文组织（UNESCO）人与生物圈（MAB）中国委员会委员"，曾经代表中华人民共和国非物质文化遗产专家委员会参加"联合国非物质文化遗产缔约国政府间特别会议"，审议"非物质文化遗产遴选标准草案"工作。主持代表中华人民共和国文化部评选的国家级非物质文化遗产代表项目之一泉州"南音"向联合国申报"人类非物质文化"代表名录的项目工作。代表性著作有：《遗产：反思与阐释》《人类学仪式的理论与实践》《边际族群：远离帝国庇佑的客人》《人类学关键词》《摆贝：一个西南边地的苗族村寨》《文学与仪式》《旅游人类学》《生存于漂泊之中》《从苦力到巨子》《南方少数民族音乐文化》《西南舅权论》《文化特例》《东西方文化解析》《神灵文化与高原民俗》《渔村叙事——东南沿海三个渔村的变迁》《寂静与躁动：一个深山里的族群》。

究的、如何引领学术团队的研究、如何带学生、有哪些治学的心得与经验等。按照我的这样一个问题设计开始谈，然后有什么我没有提出来的，您再来补充一下。

彭：好的。

王：首先我注意到您的学科背景，从本科开始到硕士，您一直是在研究文学学科，外国文学。

彭：我从硕士到博士一直是文学，西方文论。

王：但后来介入到了人类学的研究，我从您的一些文章里，看到了这样的一个转向。

彭：对。

王：我想知道，您是怎么从人类学的研究介入到艺术人类学的研究的？或者是怎么去发现艺术研究这样一条路径，咱们从这个开始说起。

彭：我从大学本科到博士都是在国内读的文学，研究方向是西方文学和文明，所以我的博士论文是做戏剧与酒神，在北京大学出版了以后，最近要再版，其实一开始就是做艺术，就是看西方的戏剧是怎么产生的。在古希腊古罗马时代，"文学"（诗学）已经包含着艺术，我们今天所讲的艺术其实是被窄化了，对人类学者来说，在他们的眼里，艺术比我们现在大学的艺术学院学科的分类要宽泛得多。从我个人的研究，一开始其实就是做艺术，它只不过是在大文学里。因为你说戏剧，现在在我们国家肯定是戏剧艺术，我是从人类学的角度去寻找西方戏剧，特别是悲剧的酒神祭祀仪式。为此，我还专门到希腊去做过很详细的调查，包括去寻找酒神祭祀的遗址，去看、去丈量圆形剧场，现在我还去。当时只去希腊，后来我觉得两个地方不可以缺少：一个是埃及，因为古希腊酒神跟埃及是有关系的，它的原型是从埃及过来的，所以我去年还专门去了埃及。前几年又到了特洛伊，到了土耳其，所以即使到今天为止，我也仍然没有忘怀当年对戏剧与酒神关系的了解，这是从文学的角度来说的。但是，我20世纪80年代去法国留学，学的是人类学，其实我一直是脚踩两只船的，我在国内从大学到博士都是学习外国文学，作为较早的一批留学生，我在法国尼斯大学和法国国家科学院"华南及印支半岛人类学研究中心"从事人类学研究，后来去美国也是在伯克利的人类学系做访问学者，留学的所有经历都是学人类学的，所以我一开始就是脚踩两只船。

王：留学时人类学的主攻方向是什么？

彭：关于留学的主攻方向，我1988年就出国留学，那个时候根本没有人类学，所以当时还是国家教委，不是教育部，去留学的时候我填人类学，人家说没有这个学科，就把我放在什么新学科，人类学是新学科，去法国学的。我的硕士是在贵州读的，我看了很多的少数民族，很喜欢，也看到了改革开放不久，20世纪80年代初中期，一批西方的人类学者到贵州做调研，包括牛津大学、剑桥大学、伯克利大学、华盛顿大学，其中不少是我的朋友，比如张兆和、露易莎，后来我才知道，她是我的师姐，是伯克利的，都在那里做调研。我知道人类学很重要，我一边在读研究生，一边在做人类学。可以说，我与20世纪80年代初在贵州做田野的一批西方人类学家成为朋友，我教他们汉语，他们教我人类学。当时他们离开中国以后，一批外文的资料都留在我手上，所以你想，20世纪80年代初我就有一批外文的人类学的书和一批人类学的朋友，跟他们一起做田野可以说是很早的。我认为我的研究从来是超越学科的，我不会把学科当成是一个羁绊我甚至限制我学术的藩篱。我很早就喜欢人类学，所以去法国留学，就是希望能够从事跟我们中国有关的民族研究，尤其是跟西南少数民族有关的研究结合在一起。我最早在法国尼斯大学，后来不满意而离开，主要因为法国的尼斯大学人类学系主要是做他们的非洲殖民地研究，这不是我喜欢的。后来我转到法国国家科学院，有一个专门研究中国的，叫印支半岛及华南人类学研究中心，专门研究越南、老挝、柬埔寨和中国的广西、广东、云南这一带，在那里，跟我的法国老师一起做，就是希望能够回到中国来，就是这样。

王：您在西方留学期间，做的科研项目还是关于中国的研究对吧？

彭：对。我做瑶族研究，这跟费孝通先生有些关系。从某种意义上说，我是被费孝通感召的，因为费孝通调查的瑶族那一带我跑了20年，就是在岭南这条线，包括费先生早年的田野点金秀。瑶族是一个国际化的民族，所以又跑了越南、老挝、柬埔寨，然后又跑了法国的瑶族居落和美国的瑶族居落。

王：当时您跟费先生有交集吗？

彭：没有，当然我见过他几次，包括费先生的生日宴请，我作为厦门大学人类学系的代表去他家乡，尽管我不是他的学生。我也听王铭铭说，费先生读我的文章后说:"彭兆荣这个年轻人的脑子好用。"虽然他表扬我,但我跟他没有直接的交集,只是他的那种精神感动我、打动我。

王: 您在做瑶族研究的时候,切入点是关于瑶族的仪式,还是它的戏剧,抑或什么?

彭: 都做,当时我与费先生、王同惠做的是一样的,是做一般民族志,不像现在的人类学家大都是做专题,我当时是所有的都做。我在做贵州的一个瑶族村落,追踪了10年,写了一本书,就是《文化特例》。当年周星在北大,他有一次跟我说:"彭兄啊,你这本书,我是让我们的学生都要读的。"我说为什么?他说:"现在中国的人类学家有几个人去做一般民族志?"一般民族志所有的东西都要涉及的。做一般民族志很辛苦,你要在那里待很长时间。

王: 对,一般民族志方方面面都要涉及。

彭: 对,方方面面都要涉及,当时我做的就是一般民族志,包括《文化特例》,实际上村落很小,但所有的事情都要涉及,包括女人结婚啊、避孕啊、溺婴啊,这些都得了解。

王: 那还是比较全面。

彭: 对,这是一般民族志,现在我那些弟子不做了,太辛苦了,因为一般民族志你要在那个地方待很长时间,这样有些事情你才能见得到,见不到就做不了。你看西方的人类学博士要在田野点待一年,一年四季你全部要经历过,这样你才能做一般民族志,现在我们的人类学家、博士生谁在那里完整待一年啊,都是选择一个专题来做。

王: 您觉得留学西方的学术背景,包括在法国,后来在美国跟格雷本,这两段留学经历,对您现在从事研究产生的影响是什么?

彭: 两位西方学者都是大人类学家,我的法国老师是法国国家科学院的学部委员,相当于院士,他是印度支那及东南亚这一带研究的法国第一人,现在已经退休,他的中文名叫李穆安(Jacque Lemoine)。他对这一方面很熟,所以法国政府在制定印度支那这一带政策时,即法国的老殖民地的政策时都会去听他的建议,因为他很熟。早年我就跟他一起办国际会议,对我的影响很深。

王: 就是对于原始部落的研究。

彭: 到原始村落去做很深入的研究,我在法国跟他两年,后来我回到中国以后，我就跟他一起合作，一共跟着他做了八九年。再后来去美国，美国的老师格雷本（Nelson H.Graburn）是做旅游人类学，也做艺术、博物馆学，他现在是最著名的旅游人类学家，也是北美博物馆的馆长。他的博士论文是做因纽特人，所以莱顿的《艺术人类学》里头感谢的人里就有他。这就是我刚才讲的，艺术人类学我希望从人类学的角度来做，其实不是把它窄化，而是要把它宽化，因为人类学研究的对象经常是没有文字的，也包含着我们今天所讲艺术的范畴，比如说建筑、服装、图腾、面具等，都是生活的一部分。今天，文字民族都是通过文字来做，所以人类学家，像我的美国老师在做因纽特，当然会涉及它的原始艺术、音乐、舞蹈、仪式这样一些内容。

王：是的。所以说这样一些老师对您的治学产生了很大的影响。

彭：当然，我有我的逻辑，我有两个逻辑：第一个呢，我这一生留学了好几次，我弟弟是加入德国籍，我的女儿在加拿大也有枫叶卡，我是可以在德国、法国和加拿大留下来的，但是我就是觉得我属于我的国家，我属于这里，我不属于法国，不属于德国，也不属于加拿大，所以我不管走到哪里都得回来。我自己的知识一直是落地的，我这辈子也不会去到任何地方定居，去只是作为一个游客，只是观察者或者调查者，我有我的逻辑，这是一个，要回到中国的。第二个呢，我以前做西南少数民族研究，涉及旅游、饮食、遗产以及他们的文化，包括今天做乡村，都存在着我的一种忧虑，就是这些小的民族都是不容易留存下来的文化物种。我们对生物物种的保护，大家都很清楚，如大熊猫、藏羚羊。可是我们经常会忘掉西南这些难得留下来的、小的文化物种，在全球化背景下，交通被打开了，大众旅游进入了，大量的文化物种消失了。这个过程我是看在眼里的，也有幸经历这个过程，这个过程对这些文化物种究竟会造成什么样子的影响？所以，去做旅游、饮食、遗产，在很大程度上，我关心的是这些文化物种的生存和存续过程。

王：实际上您这个学术关注点一直是这些文化的变迁。

彭：是的。他们都说我的学术感知力很好，能够超前，包括那些乡村研究，其实都是无意的，就是我有自己的逻辑。比如说旅游人类学，中国的第一本书是我写的，第一本饮食人类学的书也是我写的，不是刻意去做，而是我预感到这些问题会对社会有重大的影响，所以我就去研究了。

后来我的研究成果出来以后，这些话题就开始流行起来了。我的美国老师今年上半年给我写了一封信，这封信很奇怪，他说彭教授你在西方留学，研究西方文明，去了法国、去了美国，研究了这么久，为什么在最近的这一段时间里，你回到你的国学研究，究竟是什么原因？我跟他解释，我是中国的人类学者，不管是西方文明，还是西方的人类学，我总是要用到自己国家问题的研究上，当我把西方的文明辛辛苦苦学到这个份儿上，可是回过头来一看，对自己国家的东西已经忘得差不多了，作为一个中国人，这个Mother Culture都不知道在哪里了，我觉得这不对。所以我从50岁开始，回到甲骨文开始读起，你去看我的书，很多从甲骨文开始，文明的两个源头得了解。西方文明的源头，不管是酒神、奥林匹克，搞得很清楚，中国自己的都不懂，那怎么可以，所以我现在就是两条线，从两个文明的源头开始读起。

王：对，我能感觉得到，因为我最近在读您那本《艺术遗产论纲》，我觉得写得非常好，里面涉及了大量的古代文献资料。

彭：这套书马上被译成英文介绍出去，这是我个人的东西。去年我拿了一个国家社科基金艺术学项目的重点课题，初评是全国排名第一。我对艺术人类学这一方面最近一段时间有一个很完整的思考。

王：对，我很想知道您的思考。

彭：因为你这个采访，我大概想了一下，有六个词组、十二个关键词。

王：我也很想知道您是怎么认识这个学科的？您可以具体展开谈谈。

彭：六个词组、十二个关键词。第一个词组就是原始部落，原始是时间，部落是族群单位。艺术人类学最早是研究原始部落的，这是人类学的天职，这是第一个词组"原始部落"。第二个词组是"文明体系"。第三个词组是"变迁守护"，变是会变的，所有的都会变，但变的中间要有所守，不能变就变掉了，所以是变迁守护。第四个词组是"区域形态"，人类学是讲local的、讲区域的。第五个词组是"交流融合"。第六个词组是"学科特色"。我大概想了一下，艺术人类学这六个词组、十二个关键词都不可以偏颇，都不可缺少。首先是原始部落，这是人类学研究艺术最早的，不仅是时间，因为人类学研究社会有个特点，就是在时间上是研究过去的，研究原始部落的，老一批人类学家都有研究的。博厄斯当然是最有特点的，他对北美西北海岸的印第安人做过专门研究。后来，美国的国家博物馆都请他去设计，包括他的弟子米德都参与。人类学家研究的是无文字或者是前文字社会的东西，当然这些东西都在里头，传统的人类学必然涉及。

王：这六个词组具有高度概括性，您可以具体展开谈谈。艺术是包含在早期的人类学研究中的，早期的人类学家虽然没有专门对艺术进行研究，但是艺术确实是研究中的重要一环。

彭：对，研究中总要去关注几样东西：音声、体姿、身体的表达、色彩、装饰、纹饰等，肯定在里头的，所以早期的人类学是研究这些的。部落——我们是讲早期的族群，所以时间和人群集结在这里，那么不仅是博厄斯做得多，还有泰勒、弗雷泽等人类学家都在做。

王：包括后来布朗做的《安达曼岛人》也是。

彭：对，很多东西都是我们今天所说的原始艺术，因为它没有文字，你总得去做，我觉得人类学、艺术人类学通过对原始部落的研究，某种方面对我们在学术研究上有一个好处，就是回归艺术的原生形态。我认为是这样，我们今天是把它窄化了，今天的大学科制是19世纪分析时代的产物，即大学学科化。人的生命很短，不足以研究这么多了，越来越细，越来越窄化了，那是不得已的。但是艺术人类学如果说对艺术有什么贡献的话，就是它返回到艺术的原生形态，这是很重要的。如果我们做人类学的要对艺术有什么贡献的话，就是返回到那个原始形态，这是可以出大成果的，很多大学者都这样，前一段时间我看张光直的《中国青铜时代》，你说青铜铸造是艺术吗？当然是啊。

王：对啊。

彭：青铜器，就是回归到原来的东西，包括叶舒宪教授在做玉的研究，他希望能够通过玉石重新解读中国的文明。

王：我看过叶舒宪老师在《民族艺术》杂志上对于玉石连载的文章。

彭：如果说人类学对我们今天有什么更重要的贡献的话，第一个是回归，而且重新去阐释整个艺术，把它穿起来，这是人类学做艺术研究天然的优势，其他学科没有，只有人类学，因为它就是做这个工作的。第二个，就是文明体系，就是我刚才讲到的原始部落包括两个概念：时间和单位。文明体系我认为也包括两个概念：文明和体系，不是一个概念，文明在人类学中间是专门研究的，文明跟文化不同，文明包含物质，特别是任何一个行业，某一个技术、新的技术发明以后，整个文明就提升了，比如说农业，你发明了机械，文明就提升了一步，而文明的类型跟艺术有关。"艺术"这个词在西方是从手，"arm"这个词是从手，art 的词源就是 arm，就是手，是手工、手工业，任何艺术都是 arm 的。那么文明形态呢？今天你一看就知道了，智能的出现、机器人的出现会怎么样，生产力跟着提升，文明其实包含了这些物质。人类学在谈文明的时候会把这些东西考虑进去，和文化不太一样。

体系就是不同的 system，比如说西方的艺术与中国的艺术不一样。我最近老在反思这个问题。我们现在大学里面的艺术专业没有一个遵守我们中国的艺术，这是令人非常遗憾的。中国是一个农耕文明的国家，中国的农业按照专家的史前考古材料，已经达到了一万年，是全世界最早的农业文明之一。中国古代的社稷代表国家。社稷是什么？社就是崇拜土，稷就是粮食。国家社稷其实就是指专门种粮食的国家，这就是农耕文明。中国的"艺"就与农耕有关系，"藝"这个字就是种田，上面是草，中间是执（执的大写），执是什么呢？就是拿着农具去种地，这个就是藝。我们今天讲的艺术，实际上都是从西方引来的，有没有回归到中国的农耕文明，这是一个很大的问题。不同的文明体系会造成对艺术完全不同的认知和体验，也会导致评价上的差别，从某种意义上说，我们今天的文化在艺术上，或许是被文化殖民最深的一块，比如说我们的绘画，传统的山水画，西方在很长时间里不认可，西方认为那怎么会是艺术，那就是玩的，中国文人画家自己玩的东西，因为山不像山、水不像水，什么"独钓寒江雪"，一个蓑衣人，人也看不清楚，哪里像西方的绘画传统？

王：文化不同，理解也就不同，中国的文人画是重写意的，西方的绘画是重写实的。

彭：西方绘画重写实，那个肌肉，你看达·芬奇都得去做解剖，所以以西方的那套来看文人画根本就不是艺术。

王：对，西方绘画是讲结构的。

彭：这个黄金分割是多少就是多少，muscle 在哪里就是哪里。然而，我们中国的绘画实际上是写意，不是写实，我们是讲意境，但是你的意境在西方是不被认可的，这就是不同的文明体系对艺术的认知和理解是不同的，属于不同的文明体系。文明如果包含不同的器物和物质在不同的阶段中间成长，会对整个社会带来文明类型的提升的话，那么体系的差异其实包含表述、认知和艺术上的重大差别。

第三个是变迁守护，就是所有东西都是在变的，这倒不是我们人类学讲的文化变迁，任何社会和文化当然是在变的，但是变迁中间一定要有守护，因为变迁随大流都走掉了，传统就没有了。我们自己不知道要留下什么，这就是费先生讲的文化自觉，文化自觉其实包含着坚守。因为所有的东西都会变，但是你要知道在变迁中要把什么留下来、什么东西可以随变迁而走、什么东西必须保持不变，这就是我们讲的传统的发明。

西方在这一点上特别有意思，我们刚才讲到西方的绘画，早期的时候，雕塑也好，绘画也好，都遵循写实原则，以最真实的手法表现。但是你看它什么时候发生了变化，是照相机的出现。照相机出现以后，那些画家突然觉得他们要失业了，你再怎么写实，我拍照总比你那个更真实。所以，照相机出现以后对传统的西方写实传统是一个重大的冲击，因为这些艺术家面临着要下岗。他们长时间追随、坚持的这么一个东西随着一个技术的出现而马上就变了。今天来看，什么抽象派、印象派，这些东西都好像不是艺术了，你把毕加索的东西和达·芬奇比一下，你会觉得怎么会这样，其实中间一个很重要的原因就是照相机的出现。艺术家在这个时候就强调，我们的艺术不仅是写实，而且是要有思想的，这个其实是他们既在夹缝中间生存，又是自己制造的一段历史，在那个变迁中间守住了他们的传统根脉。所以今天现代派的艺术，某种方面是摄影技术催生出来的，但是也把他们带到了一个文化自觉的高度。变迁的守护是一个非常重要的东西。西方很清楚这是它的脉络，照相技术也是他们发明的。

中国要守什么？比如说我几年前做唐卡调研，唐卡是佛教艺术，是佛寺里头的，今天已经变了很多，热贡是唐卡艺术之乡，在那里今天甚至有的用油印机在做，但是他们很清楚，不管怎么变，唐卡是信徒在佛寺里供养佛的东西。不管技术发生什么变化，他们自己很清楚，要守的东西一定得守住。在这个过程中，中国的艺术家对当代和未来看得太多，但往回看的不多，倒是有很多的西方艺术史家给了我们很多的提醒。比如我读到德国的一个艺术史家雷德侯写了一本书叫作《万物》，就把中国的汉字结构、青铜器铸造等叫作"模件"，我觉得他总结得特别好，他认为中国人事实上赋予了书法、汉字以全人类文明类型最早的模具化思维，今天全世界几乎所有的器件基本上都是模具化生产的，越复杂的越模具化。比如不可能一部车所有的零部件都是在一个厂家制造，电脑也一样，这个零件可能是在印度尼西亚生产，那个零件可能是在泰国生产，最后来装配，这就是模件化。他说中国人的思维就是模具思维，汉字和书法，一横、一竖、一撇、一点、一捺，然后"组装"起来，这些都是模具，它可以组装成各种各样的东西，中国人在发明汉字的时候已经知道了，可是今天我们高科技才明白这个道理。这是德国人帮我们总结的。

王：往回看有时候可以让人恍然大悟。

彭：对啊，变迁是一定的，没有任何人可以阻挡变迁，但是守护一定要用费先生的文化自觉。你一定要知道自己的东西在哪里，不要把这么好的东西都丢掉了，或者是让外国人给你说这么好的东西怎么能丢掉。这是第三个概念。第四个是区域形态，人类学其实是研究区域的，文化是由不同的区域构成的。就像我们讲烹饪一样，烹饪是不是艺术暂且不论，不同的区域有不同的饮食，你就知道了文化差异到底有多大。我的博士学位论文做戏剧，西方的戏剧来自悲剧，悲剧来自酒神祭祀，虽然后面不同的人有不同的看法，但西方在正宗的四大门类中一定有戏剧，而戏剧中间最早的一定是悲剧，悲剧是从酒神中来的，这是西方整个语言、文明一路下来的一个原点式解释。可是中国不行，中国戏剧在不同的区域、不同的族群就会有不同的东西，我们有那么多的地方戏，事实上都是生长于不同的区域。我认为区域和形态大概是构成中国艺术人类学最有贡献的一个方面，因为中国太复杂了，我们今天的艺术反而有一点点以类型化、学科化、标准化去覆盖这些东西。这个可能会有一种伤害，中国艺术人类学在区域形态方面一定会涉及。人类学讲究 local knowledge 和 folk wisdom，即地方性知识和民间智慧。中国艺术在这一方面应该也是可以跟西方艺术有很大不同的地方，也是最有特色的一个部分。

最后还有两个：一个是交流融合，主要是指中国整个艺术，包括艺术人类学所用的概念、工具，大部分都是近代从西方传过来的，这是我们要警惕的。我最近在做艺术研究的时候，一直有一个前提，就是"质洋"，顾颉刚有"疑古"论，我提出"质洋"，就是重新质疑西方进来的东西，因为近代二百年以来，中国太弱，西方的东西传进来根本就没有质检，而且都把它当成是好东西，有些东西到现在还水土不服，西方的东西到中国能不能用、好不好用，我们没有经过质检，很可惜。在当代，有很多的东西传进来根本就用不了，比如生态博物馆都用得不好，到今天为止都没有特别成功，就是因为西方生成的东西不是中国的土壤，包括"艺术"这个词。我经常跟他们开玩笑，我说你们"美术学院"有问题，他们问为什么？我说因为美院是翻译西方的一半叫 Fine Art，Fine Art 实际上是好的艺术，把它翻译成美术，当然可以，但是你们忘掉了一个问题，西方的 Fine Art 只是一个 System 的一半，我们引进的时候把 Useful Art 去掉了。事实上就是肢解、阉割了西方的概念，因为西方的 Fine Art 是相对于 Useful Art 而言的，包括它的审美、人群分类、社会价值，去看卢浮宫、大英博物馆，什么蒙娜丽莎、断臂维纳斯，这些东西都是没有用的，都是贵族和上层阶级玩的，你看不到它有用。Useful Art 呢？盖房子的、打家具的、打铁的，这些是 Useful 的，是劳动人民做的，在古希腊、古罗马就是奴隶和战俘干的活。也就是说，在西方，"美"和"用"是分隔的。中国恰恰是美用一体，Useful 和 Fine 连在一起，有用所以美，才是好的艺术。你看一下全世界的博物馆，只要有中国的一定有一个礼器专区，西方没有的，礼器专区的东西，就是美用的合成品，你看鼎，这些东西都是在礼器专区的。

　　王：对啊，包括青铜器家族这些都是。

　　彭：对，它们都是有用的，鼎啊，爵啊都是喝酒、吃饭、装粮食用的，然后变成最有权力的、最美的象征。这个问题在中国没有得到很好的检讨，就是用近代引进来的西方的东西来解释，没有把中国的融合进去，特别是我刚才讲的这些。所以我认为今天做艺术人类学研究的时候，有一个很重要的使命，就是对过去的、近代西方进来的东西重新质检。

　　王：包括这些概念。

　　彭：对啊，当然还有很多领域的问题，很多概念一旦厘清以后，就会发现很多问题，这个东西怎么我们就忘掉了，因为现在所做的 Fine Art，就是在做贵族的东西。

　　王：对，这是个非常重要的问题。这里边可能就是我们现在包括美术学院、音乐学院的课程体系设置里边，它没有自己本民族基本的美术理论或者是基本的乐理，它完全是西方的这个课程体系，你像音乐学院里面开设的是西洋的和声、复调、作曲课程，但同时又要求学生做民族化的东西，这本身也是一个问题。

彭：对啊，这是因为全球化以后，艺术作为人类共同欣赏的东西，确实是可以达到共享的层面，这也是艺术的"魅力"所在。但是你不管怎么去学西洋的东西，总是被别人评价的，交响乐还能够由你来评价吗？这个话语本身在人家那里，所以这就是在交流的过程中如何把中国的东西融合进去。

王：对。

彭：这是你刚才讲的，我们中国的东西有没有。

王：实际上我们有传统的民族音乐理论，但是它在大学课程体系里面是没有的。

彭：对啊。

王：现在一直在提民族化，比如让学生通过学习西洋的作曲技法、西洋的音乐理论，创作出中国本民族的作品来，我觉得这个好难，最直接的一个问题就是，它会用西洋的作曲技法来套民族的素材。

彭：这也就是我最后要讲的一个概念——学科特色。就是刚才讲到的，我们这个学科，一方面要世界性，当然西方的东西被全人类所接受，一定有它的道理，对不对？我们当然要学。但是，中华民族的崛起也不能只是用人家洋乐，中国曾经是礼仪之邦，有礼器，有礼乐，能够拿出什么东西被人家接受呢？所以，你刚才讲的学科的问题，就有一个艺术人类学怎么进入学科的中国特色的问题，这是一个方面。我刚才讲如果艺术是西洋的，美术都是 Fine Art，那中国的东西在哪里？中国现在的这些，包括青铜器的制造这些都变成遗产了，甚至被人家搞走了，你还不懂得怎么继承，这是非常可惜的。

我到日本民族学博物馆，有些中国的手工艺术的东西，很完整地保存在那里。比如说这个房子有特色，它整个调走，根本连拆都不拆，人家都把它当文物，我们自己却没有，这是你刚才讲的一个方面。艺术人类学讨论的这些学科的问题，除了把西方的东西留下来以后，中国自己的东西怎么附加进去，怎么把它恢复进去，然后使它有特色，再贡献给全世界。中国还有很多东西是可以做的，也不仅仅是少数民族的有些东西被当成是一种人家猎奇的对象，我们自己还很自豪，其实在某些方面还是有被猎奇的意味在里头，因为你自己并不太重视，并不去了解它的体系，不了解它的道理。所以，艺术人类学在学科重建方面应该会有很重要的东西，艺术其实今天也面临着事情与文字不同的问题，如果说今天的文字面临着电脑化、数字化的"侵入"的话，它顶多是回归一个图像，只是反映手段不同。艺术还真不同，艺术不仅可能思维变了、观念变了，而且原来我们辛辛苦苦建立的那些对艺术的范畴和边界都被打破了，材料也变了，所以今天全世界变化最大的可能就是艺术。现在都不能说那东西是不是艺术，因为都不能做出判断了。现在艺术没有边界，不要去设置什么，不知道这个艺术的构造是什么，锅碗瓢盆乱敲一下那是艺术吗？你不能贸然说不是艺术，现在有很多啊。仅以日本为例，艺术已经融入日常，出现了大地艺术祭、田园空间博物馆等新的表现与整合形式。我的弟子张颖对濑户内海、新潟越后妻有、青森田舍馆村进行了多点人类学田野考察。

王：日本艺术介入乡建的成功案例有很多。

彭：对。我问张颖这个概念。她说新乡土艺术不仅参与者的身份不设限，其表现形式也是活态多样的。在濑户内海和越后妻有，外来那些大名鼎鼎的艺术家的创作目标，都是尽可能达成与原住民生活经验、生命感知的一致共生。因而当地的农民或渔民、老人或儿童、男人或女人，自然成为外来艺术家的老师与合作者。青森田舍馆村的稻田艺术，更是直接把种地当成艺术，漂亮得不得了，艺术家身份被改变了，艺术家就是种田。这个在乡村振兴中可能也能用，就是农业如何艺术化。它的设计者是我们所说的艺术家，但真正的制作者都是农民，比如水稻什么时候开花、什么季节会是什么颜色，配合起来。现在身份、材料、观念、边界、范畴全打破了，艺术在未来的融合过程中间，某种方面它有一个最好的东西，它是最开放的，它不像历史、不像文学，还是有很多的禁忌，有的东西不可以超越，但艺术没有，所以中国的艺术人类学也得去面对。

王：对，我就觉得，艺术好像没有以前那么明显的感觉，社会发展到今天，艺术与非艺术的边界好像越来越模糊了，无法判断了，就像您刚才提的那个问题，好多艺术家现在到一个废弃的乡村里去做乡建。

彭：对啊。

王：这个农村可能没什么人了，可能老、弱、病、残留守在这里，这些介入乡建的艺术家甚至承担了一定的角色——乡村治理。

彭：对，而且现在的艺术家，有"艺术介入"的趋势，又跟旅游结合在一起。厦门有一个村叫曾厝垵，在某种程度上可以说是艺术家弄起来的，它原来是一个渔村，现在成了一个旅游区，艺术家的理念也在带动社会变迁。我觉得艺术人类学不管把眼光投向过去、原始，还是投向现在、未来，不管是重新去质检近代中国引进西方的，还是从中国传统的区域、民族的特点中去挖掘出来，在今天的时代我把它称为"歌舞升平"，繁荣的时代就是歌舞升平的时代，历来就是这样。歌舞升平从某种方面就看你的艺术，看你的歌舞升平发展到什么地步，如果仅仅是一种窄化的，或者是单一的，或者是保守的，我觉得都有问题。艺术人类学需要跟进。我知道中国艺术研究院是最好的，各个省区还有艺术研究所。

王：每个省都有艺术研究所。

彭：省、区的艺术研究所有所不同，不少研究人员原来是艺校毕业的，年轻时唱歌跳舞，后来老了搞不了了，就搞起科研，但是他们在这一方面是比较弱的。中国的艺术在理论、创新、学科实施的这种知识考古，特别是用人类学的视野进入了一个很大的天地，你们是中国最好的艺术研究院的基地，又有一个很好的艺术人类学研究所，我觉得大有作为。

王：是，我们要努力。

彭：我大概想了一下，就是这六组词组、十二个概念，每个概念都是很重要的。

王：非常好，我觉得您真是有备而来，做了非常好的准备。我还有几个问题，我再顺便说一下，就是我关注到您刚才提到的那个国家重点课题——"中国特色艺术学体系"，我很想知道为什么叫中国特色，而且您在第六点又提到一个学科体系的学科特色问题，我觉得对艺术人类学来说，学科建设也是非常重要的，我很想听您讲一讲，对于中国特色的艺术学体系您是怎么构思的？涉及艺术人类学方面，涉及整体方面，然后到具体方面我都想听一听。

彭：这个课题说起来很巧合，因为中国第一个非遗的重大课题（理论性）是我设标、竞标和夺标，题目叫"中国非物质文化遗产体系研究"，后来我到川美去了，那个课题做完了，书也出来了，我觉得很累。在这个课题申报结束的前十天，川美社科处把它发给我，我一看这题目不就是我前面重大课题的翻版吗？我只要把非物质文化遗产改成艺术学，加入艺术学的材料，不就好了吗？我就真这样做，初评居然全国排名第一。这个艺术学体系的研究，跟那个非遗体系的研究，我已经思考了差不多七八年，因为中国非遗的体系从我当时设计一直到完成课题，已经讲得非常清楚了，那么我想把它放在艺术学上面，当然会考虑到几个特点，我们国家做艺术的人很多，你们都在做艺术，包括艺术理论、艺术史。我作为一个学人类学的，跟他们会有什么区别？所以，我是将其分几块，其中有两块大概是他们能够做到的，甚至做得比我好的，我会做得比较弱，我会提到。但是有两项一定是他们比较弱，我比较强的，一个是区域，另一个是民族，我就直接用费先生讲的，中华民族的体系是什么？多元一体啊，你不能只搞汉族的对不对？那我就侧重区域和族群，这一方面是我跟其他人所不同的，我会刻意去做这两方面的东西。至于其他的，比如说我们现在大学的学科体系问题，这个分类的问题，这些我当然也会做，因为你说一个体系，得包含进来，但那不是我的强项，我就不会太侧重去做。我的这个体系在《民族艺术》上有全部介绍，就是这个里头的几个层次。我希望能够把它做成特色，因为它是中国艺术学体系，我会刻意在特色上去强调，我不会在什么是艺术、什么是艺术学、什么是体系上去纠结。什么是艺术？我不相信有人能把它讲清楚。艺术的边界在哪里？所以我现在不会太刻意地去纠结什么是艺术、艺术体系的边界在哪里，因为这是吃力不讨好的事情，但是我一定会有一个特点，就是中国的艺术特色是什么。我组织了一个大的团队来研究，差不多有40个专家。

王：队伍很庞大。

彭：那是。比如叶舒宪研究玉石，玉的艺术是中国独有的，中国特色的艺术。书法我也请一个，中国古代纹饰艺术，就是器物的纹饰艺术，当然琴棋书画都在里头。所以我这个课题完成了以后，明白人大概一眼就能看出来，这个确实是中国特点，西方没有的，我就把它放在里头，包括戏剧，甚至包括服装、扭秧歌都在里头，这些是中国的艺术，把这些有代表性的都收纳起来，就是中国特色的艺术，至于说怎么去建构它的体系、怎么规定艺术范畴，我相信没有太多人敢去讨论这个话题的。

王：那个好像太难了。

彭：今年初课题已经开题了，下半年我会组织一个会，这些人大多到场，我会把我的完整思路跟他们讲，然后请他们提意见，集思广益，讨论一个模型出来，大致按照这个模型去写，最后我再将它们收集起来。这几年我会把西方的，甚至某些国家的艺术学体系弄清楚，这里面包含着不同国家的艺术学体系的综述。我请了做非洲的、欧洲的、日本的、英国的、美国的学者，由他们去综述。

王：内容很丰富。还是通过大量的案例，是吧？

彭：对，案例是我的特点，因为我们做人类学嘛，民族区域和案例是我们的特色，我要去跟你们讨论皇城根下的北京艺术学科的东西，根本不是我的专长，我哪里比得过你们，我根本就做不了。

王：将来在这些案例的基础上会写一本总论吗？

彭：肯定的，这个将来出来以后肯定是一本好书，因为我都是用五年来完成，去年才下来，今年我们已经做过一次讨论，在我的课题中，民族是很重的，比如乐器，包括乐器的制作，你到新疆一看那个乐器就是他们的，这难道不是特色？多元一体，那个一定有的，当然以我的研究，不可能打包所有，但是呢，一看就是只有中国才有的。

王：突出中国特色。

彭：对，只有中国才有的艺术特色，大家一起协同作战，当然，我也有我的便利，20 年来，我带了 70 个博士、博士后，各种各样的研究都有，他们在各自的领域都很优秀。

王：是，团队作战，人文社会科学领域一般没有谁像您带过这么多学生的。

彭：我的弟子中做艺术的，只要他们愿意，都可以进入，比如有一个藏族博士生做羌姆的，就是宗教的面具艺术。有一个做色彩艺术，中国的艺术喜欢红和黄，中国红从哪里来？她去做，而且我们都是有很扎实的田野经历的。当然也有我的朋友，叶舒宪是我的挚友，他做玉石，我们中国玉石的艺术怎么来表达？它怎么跟天人合一？他最有发言权。

王：很不错的设计！最后，我想请您介绍一下，您所带的学术团队的一些研究情况，以及您是怎么带学生做田野的和这些基础研究的？您再给我们讲一些研究的心得和经验，我想听听这方面的东西。

彭：我大概有两项指标在我国人类学的博导中名列前茅：第一个指标就是我带的博士、博士后的数量。第二个指标是招收民族地区、西部地区博士生中我可能在最多之列，我的弟子集中起来，可以开一个大的民族研讨会。

王：从这个数字来看，您在国内算是比较多的了。

彭：肯定的，大的少数民族都有，藏族、蒙古族、回族、满族、壮族、彝族、土家族、苗族、水族、布依族、柯尔克孜族、朝鲜族等民族，而且有的民族有好几位，这个或许是全中国最多的。第二个我敢说第一的，就是所有的弟子，特别是近10年，他们的田野点我都亲临现场指导，包括在海外我都去。我自己定了一个很痛苦的信条，就是博士弟子的田野点，你不到现场就没有现场感，在指导论文的时候可能会有一些隔阂，所以我希望能到现场，在现场指导他们，这是我指导我的学生的特点。还有一个特点就是在教学上，选择论文的题目上，我从来不强迫让弟子做我的课题，包括我也做过很多课题，什么重大课题，都是他们自己挑，除非他们自己愿意选择。

王：这样可以充分发挥学生的自主性和创造性，也有利于调动他们的积极性。

彭：对，我有自己的原则：第一，他们自己选课题，选完以后，我再跟他们来商量，这个问题有什么优势、有什么缺点、有什么不足，我不会去命题让他们去做什么。第二，我会告诉他们做博士学位论文的时候应该考虑的几个因素，比如你们学的专业，硕士学位论文做的是什么，尽量使能用的资源用上。第三，自己最喜欢做什么。第四，这个领域的研究在国际上走到什么地步。第五，毕业以后要做什么工作、要开什么课题。第六，我希望他们能够在交叉学科中找到一个小话题。如果能够在博士论文完成以后成为一个小山头的山大王，上面的旗帜写着你的名字这就OK啦。每一个弟子的博士学位论文都是一个工程，甚至我的弟子今天已经做博导了，还赖在我身边不走，他已经习惯了跟导师一起，这是我如何设计博士论文的过程。所以，我的弟子的博士学位论文千奇百怪，有做宗族、做仪式、做村落、做跨境民族的，这些都是人类学传统的；也有做铁路、做矿物、做博物馆、做饮食、做酸食、做米线、做银饰、做猎人头、做茶叶、做景观、做葡萄酒、做面具、做色彩、做木偶的，另外做艺术的也很多，各种各样。

王：这真是，涉猎面太广泛了。

彭：我真正的教学方法，也有一套嫡传的，就是怎么做学问。我分四大方面：第一方面，就是学会做资料。他们都说师父你好会写文章，几天就写一篇。我说你们以为师父就那么不认真啊，你们可以说师父这篇文章就用几天写的，但是我也可以跟你们说师父这篇文章是用了30年写的，因为我从读硕士的时候就开始做资料，那时候的资料现在仍然可以用，所以一定要学会做资料。第二方面，学会培养问题意识。第三方面，学会做田野。第四方面，学会写文章。这四个方面形成一个段子，我让他们背诵，每一个层面都有三句话。我差不多做了20年的博导，也形成了一套教学的方式，我不敢说我的弟子都是很成功的，当然也有废品，废品加引号嘛，也有很优秀的，这个在哪里都一样。

王：您这一套写文章的方法很实用。

彭：我是比较用心，这几点在中国人类学的老师中我相信是有特点的。

王：是。非常感谢彭老师，今天下午我们收获非常大。

彭：收什么获，你给我下一个指令，我还准备提纲。

王：真的，有些东西实际上是在文章中看不到的，但是在您这种给我们的口传心授中，我们领悟到了精神，领悟到了精华。

彭：因为人与人的交流是靠真诚。

王：对。

彭：我辛辛苦苦地带这些弟子，这些弟子大部分都是穷孩子，少数民族的，培养他们，然后就是自己安安静静地写书、读书。我跟我的弟子也是说，你们博士毕业以后，特别是做了副教授以后，你们的学术成就有多大，已经不是拼学术、拼学问了，拼的是人品、气度和格局。

王：是啊。

彭：这时候该拼人品了，比如说你的人品高、气量大，你现在想的问题一定不是个人的问题、个人的得失，你一定会想到普遍的问题。如果大部分人都想写这个文章，对我有什么好处、拿课题我得多少好处、得多少钱，做这种考虑的话，他的学问特别到博士毕业，到副教授以后，就不能往上走了，就是因为格局不大。我是接触过一批大师的，包括费孝通，我其实可以写一大批大师的经历的，费孝通、李亦园、萨林斯、格雷本、李穆安、乐黛云这些我都有接触，有的很亲密，他们都有一个共同的特点，那就是非常谦和、气度非常大，因为他们想的问题一定不只是个人的问题。

王：对，格局很重要。格局不大，视野宽不了。

彭：对啊，因为想的总是自己的，所以那个时候比的不是你有多勤劳、多勤奋，也不比你学问有多高，就是比你的人格和气度、格局。

王：对。

彭：我现在回归乡村，很辛苦，跟这些非常优秀的孩子们在一起，包括很多志愿者，我真的是很快乐，但我连课题都不去申请，这个课题如果我申请的话有机会得到重大课题，乡村振兴我已经做了五年多，跑了数十个村落。党中央提出乡村振兴战略是宏观的，习主席说过："中国要强，农业必须强；中国要美，农村必须美；中国要富，农民必须富。"讲得多好。乡村振兴包括中观和微观的许多问题，还包括乡土元素，需要我们踏踏实实地到乡村去做。

王：对，这是社会发展至今必须面对的一个重要课题，但是应该如何去做需要接地气的学术研究先行。

彭：对啊。学者一上去就开始申报，我把这个村变成高尔夫球场、我把那个村变成足球场这种小课题，这个链接怎么去链接，我现在天天在想这个问题。党中央乡村振兴，其实希望我们学者去帮助提出乡村振兴中的一些问题，我们有些学者是不想的，就没有想到党中央提出那么宏观的决策，我们做的什么中观、微观的问题，连问题对接都没有，这个课题对接什么。如果你能够急中央之所急，急国家之所急，乡村振兴主要的内容包括什么？主要面临的问题是什么？比如说自古以来的两大问题：一个是农贫问题，另一个是生态问题。这是历史留下来的两大问题。

前几天我到昆明一个很大的图书城去买书，但是找不到一本农业专题方面的书，我找他们的负责人，我说你们这边有没有农业方面的书，她说还真没有，农业方面的书如果有的话，顶多就是一两本关于家庭怎么种花的。我就在想，一个几千年的农业大国，一个以社稷为本的国家，在一个昆明这么大的新华书店竟然没有一本关于农业方面的著作，这是行政之过啊。行政在制造一种价值，让这些孩子们、年轻人知道读农业是没有出息的。当然我们不能怪新华书店，新华书店进书是要卖书的，书卖不了，它就赚不了钱。这是时尚正在制造一种价值——农业没有用，这是很大的一个问题。那你就知道了为什么会农贫，这当然还有很多。我最近写了一篇文章叫作《乡村振兴落实线路图》，清清楚楚的，乡村振兴宏观问题是什么、中观问题是什么、微观问题是什么、乡土元素是什么。

王：现在比较热点的话题一个是"乡村治理"，另一个就是"一带一路"。尤其你出国去看,就感觉这个"一带一路"倡议非常好,但是我觉得研究工作应该在"一带一路"实施之前,尤其需要一批人类学家到各个国家去做田野研究,然后研究成果出来了,你再依据这个研究成果去做具体的、接地的蓝图部署。

彭:对,你说得非常准确,从道理上来说,应该是学者,尤其是人类学家把之前的调研、材料准备好了,在充分调研、深度调研、充分评估的基础上再去提出,但现在的情况是国家发展太快了,有的还来不及做深度评估,所以我们都是尽量地补充。

王:对,有时候没有先行的研究作为依据和参考,决策实施过程中不一定那么对路。

彭:对,我之所以去做乡村振兴,一个原因就是城镇化。

王:是的。

彭:像乡村振兴,我们赶快去做,其中的问题有历史的,有现在的,也有未来的。

王:是,确实很值得做。今天您给我们分享了很多有营养又有思想光环的东西,对于我们后辈学者是非常值得借鉴和学习的,回去后我会好好整理,并尽快消化吸收,再次感谢彭老师的支持。

跨界与融合：民族学与艺术人类学研究
——王建民教授访谈[①]

王永健（以下简称永健）：非常感谢王老师今天能给我这个机会当面对您进行一个专访。我本身在做中国艺术人类学学术发展史，您也在做人类学民族学这个大学科的发展史。我拜读过您的一些著作，您这个团队在中国艺术人类学30多年的发展历程中，我觉得是绕不开的一个重要的学术团队，产生了一批具有影响力的学术成果。因此，我想把访谈和您团队的学术成果梳理结合起来，这样两方面互补起来，对学术史的写作可能会更完整一些。我了解了一下您的学科背景，您本科是在陕西师范大学读历史学专业，后来在硕士博士阶段选择了民族学专业，当时您为什么会选择从历史学来跨专业报考民族学专业呢？我们就从这个问题开始谈起吧。

王建民（以下简称王）：其实有点偶然，原本是做历史学，从大学二年级开始做新疆地区史，因为从小生长在新疆，做新疆地区史的过程中

[①] 王建民，男，汉族。1957年生于新疆乌鲁木齐市。中央民族大学教授，人类学专业博士生及硕士生导师，中央民族大学民族艺术研究院常务副院长，中央民族大学"985工程"中国当代民族问题研究基地民族学人类学理论与方法研究中心副主任、教育部重点研究基地中国少数民族研究中心专职研究员。是"国家百千万人才工程"第一、二层次的人选、北京市高等学校（青年）学科带头人、国务院政府特殊津贴获得者，并荣获宝钢优秀教师奖等多项荣誉。先后任哈佛—燕京学社访问学者、法国高等社会科学院访问教授、法国里昂第三大学高级访问教授，兼任国内多所大学和研究机构兼职教授、研究员、中国民族博物馆特聘专家、国家民委《国务院清真食品管理条例》起草领导小组顾问等职。曾任中央民族大学民族学系副主任、国际语言文化学院院长。先后担任中国艺术人类学学会常务理事、中国民族学学会副秘书长、理事，中国都市人类学会常务理事、副秘书长，国际人类学民族学联合会2000年中期会议组织委员会副秘书长，第十六届国际人类学民族学筹备委员会委员、美国哈佛中欧亚研究学会会员等。主要研究方向为人类学理论与方法、艺术人类学、新疆民族历史与文化等。先后主持多项国家哲学社会科学基金项目及部委级科研课题，并参与多项国家和部委课题研究及政策咨询工作。主要代表作有《中国民族学史》（两卷，其中下卷合著，云南教育出版社，1997、1998年）、《人类学历史与理论》（译著，第一译者，华夏出版社，2006年）等。主编艺术人类学译丛（广西师范大学出版社）等。

看了很多的史料，做了研究。陕西师大的图书馆是一个很不错的、藏书量很大的图书馆，在西北可能是首屈一指的，特别是方志方面。读本科的时候，我就把有关新疆的方志类的东西都看了一遍，还比较认真地做了笔记。这些方志里边更多是清代的，都是汉文方志，所以那时候就看一看《皇域西域图志》《钦定新疆识略》等清代新疆文献资料，当时就开始对清代的新疆地区史感兴趣。研究新疆地区当然离不开民族，离不开在新疆的各种各样的文化。开始做这个方面的研究以后，是在差不多大三的时候，做这个方面的研究，准备本科论文。于是就跟新疆大学刘锡淦教授等人联系，他们要招新疆地区史的硕士生。我就按照他们的专业方向设定，准备硕士研究生考试了。暑假的时候我就把我写的论文初稿拿给他们看，他们看了以后很满意，也给正在筹建的新疆师范大学的人看过，他们看了以后也觉得很不错。在准备考试的过程中，到冬天考试快要报名的时候，我收到新疆大学刘锡淦教授的来信。那个时候的通讯都是靠写信，他给我写一封信，就说他们没有拿到学位点，所以没法儿招生。因为那个时候研究生招生刚刚开始，大概是1981年底。

永健： 高考刚刚恢复没有几年。

王： 1981年正式开始评审学位点，新疆大学没有通过。我一想这怎么办呢，毕竟是准备了，没有硕士点怎么考呢？我的母校陕师大当时也没有这样的方向。于是我就去查目录，发现中央民族学院招民族学专业，有一个方向叫新疆民族研究。看看考试科目，除了政治外语之外，要考汉语，包括古汉语和现代汉语、中外通史、新疆民族史志。我毕竟是学历史专业的，专业课前两门科目已经学了三年多，第四个科目"民族史志"也不是太大的问题，因为搞新疆地区史，与民族史关系密切。就是这个"志"到底是什么搞不明白。那个时候也没有什么书里有解释，中国古代的这个"志"的概念和新疆民族史志的"志"的概念是不是一回事？当时招生的是陈永龄和朱宁两位教授，我就给朱宁老师写了封信，一般来说，招生目录里写到后边的老师可能是做些具体事的。写了信以后，朱老师就给我回复了，说明"志"主要是讲各个民族最近和现在的情况，因为我们那个时候讲历史一般讲到1949年就不往后讲了。基本上就照着这个复习，之后就考过来读民族学。当然也是一个逐渐转变的过程，因为我们那个时候的民族学还是比较偏民族史，和今天的民族学很不一样，和今天的人类学更不一样。在这样的研究背景下，在研究新疆民族历史的同时，我就开始做一些关于新疆当代的调查。不过，我的硕士论文其实还是写的历史，写的是清代哈萨克的东方贸易关系，还是一个偏历史学的研究，只不过要把民族学的维度加进去，关注哈萨克与清朝政府和东方各民族贸易的这种关系对于中国哈萨克社会、对于清代的新疆社会和哈萨克族文化产生了什么样的影响，这就需要考虑民族学方面的内容了。把历史文献材料收集整理之后，这就是我最后要讨论的主要问题。我是用历史文献来呈现这种变化，当时从清代中期的贸易开始一直到清代末年民间贸易的发展，最后到民众生活的变化。这样的讨论基本上就可以说历史学逐渐地和民族学结合了。

永健：对，那就是等于从历史学跨到了民族学专业，实际上历史学学科的功底还是对民族学专业产生了很大影响的。而且我想知道的就是，这种历史学的功底对您后来做艺术人类学研究，是否也产生了影响？

王：当然是有影响的，因为历史学的训练可能会让我更关注一种纵向时间轴的关系，就是社会文化现象变化发展的过程，这是历史学对整个中国民族学、人类学的影响。所以在中国学术界，特别是民族学界，以前的传统里边是比较重视历史研究的，重视史料，重视纵向的发展和变化。所以早期的民族学、人类学的理论像进化论、传播论，在中国学界会被比较快地接受，而且观点很容易用在研究中。后来人类学里边有关过程论的观点，对中国学界来说接受起来是比较容易的。这也影响到我后来做学科史，做学科史的时候其实也是想把这个历史学和人类学结合起来，从方法到对问题的思考。对于艺术人类学研究领域，我也有这样一种观照，就是每一个艺术现象，我们要关注什么问题，关注它的纵向的变化。我们今天看到的艺术，并不是简单地说"活化石"之类的就可以得出的结论。当然，这也与研究人类学的学科发展史、探讨人类学理论的变化过程有关系。由此，知道早期的进化论范式出了什么问题。在此基础上，更多地从个案出发，今天看到的那些民族民间艺术，甚至很偏僻的少数民族地区的艺术，其实都不是一成不变的，它都有一个发展变化的过程，并不是说有一个版本从古代到现在，就一成不变，直接继承过来的。所以很早之前我就比较警惕"活化石"这样的说法。当然，我们中国艺术人类学会开会的时候，看到论文里边到现在为止还有人喜欢这么说，觉得这是一个很好的词，但是他不知道用词背后的理论观照。所以在艺术人类学的研究中，我们要注意文献史料这样一些材料的使用，就是艺术人类学研究应该注意历史学方法的采用。同时需要注意的是，我们要警惕过去的，特别是我读书那个时代的历史学可能存在的一些误区。这个误区是什么呢？恰恰是对于可能是过去的历史学科、对于事实的过度相信，相信史料里讲的就是事实。当时我们没有注意，其实历史从来都是人书写的，可能是"事实"，但只是人们从特定的角度对于发生的，而且是记述者所获悉的"事实"的一种理解和表述，其实并不是真实的历史本身。当然，我们过去好像对此认识得不是特别清楚。我们今天的艺术人类学和历史，特别是艺术人类学和艺术史之间的关系，应该说是非常密切的。因为艺术史在很大程度上是对艺术的历史维度的观察和思考。当然在这样的思考中，尤其是最近几十年，特别是在国外，艺术史和人类学应该说结合得很深，专门有以艺术史为主的一些学者集中在一块儿开会，会后出版的文集题目就叫作 The Anthropology of Arts，就是一种复数的人类学。这样的一个思考，我觉得挺有意思的，值得我们去思考。

永健：对，我也认为历史学的视野在当下的艺术人类学研究中是非常重要的。正如您所说，就是在往年开年会的时候，提交的论文每年基本都有200篇左右，仍然存在着只关注共时性研究，平面化描述的文章，原因就在于没有历史学视野的观照在里边，而且有时候甚至是一种猎奇式的、发现式的写作。

王：对啊，我们现在有的学者还是把少数民族地区、边疆地区，甚至包括内地乡村，看成是自己遥远的过去，而且是一个定格的过去。以为这个地方就是过去的一种样本、一种活化石存在。这是一种倾向，还有一个就是你刚才讲的平面化，也就是说，他只看到了当下的存在，在时间轴上没有去考虑这个存在是怎么变化发展而来的，当下人们的行动怎样受到他们的历史记忆的影响。现在的行动是对传统的一种追溯、对于文化资源的一种利用，对这些东西可能有的时候我们的研究不太够，观照不够。当然，在文化的现实结构上也是存在着平面化或者扁平化的现象。

永健：对，实际上在做个案研究的时候，应该把研究对象的历史发展变迁做一个梳理，这是非常必要的。还有一个问题我也很想知道，就是您在中央民族大学民族学与社会学院，因为这个学院本身是一个以民族学和人类学、社会学这几个学科为主流的学院。您当时是怎么另辟蹊径地走上艺术人类学这条研究道路的？这种选择背后的原因是什么？

王：其实是这样的，我自己最有特色的研究专长是中国人类学民族学史，就是学科史，同时在做学科理论与方法论的追溯。但是，人类学发展也有另外一面的挑战或者说另外一面的任务，就是怎样去发展人类学的不同领域。这个不同领域我们把它理解为不同的研究切入点，也许有人用分支学科的概念，当然认真地想，更多的应该是把它看成一种研究领域。人类学的理论和方法必须用在不同的领域中间，所以说这就是"General Anthropology"与不同的"the subject of Anthropology"，或者说不同的"the field of Anthropology"之间的关系。不同的领域在研究上就需要有一些扩展。当然，这是为了使这个体系更加完善，因为大家都在做不同的研究。有些时候我们岁数稍微大一点的老师，还得给年轻老师创造空间，我上过的课里边也有应用人类学，包括我自己也在做这方面的研究。最早是我上"应用人类学"这门课，但在20世纪90年代后期就给年轻老师了。

从1995年开始，中央民族大学民族学系推行教学体系改革，改革以后就有了民族学、人类学的主干课程，同时有了不同研究领域的课程。当然，有了不同研究领域的课程以后，我最早就把应用人类学这个课程让给做应用人类学的年轻老师来上。我也讲了很长时间的心理人类学，后来又有老师来，虽然我自己也还做一点研究，但也把心理人类学的课程给了他们。目前艺术人类学这门课还没有给别的老师来上，我就还在上这门课。当然，我自己也在重点做艺术人类学的研究。相对来说，心理人类学在我们这里做起来有点难度，因为目前我们学院没有一个心理人类学的实验室，没有相关的一些软件。一些比较大的软件，尽管会存在工具适用的问题，在心理人类学有关文化与人格关系的研究中多多少少还是有用的。在心理人类学研究中有一个人格分析软件，叫作明尼苏达多项人格问卷（MMPI）。20世纪80年代，国内就已经把明尼苏达多项人格问卷翻译成了中文，但是有一个适用性的问题，因为人格的测量总是和特定的社会文化有关。在一个社会文化中怎么看待、怎么评价人格是有差异的，包括语言转换带来的问题。他们也做了明尼苏达多项人格问卷的修正版，但这个修正版的译本也在尝试着用。不过，国内做这个的多数是心理学研究领域的人，人类学真正从工具层面介入得比较少。所以我们学院一直没有买这个软件。心理人类学想要做好当然也需要有一堆人去做，不是一个人能做的，因为需要大量的数据，没有一个团队来干这个事，恐怕是弄不成。

因此，在这种状况下，我们可能需要做一些新的东西。艺术人类学是一个挺重要的研究领域，这个领域里我会把力量放在人类学方面，大概有五个方面的内容。第一个方面，是艺术人类学在国际人类学界中的位置和进展。国际学界对于艺术方面的研究从20世纪80年代中期以后应该说有了长足的发展，这样的过程恰恰是与对人类学学科的反思和批评结合在一起的，很值得关注。我们怎么通过研究跟上国际学界的最新动向，并且能够与之对话呢？这不只是一个研究艺术的问题，最核心的还是一个研究人类学的问题。第二个方面，可以说是我们当下的需要、国内学界的需要。从国内艺术人类学整体的发展来说，我们的队伍其实是由不同学科的学者组合而成，有人类学的，有艺术学的，有文艺美学的，等等。不同方面组合而成，当然各自发挥自己的学术传统和优势。但是，同时是不是也存在什么问题呢？就是艺术人类学研究的需求不仅是人类学，对于文艺学或者艺术学和文艺美学两个领域需求也挺重要，希望能够在艺术学和文艺美学研究中更好地去发展艺术人类学这个领域。当然，这个领域的研究和我们刚才讲的人类学学科自身对艺术的研究是合拍的。也就是说，通过对艺术人类学的研究来重新反思艺术研究和文艺美学研究的问题，如审美人类学的提出恰恰是对于过去的美学研究的一种反思。因为过去美学研究最大的问题恰恰在于西方中心主义美学观。我们现在要重新研究美学这个领域的话，首先要摒弃中心主义美学观。怎么摒弃呢？不是说一说就可以，更多地在于我们需要通过研究实践来摒弃，明白西方中心主义美学观的问题所在，这个时候，审美人类学或者说艺术人类学研究的重要性自然就凸显出来了。

永健： 是的，传统美学的研究范式是强调哲学化的抽象思辨和逻辑推演，很容易走进就艺术而论艺术的瓶颈，尤其西方中心主义美学观的影响是非常大的。长期以来，艺术研究中也存在这样的问题，如何突破这样的问题，人类学提供了一个全新的视野，尤其在方法论层面具有革命性的意义。您接着说吧。

王： 第二个方面是从艺术学和文艺美学的学术发展需要来说的。第三个方面，实际上也是一种为了学生培养的需要。因为现在招生比较少，学生来了以后研究什么呢？如果我们的方向是一个很宽的研究方向，这个时候会出现一个问题，就是说每一个学生的志向不一样，感兴趣的问题不一样。我通常招学生，会更在意学生愿意做什么，而不是我让学生做什么。如果说学生愿意做什么的时候，我要做的事情、学生的意愿都要考虑。我希望学生做的事情和学生的意愿不相符时，其实是有些问题的，影响到我与学生的交流和学生们相互之间的交流。我从1995年开始招硕士，每个星期会找一个时间跟学生聊一聊。1999年，我从哈佛—燕京学社回来以后，就专门定了每周三个小时，我们叫 office time，参照国外的博士生研究生培养的 office hours。但是，如果你是一个开放的 office hours，让学生来登记的话，和中国多数学生的特点不符。且不论没有教学助理、没有一个固定的空间提供给教授与学生谈话。在国外，office hours 是限定每个人的时间的，比如哈佛大学每15分钟一个时间段，需要提前预约，约完以后，助理会给你安排时间。教授每个星期有几个小时的 office hours，有的两个小时，有的四个小时。如果我们有 office hours，当然非常好学的学生会很好地利用这个机会，但是很多学生大概只有到他论文快写完的时候，才会来找你，其他时间就不一定来找你，没有找老师讨论问题的习惯。我们上课的时候问学生有什么问题他都不愿意讲，别说他专门来找你讨论了。所以我采取的办法是结合中国学生特点的 office time，每个星期三个小时，无论硕士、博士，甚至包括博士后，都集中在这个时间段一起讨论。

永健：把大家集中在一起讨论，像 seminar。

王：是的，就像读书会 seminar 那种感觉。当然不一定说每次大家都读同样的东西，而是把需要和老师讨论的问题放在一个集体讨论平台上，我也让学生们参与讨论，然后让大家知道其他人在做什么。

永健：对，这非常重要。

王：当然这里存在一个问题，就是如果一个人做经济，一个人做法律，一个人研究少数民族文化保护等，比如说同一届同学，且不论这里边还有硕士、博士，在校的学生如果有十几个的话，这十几个人分别有七八个关心的领域，那怎么讨论呢？没法儿交流了呀，是不是？主要还不是能不能指导的问题，我一开始招博士的时候招的就是文化人类学理论与方法。后来就出现了这样的状况，就是某一个同学说的事，其他同学根本不关心，因为他平常没有想这方面的事。当然，每一个人类学家应该是更全面的，我们培养的学生应该是更全面的。但一是时间，二是现在的这套机制，实际上每个人都有其专业方向的倾向性，所以这个时候干脆我们直接走进艺术人类学这个领域。适当地聚焦，希望形成团队研究的凝聚力，集体来解决一些问题，我也申请一些项目大家一起来做。如果是完全不同的领域，比如我现在申请到的这个国家社科基金艺术学重大项目，能够参与这个重大项目的没有几个人，甚至一个学生也没有，因为他们的研究领域跟其他人可能完全不一样，所以我们有了艺术人类学这样一个研究方向之后，就比较容易聚集力量，比较容易让大家有一个交集，有一个交接点。

永健：实际上是艺术人类学的统合性打通了学科之间的壁垒，使大家都能参与进来。

王：对，共同参与。我们因为有重大项目，2018年博士生招生的时候，我还在招生简章里有一个附加条件，就是最好之前有相关的研究。

永健：在这个领域有一定的研究基础，直接能进来。

王：对呀，就是进校以后你得参与这个重大项目研究。当然我本身的研究方向已经限定在了艺术，然后我们再限定关于新疆。人类学专业本身对于认同的研究与这个重大项目——"一带一路战略中的新疆民族艺术与国家认同研究"可以很好地结合起来。2018年进校的话，2020年底项目要结项，基本上我的博士生可以全程参与，包括硕士生也可以参与这样的项目。

永健：对，这样规划非常好，学生进校后可以直接进入课题，在课题的研究过程中不断进步和提升，而且可以在课题的宏观框架下讨论相对集中的问题，这是非常好的机会。

王：是吧？这样的话大家能够有更多、更深入的共同研讨，因为有的时候这个领域相对来说聚焦以后，除了关心一般的 General Anthropology 的问题以外，也可以把对于 General Anthropology 的思考、对于 anthropological theories 的思考放到具体的领域里来开展，这跟我们前面说的第一点、第二点就能结合起来。第四个方面，我们也考虑学生们的毕业去向这个现实问题。这其实也挺重要，一方面是人类学引起了越来越广泛的关注；另一方面在艺术人类学领域，至少最近这一个阶段，人才的需求还比较紧迫。怎样能够让我们的学生经过一段时间的训练以后，硕士生毕业，除了继续深造以外，可以到不同的部门不同的岗位上去工作，像杂志社，偏文化艺术的杂志社去做编辑，那肯定可以胜任。因为艺术人类学本身涉及的领域稍微宽一点，也比较热门一些。学生也可以到那种比较 fashion 的杂志去当编辑，或者到文化公司里做一些策划，文化传播、艺术传媒类的公司都可以去。对博士来说，不光是人类学方面，因为中国大陆人类学民族学的专业相对来说还是比较少，也没有变成高校的公选课。当然，就需求来说，我认为绝对需要开设公选课，中国的大学生都应该上人类学的课。

永健：对，实际上应该在高等教育里面开设这样一门通识课。

王：对呀，高等教育的通识课要学人类学，但是目前来看还是有挑战的。

永健：在美国是这样的，人类学是通识课。

王：是呀，Anthropology 绝对是通识课，或者说是 Art Education，是人文教育的基本课程。所以文化人类学概论的科目，有些教材直接叫 Humanity，就是人文科学。这个 Humanity 就是 Introduction of An-thropology，或者 Culture Anthropology。但这个科目我们目前还没法儿把它变成一个通识课。所以我们一般的人类学人才的培养，其实出路是非常有限的。我们交叉一下，除了人类学，我们国家的艺术院校是如此之多，艺术教育甚至有一些过度膨胀，现在可能有一点供大于求。

永健：已经过剩了，现在艺术类专业已经是比较难就业的专业了。

王：对呀，不管怎么样，学校得为这个专业充实师资。那做这个领域的学生，就有可能到艺术类专业去当老师，或者做研究人员。因为这一方面的专业建设如果不加强，这个专业就有可能会被淘汰。

永健：对，现在的突出问题是艺术专业里搞研究的人才是比较缺乏的。

王：对呀，甚至有些大学艺术理论科目的课都开不起来。

永健：对，理论课没人上。

王：对啊，临时找一个术科的老师来照着念书不行。这样的一种状态没法儿应对教学、学科检查评估和未来的发展。维持这种低水平，最后培养出来的就是一大堆高学历的中专生。

永健：实际上对于高校学科建设和科研水平的提升影响比较大。

王：是的，艺术高等教育，从中专到高等教育，其实缺乏仔细的思考，缺乏更深入的系统化的研究，艺术高等教育和中专教育有什么区别？整个课程体系有什么不一样？教学理念有什么变化？有的高校在指导思想、教学理念、培养目标、课程体系上都没有什么变化，难道只是学历证书变了吗？

永健：学历变了，然后学习的时间长了。

王：时间长了。

永健：但是内容上有什么变化呢？目标上有什么变化呢？

王：对呀，没变化，包括教学方法，是吧？教材其实有的时候都没什么太大的变化。本质性的变化缺少论证，没有把艺术高等教育和艺术中等教育的阶梯拉开，好点儿的艺术中等教育的技能水平，毕业了比那个差点的艺术高等教育的水平可能还要高。我们现在高等艺术教育里边最缺的是对艺术本身的理解和认识。说句实话，如果按照现在某些人对于艺术的理解来说，艺术技能好点儿的中专应对人才需求已经足够了，对不对？那这么多的高等教育应该干什么呢？

永健：这实际上是非常重要的一个问题，就是定位和目标应该非常清晰。

王：我们刚才谈到艺术高等教育的发展，其实就是我们说的第五个方面，就是未来我们国家艺术高等教育的发展到底怎么办，可以从艺术人类学这个领域去思考，去充实它、改变它。现在的艺术高等教育为什么会出现供大于求呢？有两个方面的原因。一方面，确实培养规模比较大；另一方面，培养的人才比较单一。这个单一就是培养的是艺术术科人才，而不是对艺术全面理解和实践的人才。培养出的人其实是单边的，往往只懂艺术实践部分的术科。随着社会的发展，人们对于美好生活的愿望越来越充实，不再是吃饱了穿暖了就可以。什么叫美好生活啊？这个美好生活绝不是说吃饱肚子，穿着不冷就行。其实美好生活恰恰有我们想讲的对于美好的期待，当然这个好，也许在某种程度上是生活质量的不断提高，但生活质量不断提高，又离不开美。

永健：对啊，党的十九大提出社会的主要矛盾已经发生了变化，是人民群众日益增长的美好生活需要和不平衡不充分发展之间的矛盾，这是全新的转变。

王：就这一点来说，我们说人的道德观、价值观，在很大程度上和宇宙观以及审美观联系在一起，道德观、价值观不是孤立的。不是说钱越多越好，而是怎么过得好才是好，而过得"好"里边，美是少不了的。

永健：是的。

王：当人们对美好生活的愿望在不断提高的时候，我们需要很多的人围绕所谓"美好生活"做些事，无论是实践还是理念。我们未来的实践需要越来越充实的理论才行，这个时候它才能够填充这些需要。应当从这样的一个需要出发，去思考我们的学科、我们的艺术高等教育未来的可能性，甚至说艺术高等教育其实也是和人类学所强调的 art education 直接相关的。人文学科为什么在英文的概念里面，它是 art education，art 应该占有地位，它本身强调这个东西。目前的问题是还没有做好。

永健：对，我想起了袁行霈先生在北大人文学科文科的总序中的一段话，他说："与自然科学或社会科学相比，人文学科的成果，难以直接转化为生产力，给社会带来财富，人们或以为无用。其实，人文学科力求揭示人生的意义和价值，塑造理想的人格，指点人生趋向完美的境地。它能丰富人的精神，美化人的心灵，提升人的品德，协调人和自然的关系以及人和人的关系，促使人把自己掌握的知识和技术用到造福于人类的正道上来，这是人文无用之大用！国家的强盛与否，将来不仅要看经济实力、国防实力，也要看国民的精神世界是否丰富，活得充实不充实、愉快不愉快、自在不自在、美不美。"我想这个"美不美"是很有深意的。

王：对呀，除了文化的观念以外，文化的感知和表达形式这一方面应当关注什么？所谓文化的感知和表达形式中非常重要的一部分就是艺术，所以艺术在人类学观念里是表意文化。作为表意文化的艺术是人们对所在自然环境和社会环境的一种感知，同时是人们感知、思考和理解了以后所进行的一种表达。这个表达不能只是写文章说话，还有身体的实践，是经由 body 呈现出来。所以当代社会为什么那么强调 embodiment，文化的东西要靠艺术呈现出来。我觉得艺术人类学的重要性大概是这样几个方面，能够让我们对艺术人类学有更多的考虑。当然这个考虑不仅仅是我个人的专业方向的事，可能更多的还是一个学术的思考，既有理论的观照，也会更多地去考虑具体的现实，让理论落地。

永健：对，我觉得挺好的。您从 20 世纪 90 年代末开始做这个艺术人类学研究，我关注到您于 1998 年到 1999 年在哈佛大学燕京学社做了一年的高级访问学者，您能不能谈一下当时国外艺术人类学研究的状况，以及对您进入这个研究领域的一些影响。回国后，您带领团队做了系列的译介工作，我觉得这几套译丛对于学科建设是非常非常重要的，而且我发现您非常注重学科建设，从2003年开始在中央民族大学设立艺术人类学的硕士招生方向，2006年设立了博士招生方向，所以这方面我也想请您谈一下。

王： 我是这么想的，这其实不是一个单独的艺术人类学的问题。1995年搞教学改革，北京大学在1995年也办了社会文化人类学的第一届高级研讨班，国内的人类学学科有了一个更大的发展。但我希望学科的发展不是自吹自擂，也不是闭门造车，学科发展本身就是和国际学界的发展力争同步的。所以在这样的背景下，比如说学科史的研究，我便很注重和国际学界的交流。我做的是中国人类学民族学史，做出来以后也是给国际学界提供一些材料，我的《中国民族学史》一书在美国主要的研究型大学的图书馆里都能找到。前一段时间我一个大学同学到哥伦比亚大学去，他到图书馆看到书架上有我那本书，然后拍了一张图片发过来，说："建民兄，你的书在哥伦比亚大学的图书馆里。"当然这是一种国际性，比如说前些年美国南加州有一个社会人类学研究的群，群里边有一位叫Eugene Cooper的朋友，中文名字叫顾尤勤，前两年过世了。他在世时，四五年前的事儿，有一个美国的博士生问他，想了解中国最近有关人类学民族学研究的情况，除了阅读英文的材料，还应该了解什么？顾尤勤在群里回复说："应该找Jianmin Wang教授，找他聊一聊。"因为我跟顾尤勤熟，也跟他讨论过，也送给他我的书，他也看得懂中文，所以他对那个学生说，你找Jianmin Wang就明白了。所以我们本身也是一个国际交流。包括应用人类学方面，我也和美国应用人类学会当年的会长联合写过一篇论文，我是第一作者，他是第二作者，讨论中国应用人类学的研究状况。这是一篇英文论文，最早是因为我硬要去他们大学演讲，他让我讲一讲中国应用人类学。

永健： 这个会长叫什么名字？

王： 俄勒冈大学的人类学教授John Young，中文名字叫杨江，他听完我的讲座之后，就说你这个讲得很好，我们可以把它发展成一篇论文。我先把它翻译成英文，后来我们有一些讨论加进去，就联合发表在美国应用人类学会的杂志 *NAPA* 上。当然，作为应用人类学其实也存在这个问题，如何与国际学界进行交流、同步。所以我们今天的艺术人类学的一个最大的特色，就是和国际学术的密切交流，相对来说，民族学领域就会稍微弱一点，这种交流就没有那么密切。因为民族学领域中有些人多多少少还有一点更关心民族而不是更关心这个学科的倾向。对于艺术人类学研究，从一开始我就是比较关注国际学界的研究状况。到哈佛—燕京学社是因为条件非常好。哈佛—燕京学社那时给我发的 ID 是 officer 的，你可以到哈佛大学的图书馆里去借书，哈佛大学总共有 90 多个图书馆，借书数量是没有限制的，一次借 50 本都没关系，只要你能拿得动。如果不是教学用书，你在书架上放多久都没关系。当然如果有些书是你借完了，别人也想借，库里边又没有，图书馆会发一封提醒邮件，问你能不能把那本书赶快还回来。现在有新的读者要借这本书，把它还回去就完了。

永健：很不错。

王：是啊，当时有很多阅读。哈佛—燕京学社给每个访问学者每月几百页的免费复印指标。中国学者可能太喜欢做学问了，有些去了图书馆借来书之后，那个复印机就 24 小时开动，但后来因为复印机受不了，就设定了每人每个月的限额，在限额内复印 Free，作为我们访问学者的一种福利。这种访问学者最主要的任务之一就是要获得更多的学术信息，再加上书店买书，我从哈佛回来的时候，12 箱子的书走海运，这是最便宜的邮费，花了 426 美金。

永健：是的，在 20 世纪 90 年代，400 多美金不少了。

王：那个时候我的那个量还不够装一个集装箱，如果装集装箱，可能算起来更便宜。走了差不多三个月，书到了以后，弄一辆车到北京海关去提货。光是这些复印资料，就有 130 多本，当然不都是艺术人类学，整个人类学领域，包括中国研究，因为有一些书买不到。人类学的书包括从教科书到我所关心的各个专业领域的。当然也有一些是朋友送的，就是做中国人类学或其他的人类学研究的，包括心理人类学方面的一些书。

永健：所以说与国际接轨很重要，如何接轨呢？首先就是占有足够丰富的国外学界的资料。

王：嗯。我在培养人类学专业博士、硕士的过程中发现学生现在读的东西太少，想让学生有更快的进步，学生怎么进步呢？当然应该去读英文原著，问题是有的硕士生他读不懂英文，包括博士阅读的速度也是有限的。当然得从基础抓起，从本科生开始，得让他们读到更多的东西，所以在翻译介绍上我们也是努力地去做一些东西，在中央民族大学出版社也做了，在民族出版社也做了，我自己另外也主编了几套丛书。第一套是跟王铭铭合作，那会儿他还在中央民族大学担任"985项目"中心主任时，就开始做，我们都参与其中。后来他走了，我们要修订的时候还是要自己来做这个事，做了"西方人类学新教材译丛"的修订版，也做"艺术人类学译丛"。我们也做中国本身的学术经典，重新整理和编印，在民族出版社出的"20世纪中国人类学民族学经典丛书"，最近这两年结束的。未来希望有新资助计划，目前已经出了大概十种。把一些老先生的著作给整理编辑一下，如果不做编辑整理的话，对于一些学生来说读起来会很难。这样的话对整个学科有一个促进。为了向前看，我们不仅是要向外看，我们还要向回看、向后看，过去做了什么，我们要好好总结。这样的话，这个学科才能够有一个正确的、大概更少走弯路的路径。

永健：对，您这样一说我就更明白了，因为您讲自己求学、留学的经历，包括现在做的这些事，就贯通起来了。您从这个中外学界密切联系的角度去做学科建设，是非常好的。接下来，我们来谈一下艺术人类学在人类学中的学科定位，您认为对于艺术人类学的学科建设，最亟待突破的重点和难点是什么？

王：对于学科定位，实际上就是说如何去看待艺术人类学这样一个学科，我曾经写文章谈过艺术人类学的学科定位，从艺术人类学研究来说，无论国外还是国内，其实都包含不同的，至少三个大的方面，人类学研究的、艺术研究的，还有美学研究的力量介入其中。这三个方面都对艺术人类学这个领域是有需求的。当然，因为大家来自不同的方面，所以对艺术人类学的学科定位就会有不同的立场，就会有不同的对艺术人类学的界定，还包括一个人们对人类学本身的认识不同，这样定义就更加复杂。比如说易中天，他就会定义说艺术人类学从狭义上就是关于艺术发生学的研究，当然后来他也特别声明说他所说的人类学不是学科意义上的人类学，而是马克思主义的人学，他对艺术人类学的一些定义和人类学的立场是有明显差异的。当然这个事可能还不是那么简单，更进一步说，我还是愿意把艺术人类学看成人类学的一个分支学科。

永健：是的，秉承不同的学科立场对问题的认识会产生差异。从中国艺术人类学研究领域而言，构成研究主体的主要有人类学领域、艺术学领域、民俗学领域、美学领域的学者，都在使用人类学的研究方法进行艺术研究，但是在具体研究过程中，会各有侧重，也不可避免地会从自身学科本位的立场出发。

王： 当然有人主张是交叉学科，有人主张是新兴学科。我想如果更稳妥一点，为了避免歧义，应该把艺术人类学看成是人类学的一个研究领域，有一定特殊性的研究领域。为什么说是研究领域？避免有时候一说分支，它就容易被独立了。当然艺术人类学研究发展得越来越蓬勃，没有什么不好，但是独立以后容易与人类学之间的关系发生变化，就容易离开人类学。有几位教授都在讲，包括杨民康、方李莉，都在讨论艺术人类学和人类学母学科的关系。为什么会出来与母学科的关系，就在于我们先把它定义成了分支学科，然后在发展过程中发现有时候它跑偏了、跑远了，所以要强调一下和母学科的关系。如果在这样的一个立场上，是不是不要过多地强调它是分支学科，而只是一个研究领域。不要让它当成一个分支，觉得自己是一个单独的学科，这个时候就不是母学科的关系，就是作为人类学的一个研究领域，对人类学的东西必须要熟悉，必须要掌握，那是基础。

包括我自己带学生的时候也出现这个问题，有一些学生把艺术人类学考虑得非常特殊，甚至有点单列出来的那种感觉，"我是学艺术人类学的"，我便告诉他学艺术人类学，你不学人类学吗？艺术人类学是人类学的一部分。我自己带的是人类学的研究生，有些学生也会出现这样的偏差。出现偏差以后我分析，我自己也有问题，因为我在说分支学科，所以我开始警惕了。最近几年，我不说分支了，也不提艺术人类学是分支学科了，提了之后的结果恰恰是让包括学人类学的学生觉得艺术人类学是另外一个东西，所以与其这样，还不如就把它说成是专门的研究领域。而且严格地从人类学的学科构成来说，人类学是两大分支：生物的和社会文化的，在社会文化人类学里边又包括语言人类学、考古人类学和文化人类学。其实仔细梳理，如果我们说的是语言人类学、考古人类学的话，其实也不一定是分支，可能也是人类学的一个专门领域。那这个时候狭义的文化人类学或者社会文化人类学，一定是生物人类学两分的吗？生物的是不是应该有更多的社会文化，社会文化的是不是不要忘了生物呢？

永健： 没有截然分开，其本身是相互联系的。

王： 有的时候这个学科的分类啊，是试图把学科的体系说得更明白，但有时候太多地考虑分支，已经忘掉了学科整体的体系。所以，从定位上而言，把它理解为有一定特殊性的研究领域会更好一些。

永健：这样表述会更确切一些，也更好理解。

王：可能也会面临学科延展性的问题。其实这个怎么定义没有什么大问题，主要是定义完了以后，自己行动时，别人阅读、理解时，又会文外生出新东西。

永健：对，因为这个定义可能很容易跟学科的分类对应进去，你是一级学科底下的二级、三级学科什么的。

王：其实我们更重要的是怎么做研究，而不是怎么立山头，对吧？

永健：是的，我觉得可能将来更好的发展趋势就是大家要淡化学科边界，突出问题研究。

王：对啊，所以我觉得你刚才问到这个关于艺术人类学发展的一些问题，可能就算是问题之一。

永健：是问题。

王：艺术人类学这一研究领域的发展怎么跟国际学界同步、跟 General Anthropology 的研究同步、跟人类学理论与方法的发展和变化同步？

永健：对，这个是非常重要。

王：这是一个大问题，这一块要做不好的话，我们的研究有可能就会出现内卷化的状况。就是你的东西越做越精细，但最后精细到你不知道自己在干啥，没有向外的一种观照，划了一块地当自留地，用篱笆圈起来当自己家的园子，自己家的园子里边又划，划完界以后又变成小园子。一个一个的小园子，地盘越来越狭窄，种出来的东西能是什么样呢？虽然我们耕作得越来越细致，但是越来越特意化，反而是一种退化。接受外来的东西越来越少了，视野越来越窄了，越来越自说自话了。目前整个学界多多少少都有这个倾向，不光是我们这个领域。这是我们说的第一个方面。第二个方面是艺术人类学怎么样基于艺术，从艺术出发，艺术的形式、作品、艺术家的实践、艺术展演的场景、艺术市场的具体流通环节与过程等，就是从艺术的不同方面入手。我们的研究怎么发现作为这些特别的领域，或者说文化现象，能够呈现出来的对于社会文化现象的一种思考、一种启迪。以前的人类学研究对艺术的观照是不够的，在人类学反思之前，虽然一直有延续性的研究，但是这个观照还是有点欠缺。怎么样才能够有一个更系统、更深刻的学术观照？在此过程中，我们怎么样从艺术人类学研究的实践中有新的发现，有更深刻的思考？这个思考是可以直接去回应 General Anthropology，甚至回应整个 Social Sciences 和 Humanities，整个人文社会科学。对理解人类社会与文化有新的帮助，在艺术这方面的研究需要我们做得更多。

永健：对，实际上也是对于其他学科，包括人类学的一种价值贡献。

王：对呀，艺术人类学研究不能只解决这一研究领域内部的问题，所以得避免这种过度的内卷化，避免自说自话。要让艺术人类学领域的研究能够对于人类学乃至整个人文社会科学领域，应该有所贡献。我们刚说艺术人类学是具有一定独特性的研究领域，从这个独特性、特殊性出发，我们有什么贡献？我们需要对艺术进行更加细致的田野工作和观察认识，理解，然后阐释，才能够更好地去对更大的方面有贡献。就中国艺术人类学目前发展的一些问题来说，如果从刚才说的内外两个高度去思考的话，我们可能有做得不够的地方。要看每一个去做研究的人他是怎么想的，他如果想的只是把这个事描述清楚了。当然通过调查研究把事情描述清楚是必要的。我们也会发现有些人在这个环节上，首先就出问题了，比如说调查不成功。有时我们看着是一个个案，但是仔细一读，好像材料并非通过田野调查得来，大概就是收集了一些地方的文字材料，在文献资料基础上拼贴出来的，这可能是第一种。第二种情况，可能也到那个地方做了调查，但这个调查的过程中可能就是听人家简单讲了讲，把讲的这些情况写下来，没有问题、没有思考、没有更深入的调查。

永健：对，实际上就是没有系统的规范的田野的过程。

王：可能人家跟你说的只是给前一个调查者，甚至说做政府非遗材料收集的工作人员已经说过的话再给你重新说了一遍，在这样的基础上做艺术人类学个案的时候，显然材料是不够的，很难有新的知识贡献。这个时候我们这个学科怎么进步呢？在田野调查中能不能够通过我们的民族志工作去扩展，走出这种资料困境，使田野调查更深入，就必须多加思考。田野调查深入了能够解决很多问题，但是田野调查过程中又有理论、方法论的问题，怎么在不断地研究中提升理论和方法论方面的思考，如此这般，研究的学术性就会越来越强，艺术人类学的发展才有可能变得越来越好，实现刚才说的对内、对外两个方面的思考，才能真正做到深入研究和探索，但不是只为了深入而深入。"深入"我想得更多的是向外的问题，想的是跟国际学界交流的问题。这样中国学界的学术对话能力才能够真正提高。

永健：挺好的。还有一个问题，就是除了学科建设之外，您带了一批学生，硕士生、博士生，形成了一个很好的研究团队。您在指导研究生做田野的时候，具体怎么做的？也可以说说您的学术团队的学术风格、研究特点。您认为在做田野的时候，什么样的田野是比较规范的？

王：我们在人类学人才培养训练的过程中在做一些工作，比如我从1995年开始就开了"人类学研究方法"课程，到1997年，我们有了人类学专业硕士点和博士点。从2001年起，我开始带博士。我一直在上"人类学研究方法"这个课，我们有人才培养方式方法的探讨，包括已经编写的国家社科基金成果——《中国本土条件下人类学方法的研究》，这本书正在出版中。在这个过程里面，我也就思考怎么样培养学生掌握研究方法、怎么样让学生真正有准备地去做田野调查。不是说 be there 就是田野调查，必须要懂人类学研究的套路，方法论、认识论，同时知道方法、实践的程序，再加上个人在田野工作中的创造性研究，对研究方法有思考、有新创造的这样一些东西。这样的研究训练中，我采用了更强调课堂训练的方式。但其实不一定都是用这样的方式，这不是人类学田野调查人才培养或者说技术培养的必由之路。美国一流的研究型大学通常不会按部就班地讲人类学研究方法。当然，我们给博士生从这个学期开始，开设性质是研究方法课，这是研究生院要求的。本来这门课只是在硕士阶段开设的，到博士阶段基本都掌握了，学生去做田野就行了，最多增加一些专题讨论。现在让你开设这个课程，那怎么办呢？我们也开始把它开成一种田野工作技术兼思考讨论的课。现在这个课更像一个 Critical Ethnography（批评民族志）课程。批评民族志这样一种方法使得我们更多地对民族志研究中的一些问题提出来做思考和讨论。这个学期我就在尝试做这样的一种让学生先读书，读完了书以后提问题。当然有些学生是做过田野了，做完田野以后提的问题就会更深入一些。我在考虑博士的课程要对硕士生阶段有一个超越。硕士生我采取的就是给他们讲基本的一些认识论、方法论问题，然后多讲研究程序，每一个程序应该干什么。博士生也有这些任务，毕竟有些博士生是跨专业过来的，没有时间补修那个课，也需要照顾一下。但是，我在思考的是方法论层面的东西怎样进入博士生的课里面。通过人才培养训练，在学生做田野的时候，我就会说：你的田野调查准备得怎么样，你的研究计划怎么样？比如说开题报告审查就是要严格的。理论准备怎么样？现在博士生培养已经有资格考试，资格考试不通过的学生是不可以开题的。当然开题不通过也不能做论文，做完论文以后也有预答辩，预答辩不通过就不能提交匿名评审。

永健：整个设计是比较全面的，这些审查措施是非常必要的，同时是一个保险措施。

王：对啊，最后是论文答辩。我们强化培养的每一个环节，我们也要求博士生必须做六个月以上的田野。目前，我们人类学培养方案里面已经提出了，将来博士生要实行弹性学制，4—7年，那就必须做一年以上的田野，那就不是一年了，而是一年以上，一年是底线。

永健：那学生下去做田野的时候您亲自下去指导吗？

王：不一定，因为学生也是去不同的地方，如果没有特别的项目支持，也不一定每个学生的田野点我都去，但是有一些是去看过，去跟他们一起讨论过。其实主要还是他们自己去做田野，比如2018年要毕业的一位博士生，她是在西藏阿里做田野。她去的有一个地方托林寺我也去过，也只是走马观花，但是她去的另外那个田野点，那个更偏远的地方我就没去过，我也没有更多的机会和时间专门跑一趟阿里到她的那个点上去。因为从阿里狮泉河到那个田野点还有很长的距离，还要走好长时间。再加上我也不太懂藏语，而她是学了藏语的，是用藏语调查的。所以我也要求学生语言方面能做得更好一些，掌握这个语言，至少能跟人家初步地交流，不然人家说什么你都听不懂，那就不好办了。包括有时候我在哈萨克地区，我做调查的时候会找翻译，但是翻译如果有什么事没给我翻，我也还是听得懂，就是大的意思我听得懂，但是有一些细节、词还是不太懂，所以我会找翻译。当然我们那个时候读硕士、博士没有那么好的条件学习语言，我读博士的时候学外语都是到北外去学，我们学校甚至没有专门给博士生开的外语课，因为我们那届全校就三个博士生。

永健：是的，这里边有田野的特殊性。您那会儿确实是精英式教育。

王：当时学校总共只有几个博导，而且每个导师还不是每年招生，所以当时就没有这个条件去学习更多的语言。读硕士的时候学过一点维吾尔语，也是课程量不够，练习也不够，但还是初步地掌握了。后来因为新文字废止，阿拉伯字母文字看不懂了。现在的学生我就要求他们更好地学习语言，调查的时候在语言上面能够做得更好一些，所以真正深入调查的学生基本上都能掌握当地语言，不一定是标准化的民族语，而是当地方言。

永健：那很不错，但确实是有难度的。

王：我的学生刘冬梅在昌都调查，掌握的是藏语的昌都方言，得用昌都方言跟当地人交流，不能用拉萨话。她对昌都方言的掌握当时甚至比拉萨话好，就是比一般的现在规范化的藏语还好一点，我也这样要求一些学生去新疆做调查。

永健：您简单说一下，您对于这个学科发展、对您这个团队的布局，还有你们团队取得的一些有代表性的成果。

王：也不好说是刻意地布局。因为在人才培养时，也得考虑学生的需求。学生的需求是什么样的，我们得从学生的条件和需求出发去培养人才。包括他的兴趣，刚才我们说了学生的博士论文、想做什么，那我们得根据学生的兴趣去琢磨事儿，去设计研究计划。招生不是你想招谁就能招谁，我们现在采取的还是考试制度，不是考核制。如果考核制的话，我可以选择，我觉得谁这方面研究不错，基础不错，然后经过考核认为这个学生可以做。但是考试制的话首先得能够考上才行。你再有想法，考不上也没法儿更多地参与其中。当然你在其他地方工作也可以参与研究，这个课题也是开放的。但是学生们能不能够有意愿、有条件来做这样的研究是个问题。所以这块有的时候也不一定完全地刻意布局。但是，我相信按照我刚才说的这个学科的理论和方法论方面的要求，按照学科规范培养，当不同的学生在不同的地方去做他自己的研究又做得还可以的时候，其实自然就形成了一种布局吧。比如说在民族大学，研究少数民族的同学会多一点。除了我自己的研究之外，从湘西的苗族，到贵州的布依族、侗族、苗族，重庆秀山的土家族、苗族和汉族，广西的壮族、瑶族、四川的羌族，有些学生在做，之前也有学生到云南的不同族群中做过一些研究。再到西藏、新疆、东北、山东、山西，还有法国、新加坡、俄罗斯，都有一些做不同论题研究的。从近十几年与艺术人类学相关的研究说，秧歌、祭孔乐舞、二人转、查玛、花灯、地戏、绺巾舞、鼓舞、宣舞、池哥昼、唐卡、农民画、剪纸、苗绣、银饰、鼻烟壶制作、木偶制作和木偶戏表演、家具木雕、花馍、花糕、蓝印花布、喉音音乐、民间歌队、城市少数民族艺人、民间花会、节日仪式、乡村越剧、城市演艺厅和慢摇吧表演，还有景观改造、芭蕾舞剧《红色娘子军》复排、旅外画家、艺术品市场、博物馆，等等，都做过博士和硕士学位论文。

学生本来就对东北二人转感兴趣，想要做二人转相关的人类学研究，那就讨论一下怎么做二人转，做城里边的还是乡村的。经过讨论，徐薇就在黑龙江做乡村二人转。当然有一些甚至是有些无奈，学生有自己特殊的情况。比如说李红岩，做辽宁大学赵本山艺术学院人才培养的研究。因为这个学生是辽大教外语的老师，就在本山艺术学院上课。同时离岗去做田野调查的可能性又比较小。要到民间乡村社会做田野，辽宁大学方面不太同意，学校说脱产学习一年半以后必须回来上课。那怎么办？只能边上课边做田野调查，在困难的条件下尽量采用可能的办法来做田野。

永健： 在职读博确实不容易，但是选择一个适合自己的个案很重要，这个案例对她来说可能更熟悉，也更容易做出来。

王： 对呀！比如说王静做的是辽宁蒙古贞地区的查玛，她在辽宁大学获得了民俗学的硕士学位，这理由是她的家乡，读博时去那里做田野比较方便，也就顺利地写成了。车延芬做的是曲阜祭孔乐舞。因为她本身就是泰安人，离得近，做田野方便。也有做更近一点的地方的学生，李东晔研究天津意大利租界改造。因为她从小就在天津长大，对那里很熟悉。意大利租界改造还能找着一些人，还能把事情问清楚，那个租界最后没拆完时就去做了，这样就有很独特的东西了。有些同学读博士期间正好有出国机会，和我们一向薄弱的海外田野民族志研究结合起来，又有一些很有意思的题目。比如说张金岭读博士期间在里昂交流一年半，是法国里昂三大和我们学校联合培养，双方授予的学位。拿了学位以后，他后来到北大去做博士后。他在做里昂的中国性（Chineseness）研究，就里昂的文物商店、艺术品店、街道景观和相关遗址，法国人怎么看怎么想中国？赋予了中国什么样的特性？当然就有很多表征性的东西，也是和艺术连在一起的。另外有两个同学，冯莎做留法的中国艺术家研究，秦政做里昂的一个周末艺术品市场的研究。阿嘎佐诗读博期间正好去新加坡陪读，干脆就在新加坡做研究。因为新加坡的民族国家塑造很有意思，那就做一个大饭店附设的小博物馆研究。包括器物的由来、故事怎么说的，这个博物馆陈列展的话语之类，也是非常有意思的话题。

永健：选题蛮有意思的。

王：这些东西都汇总在一起，就慢慢形成一个东西了，也陆续出版了一部分，有一些书还没出，有十几本。已经出版的也没有像有些研究机构那样有那么强的支持力量编一套专门的丛书，我们是大家分别出，加起来也不少。我毕业的博士已经有40多个人。从2006年开始招收博士研究生确定为艺术人类学方向，在这之前有一些学生已经在关心艺术人类学论题。在湘西做田野调查写博士论文的就有两位。其中一位是一个乡村的银饰制作。

永健：关于手工艺的。

王：嗯，是手工艺的。一位是绺巾仪式，包括制作绺巾和师公持绺巾跳的宗教仪式舞蹈。这两个论文都不错，随时可以出版。

永健：对，我们也非常期待这些著作早日面世。

王：对呀，将来还有其他年轻人可以做更多嘛。

永健：您不仅有国内的田野，还有国外的田野。

王：是的，国外的田野也有。

永健：最后，我们就做个结尾吧。您介入艺术人类学研究领域在中国而言是最早的那一批了，包括方李莉老师、王杰老师、洛秦老师、靳大成老师等。同时您也非常关注艺术人类学的学科建设，包括中国艺术人类学学会从2006年成立发展到今天，规模已经起来了，现在注册会员达到了1100人。可以说您是中国艺术人类学从学术起步发展到今天的一个亲历者和见证者，而且是这个领域的专家，我想请您对中国艺术人类学的发展从您的角度提一点看法，即怎么能让这个学科更好地走向良性发展，或者您对这个学术规范的一些要求，请简单地谈一下。

王：第一，我们这么大的规模，说明大家对艺术的确很关心，众人拾柴火焰高，这是好事。第二，在研究上面，我们前面说怎么样能够一步一步地向前，每一个热心参与的人都能够把自己的研究逐渐地提高，包括在每年参会的过程中逐渐地提高。可以多琢磨琢磨今年参会与去年相比有什么长进？有什么新的进步、新的体会、新的认识？第三，我们所有的研究都是建立在一种原创性的基础上，如果每个人做的研究都有原创性，亲自去调查，做尽量长的时间、尽量深入的调查，资料是你发现的、研究是你做出的。如果每一个人都是这样做研究，我相信艺术人类学这一研究领域的研究会越来越美好，能够符合我们讲的人民对于美好生活的愿望，我们的学术研究和这个愿望会有更大发展。尽管学术研究难以说是一种经济物质的生产，但是这个生产同样是一种发展。这个发展更充分一点、更平衡一点，就更能够满足人民群众对美好生活的愿望。我们能够更满足这种愿望和这种需要，那我们这个事就做得有深切的意义了。当然中国的艺术人类学这个研究领域能不能够对于人类学、对于人文社会科学，做出更大的贡献，能不能够为国际视野的人类学、人文社会科学，包括艺术研究和美学研究有更多的贡献，是我们更大的愿景。

永健：对，要多积累一些原创性的个案。

王：原创性的个案做得越扎实，做得越多，我们的前景就会越好。

永健：对，谢谢王老师。通过2个多小时的访谈，我们从您步入学术研究之路，谈到了如何介入到艺术人类学研究领域，包括这个研究领域的五个方面的内容，以及对这个学科的建设、学术团队的研究成果等，让我受益很多。回去后我会尽快整理出来，再次感谢您的支持！

走向田野的审美人类学研究
——王杰教授访谈[①]

王永健（以下简称永健）：王老师您好，很高兴能有机会对您进行专访。这期专访本来是去年就计划做的，但是因为我9月受日本基金会邀请去日本做研究耽搁了，现在来补上，感谢您的支持。我注意到之前有几篇对您进行访谈的文章，多是从美学层面或就某一具体问题展开的，我想我们这篇访谈要与之前的文章有所区别，主要侧重点就是您的学术历程和如何从美学领域的抽象思辨研究切入田野实证研究，以及所形成的理论成果与经验。我们先从您的学术历程谈起吧。

我注意到您是1982年毕业于武汉大学哲学系，获得学士学位。1988年毕业于广西师范大学文艺学专业，获得硕士学位。1991年毕业于山东大学美学专业，获得文学博士学位。从您的学术背景来看，可以说是纯理论专业。尤其是当代美学研究遭遇困境，西方古典美学的传统学术路径是从理性、概念出发，通过抽象的思辨演绎出庞大的理论体系，这一学术范式更倾向于艺术哲学。有学者认为："传统美学的研究是一种远离社会事件的抽象的思辨，其研究的方式是从概念到概念，虽然可以产生许多深奥的名词和术语，但也很容易空对空。虽然想到的是用自下而上的研究方式，但

[①] 王杰，长江学者特聘教授，浙江大学传媒与国际文化学院教授，中华美学学会副会长，中国艺术人类学学会副会长，浙江大学人文学部副主任、浙江大学当代马克思主义美学研究中心主任、浙江大学传媒与国际文化学院教授委员会主任，《马克思主义美学研究》主编。国家社科基金重大招标项目"当代美学的基本问题与批评形态研究"首席专家。出版的主要著作有《寻找乌托邦——现代美学的危机与重建》《文化与社会——马克思主义与20世纪中国文学理论发展研究》《审美幻象研究》，译著有《文化、治理与社会》《美学意识形态》，主编了《美学》教材等。

始终是停留在形而上的圈子里，走不下去。"①我觉得这一判断是很有道理的。我想问的是，您如何看待您的求学经历？您是如何从偏哲学式抽象思辨的研究范式进入到注重田野实证研究学术范式的学术之路的？这其中有哪些原因和思考？经历了怎样的一种心路历程？

王杰（以下简称王）：谢谢您，1985年9月—1988年7月，我在广西师范大学攻读硕士学位。硕士学位论文题目是《马克思的神话理论》，那一段时间我大量阅读了神话学和人类学的相关著作，已经对当时流行的康德式美学包括实践美学有一点怀疑。1988年考入山东大学中文系，师从周来祥教授从事"现代美学问题"的研究，通过阅读本雅明和阿多诺的作品，我开始关注从人类学的角度对美学和艺术问题的思考。我本科阶段是学哲学的，硕士阶段开始在中文系接受学术训练。1986—1988年，学术界掀起的"文化热"，对作为美学研究的起步者的我来说，产生了较为重要的影响。1988年春季赴济南参加博士生考试时，我在山东大学校门口的书店里买了一本列维·斯特劳斯的《野性的思维》，这本书对我转向审美人类学应该说具有比较重要的影响。我读博士研究生那几年，中国美学界开始讨论建立现代形态的美学体系问题，《文艺研究》等期刊连续刊发了许多重要学者的论文，我自己也写了一篇刊发在1990年《文艺研究》第2期上，提出了要努力超越西方现当代美学中的"二元对立"的思维模式和理论方法，建立一种以"审美幻象"为核心概念的美学理论。应该说，在我的求学经历中，并没有一种特别强大的力量把我引向田野和转向以实证材料为基础的研究范式。我从思辨性的美学理论研究范式转向审美人类学的研究有一定的偶然性。大约在1994年，教育部启动了"文科基础人才培养和科学研究基地"的建设。我当时所工作的广西师范大学中文系被评审确定为"文科基地"，我当时是系里分管科研的副主任。在讨论学科建设的凝聚方向时，我与覃德清等教授商量开展跨学科合作，合作开展审美人类学的研究。覃德清教授是中山大学人类系黄淑聘教授培养的优秀学者。我们的合作一开始就在比较规范的人类田野工作的范围内展开和进行。

---

① 方李莉：《审美价值的人类学研究》，《广西民族学院学报（哲学社会科学版）》2004年第5期，第46页。

通过博士论文的研究工作，我对当时中国美学界的主流理论，从实践美学到后实践美学都有一些自己的看法，希望找到一种新的研究方法。当时"文学人类学"和"艺术人类学"在学界已经逐渐发展起来。我们就想努力从人类学的角度对美学展开研究。在读博士生和博士毕业后几年，我几乎每年都在北京国家图书馆查阅资料，当时手上有范丹姆的《语境中的美——走向审美人类学》，对我们也是有启发的。记得蒋孔阳先生在那一段时间也关注类似的问题。他用的概念是人类学美学。他与郑元者合作有几篇论文，对我们都有重要的启发。

永健： 说得是。当代美学与人类学已呈现出融合之势，这种融合并非两者的简单叠加和简单嫁接，而是希望在更深学理层面的交叉融合，具有互补性的特征。美学的研究方法注重形而上的抽象思辨，对具体的实证性的事实阐释缺乏足够的解释力，宏观理论的研究者往往对具体事实把握不够，因此理论抽象常常不着边际，或者与事实有较大出入。而人类学的研究方法侧重分析文化的基本运作机制、制度与传统，通过实证研究而加以归纳。美学的很多内容是从人类学中转化而来，人类学的发展为美学研究带来了新的学术生长点。人类学的田野考察过程中收集到的鲜活的文化资料为美学研究提供了源源不断的素材，其学科开放性为美学提供了广阔的空间。美学特有的抽象思辨恰恰是人类学所缺失的，可以为人类学的理论提升创造条件。可以说，人类学与美学出现了一种亲和状态，它们的融合已成为现实，两者各有优势和不足之处，可以形成有效互补。我注意到您曾提出："任何文化都是金字塔形的，在它的顶层是最精致的文化要求，即审美的最高境界，现有的人类学方法还没有足够的能力对此加以把握和说明，而这恰恰是美学的专长。"[①] 我觉得您的这个判断很准确。通过您多年的研究，您是如何看待美学与人类学融合的？它们为彼此提供了什么样的资源？

王： 在西方学术传统中，美学与人类学的融合已经有很长一段历史，其根源于在欧洲的学术传统中，人类学和美学在整个现代化知识版图中的地位和作用。在欧洲，人类学和美学共同产生于启蒙主义时代，服务于人类在现代视野上认识人类自身的目的，区别在于美学是用人文主义的思辨

[①] 王杰、海力波：《列维·斯特劳斯与审美人类学》，《东方丛刊》2001年第2期，第65页。

方式来认识人本身。人类学，特别是文化人类学是用实证科学的方式来认识人类自己。在中国，美学和人类学都是外来的学科，其发展过程都受到中国社会现代化过程中各种社会因素的影响。但是在很长的一个历史过程中，这两个学科确实没有什么交集。中国的美学学科和人类学学科各自都有一百多年的历史，如果说美学在中国社会的现代化过程中主要服务于社会和政治观念的变迁，起到十分重要的社会作用的话，那么，客观地说，人类学，包括文化人类学和民族学的研究，在较长的一个历史时期，并没有处在中国社会现代化过程中的关键性位置上。人类学作为一种思想和理论方法，在中国社会现代化进程中逐渐变得重要的转折是与美国式全球化扩张，以及美国大学的研究方法和理念在中国社会改革开放这40年日渐凸显密切联系的。人类学，特别是文化人类学在20世纪下半叶以来的蓬勃发展，对于中国社会的现代化发展具有十分复杂的社会含义和学科含义。随着人类学的发展和进步，对不同文明、不同文化重要性的自觉，对不同的现代化方式和社会演进的文化特殊性的重视，逐渐成为整个人文社会科学的核心问题。在这种条件下，人类学和美学的结合就逐渐成为一种普遍性的现象。

从20世纪90年代开始研究审美人类学到现在，审美人类学在中国学术界得到了一定的发展，我欣慰地看到了一批年轻学者成长起来，在美学与人类学深度融合方面，不断做出中国学者的努力。在对中华文明的现代人类学研究、对中国少数民族文化遗产的研究、对中国模式的现代化方式和途径的研究等方面，审美人类学学者都做出了自己的一些贡献。在我看来，对于中国社会的现代化进程而言，中华文化的信仰和信念在现代化进程中的重塑，或者说中华文明面向现代社会的再创造，是中国的人文学科的核心任务。十分显然，欧洲美学范式和文化人类学范式都不具有这种恢宏的视野以及将中华文化创造性转化的能力。也许，美学和人类学的结合可以为这种新的文化创造提供新的资源和动力。美学在中国社会艰苦磨难的现代化过程中，生长出一种为人生、为改变世界而开放和发展的美学。这种美学具有十分强健的乌托邦冲动。我认为这是中国社会近百年来形成的十分重要的文化资源和理论资源。没有文化人类学的积极参与，美学学科无法把这种产生于社会的重要理论资源学理化，我想，这是中国美学和人类学十分重要的理论矿藏，问题是，我们怎样将其学理化，并且据此做出新的理论建构。

永健：审美人类学在国内的发展呈现出不断深入之势，已初步形成从文本研究到田野实践，再从田野实践到理论提升的发展态势，研究队伍和研究视野不断扩大，学术研究日益走向规范化，发展前景广阔。我想问的是，您的审美人类学研究是如何提出来的？其理论基础源自哪里？这其中经历了怎样一个过程？

王：审美人类学是在20世纪90年代中国美学研究陷入危机的理论背景下提出来的。当时蒋孔阳、邓晓芒、易中天、汤龙发都从不同的角度提出和思考美学研究的人类学转向。在哲学界，马克思晚年转向人类学研究以及关于人类社会的现代化进程是否有可能跨越"卡夫丁峡谷"的问题也引起了广泛的讨论。在讨论审美人类学的命名时，我主要与覃德清教授做了比较深入的讨论。当时在美学界，蒋孔阳用"人类学美学"的概念，汤龙发用"审美人类学"的概念，易中天和邓晓芒用"艺术人类学"的概念，经过讨论，我们最终确定了审美人类学。当时我在广西师范大学开始讲授"审美人类学"的硕士课程，海力波老师担任助理，相关论文和田野工作也逐渐开展起来。审美人类学的理论基础是很深很广的，与历史学科的历史人类学、文学学科的文学人类学的兴起具有大致相同的背景。具体在美学上，我认为，中国美学在经历了20世纪80年代的美学大讨论后，特别是20世纪90年代的"日常生活审美化"和"审美意识形态论争"之后，美学研究在观念和理论方法上都产生了严重的内在危机："人的意义"被悬置，美学从一门批判性的人文学科转向文化产业和文化规划的应用研究。这是应该反思的现象。

对于审美人类学我们一开始就按学科的方式来建设，我们先从广西师范大学中文系文艺学教研室和少数民族文学教研室的跨学科整合开始。合作开设"审美人类学""田野调查的理论与方法"等硕士生课程，并且在2000年前后启动了对广西黑衣壮和南宁国际民歌艺术节的田野调查。在田野调查的基础上，许多硕士生将硕士学位论文确定为"审美人类学方向"。2003年，我开始在山东大学中文系招收博士生，2004年，我开始在武汉大学哲学学院招收美学专业博士生，研究方向都是审美人类学。2005年，以审美人类学建设为基础的教学成果获得国家级教学成果二等奖，2006年，《审美人类学》教材被教育部确定为国家"十一五"规划教材。2005

年，我调入南京大学中文系，我将审美人类学学科带到南京大学，招收和培养了一批从事审美人类学研究的博士生和博士后，他们今天都已成长为各高校，包括"双一流建设"高校的教授或副教授。当然，因为审美人类学有很强的人类学色彩，对研究方法也有较高的人类学专业要求。因此，审美人类学在中国学术界的发展呈现出一个缓慢平稳上升的过程。从2020年开始，我们重启了"审美人类学研究丛书"的建设。

最近《审美人类学》教材和《审美人类学读本》都陆续编写完成，我相信，在下一个十年，审美人类学的研究会得到进一步的发展，产生出更具学术分量的研究成果和教学成果。

永健： 您觉得审美人类学这一概念与艺术人类学有哪些区别？

王： 这是一个很好的问题，也是一个很重要的问题，我一直想写一篇论文讨论一下这个问题，因为时间关系，这个心愿一直没有实现。审美人类学是一个侧重哲学美学的学科，从学理上说，审美在深度上和广度上都比艺术要大。因此，一般而言，审美人类学和艺术人类学的区别主要表现在以下三个方面：

首先，审美人类学关注人类与他的环境的和谐性关系，它的基础是人性的复杂性及其在现实环境中的展开和实现，也就是哲学人类学关注的东西，包括文化中的人的信仰，这是任何文化的核心部分，也是它的灵魂。艺术人类学比较注重艺术创作和传承中的物质性材料和改造材料的技术，也就是更侧重于现象性的部分。

其次，审美活动以人的身体为基础，是一种从生物观察到人的高级心理活动和情感反应的十分复杂的活动。值得注意的是，审美人类学研究审美的人的本质规定以及人类学意义上的人类情感，这是人类社会十分关键的部分。值得注意的是，审美人类学研究的这些问题域，是很难用实证科学的方法开展有效的研究的。相比较而言，艺术人类学使用文化人类学的方法，研究小型社会的各种艺术现象和艺术生产机制，在理论上，这种研究为当代艺术的创造提供某种文化的资源，但其本身并没有参与当代艺术创新的核心层面，更多地侧重在应用研究和文化遗产的理论阐释等方面。

最后，审美人类学的问题域是当代美学和人文学科的前沿问题，是理论研究的生长点所在，例如关于审美制度的研究，关于审美治理的研究；相比较而言，艺术人类学擅长田野调查和案例研究，在博物馆学研究、物质文化研究和非物质文化遗产的保护性研究等领域做出了重要的贡献。但是，因为艺术人类学或者从属于文化人类学学科，或者从属于艺术学学科，并没有自己的问题域，因此至今没有获得元学科的位置。审美人类学虽然研究者并不是很多，研究成果的数量也不大，但是我认为它有自己的问题意识和问题域，随着以消费文化为中心的全球化逐渐式微，随着审美资本主义和美学经济的发展，以及非欧洲模式的人文学科研究获得进一步的发展，我相信，审美人类学会获得更进一步的发展和进步。

永健：您到广西师范大学工作以后，迅速组织起了一支研究队伍，培养了很多人才，这些学者现在也是各个高校的领军和拔尖人才，在学界有一定的影响力。以您为代表的审美人类学学术团队的研究较为突出，与传统美学研究重文本、轻实践不同的是，你们注重实证研究，立足于广西区域民族文化艺术的田野调查基础上，以实证研究的方法来研究审美和艺术现象。其中以"漓江流域人文底蕴与审美文化研究""南宁国际民歌艺术节的追踪考察研究"和"黑衣壮族群的审美文化研究"三个区域个案为主，出版了一系列的研究成果。如《审美幻象与审美人类学》[1]《审美人类学的理论与实践》[2]《天人和谐与人文重建：漓江流域文化底蕴与社会发展的审美人类学探究》[3]《寻找母亲的仪式——南宁国际民歌艺术节的审美人类学考察》[4]等，都是学术团队的代表性研究成果。我发现，您的学术团队与易中天、郑元者等美学研究者相比，学术共同点在于，都力图借助人类学的研究方法解决美学的问题，不同点在于您带领的学术团队更注重田野调查式的实证研究。这种注重实证的研究范式，与传统美学重理论推演、轻实践的研究范式相区别，利用人类学的方法研究广西少数民族地区的文化和艺术，对全球化背景下少数民族文化艺术所遭遇的问题提出了相应的对策建议，也使学界对少数民族文化艺术在当代社会所遭遇的困境有了更为深入的认识。这些研究致力于解决当代所出现的文化问题，具有很强的实用性，而且极大地拓宽了传统美学的研究视野，推动了中国艺术人类学

---

[1] 王杰：《审美幻象与审美人类学》，桂林：广西师范大学出版社，2002年版。
[2] 覃德清：《审美人类学的理论与实践》，北京：中国社会科学出版社，2002年版。
[3] 覃德清主编：《天人和谐与人文重建：漓江流域文化底蕴与社会发展的审美人类学探究》，桂林：广西师范大学出版社，2005年版。
[4] 王杰主编：《寻找母亲的仪式——南宁国际民歌艺术节的审美人类学考察》，桂林：广西师范大学出版社，2004年版。

学术研究的发展。学术研究是为了寻找社会生活中所面临问题的答案。您当时是如何去构思这样一系列课题的？希望在理论和实践上能够解决哪些问题、取得哪些突破？

王：1991年7月，我完成博士论文答辩后，回到母校广西师范大学中文系工作，在教学工作之余，先是与梁潮教授一道创办了一份学术集刊《东方丛刊》，在20世纪90年代中期与覃德清教授、海力波教授、王朝元教授合作着手审美人类学的学科建设。20世纪90年代，广西师范大学中文系在国内学术界具有重要的影响，文艺学和美学领域的林焕平教授、黄海澄教授、林宗全教授，少数民族文学研究领域的周作秋教授、欧阳若修教授，现当代文学领域的刘泰隆教授、许敏歧教授和林焕标教授都在学术界具有重要的影响力。我回广西师范大学工作后，主要是与年青一代的学者合作。最初我的兴趣是在现当代文学领域。大约在1993年，我们合作出版了我的第一本小书《文艺新视野——李建平、杨长勋、黄伟林、王杰文艺评论选》，举办了"广西作家三剑客——东西、鬼子、凡一平研讨会"。随后，广西鲜明而强烈的南方少数民族文化引起了我的注意和思考，这种思考与我在研究欧洲马克思主义美学与人类学的兴趣结合起来时，从人类学的角度研究美学的想法就产生了。

"漓江流域人文底蕴和审美文化研究"是覃德清教授主持研究、我参与了其中一部分田野工作和理论讨论。"南宁国际民歌艺术节"于1999年由南宁市人民政府组织创办，我受邀请参加了这一届民歌节的开幕式学术研讨和相关的活动，也参与了随后产生的关于"南宁国际民歌艺术节"是否破坏了民歌文化传统和民俗学基础的讨论。南宁国际民歌艺术节是否具有学理上的合理性这个问题引起了我的注意，随后我组织研究生和团队的老师们连续对南宁国际民歌艺术节进行了持续的研究。2005年我调入南京大学后，仍然组织硕士生和博士生对其进行研究，这项研究使我们团队对后现代社会条件下和后殖民语境下民族艺术的复杂性有了较为深刻的认识和了解。用审美人类学的方法研究中国民歌传统，以及阐释民歌在中国现代化过程中的特殊作用，成为我们团队的一个特色。

关于黑衣壮族群审美文化的研究也是因为南宁国际民歌艺术节而引发的。2002年南宁国际民歌艺术节开幕晚会的序曲是由广西那坡县民歌艺术团演唱的无伴奏合唱《山歌年年唱春光》，这首优美动听的多声部无伴奏合唱强烈地打动了全国的音乐人和音乐研究者，也引起了我和我们团队的注意。从 2003 年春天开始至 2007 年，我们团队持续到广西那坡县弄文屯进行田野调查，不仅收集了关于黑衣壮审美文化的大量第一手资料，而且通过这个个案，对中国社会结构的复杂性、对中国现代化过程的悲剧性，以及对中国少数民族文化的强大生命力都有了深入的认知和了解。应该说，我们的研究理念是通过美学研究服务于社会的进步和改造。在这个学术理念的支配下，我们选择田野调查的个案研究会复杂一些，在项目的设计方面也努力立意高远一点。例如，在对黑衣壮的研究过程中，我强烈感到为黑衣壮族群培养自己族群中成长起来的知识分子的重要性。我在广西师大校长办公会上提出尽量录取黑衣壮族群的少数民族考生到广西师大各专业学习的方案得到通过。那几年我们招收了许多黑衣壮族的学生，如今十几年过去了，相信他们中会成长出一批优秀的人才。在条件允许时，我打算组织对黑衣壮族群审美文化的回访性研究，在社会的现代化的进程中感受和聆听来自生活底层的声音。

永健：回访研究很重要，期待您的成果能够早日面世。我还想进一步问一下，在研究中您是如何看待和利用广西民族地区文化艺术资源的？在民族地区进行田野研究应该注意哪些问题？形成了哪些经验？

王：在文化经济时代，文化在区域经济和社会发展中的地位和作用进一步提高。当然这种提升，使民族地区，例如广西民族地区文化艺术资源的价值和意义也呈现一种日趋复杂的趋势。对于广西少数民族文化在当代社会和文化发展格局中的地位和作用，我总体上持一种比较悲观的态度，因为事实已经一再证明，权力和资本的力量都会影响社会对少数民族文化的评价和判断。我们能做的仅仅是尽量减少这种影响。在民族地区进行田野研究首先要同情和热爱不同的少数民族文化，要对少数民族的信仰、生活习俗和文化传统给予足够的尊重和同情性理解，我认为这是田野工作成败的关键所在。现在做田野调查都是带学生一起去做，这样的好处是学生在科研上能比较快进入状态，找到好的研究选题。但是，学生的素质和能力的确非常重要，研究美学的学生一般没有田野调查经验，容易犯各种各样的错误，老师要多指导，并且加强制度方面的管理。我们团队比较幸运的是，一直有比较好的助理，覃德清、海力波、廖国伟等老师，在我在广西工作期间的田野调查中给予了很大的支持和帮助，近年来，上海交大的尹庆红老师、浙江大学的赵敏博士后都做了很好的工作。

永健：在田野调查过程中，您是如何带学生做研究的？您认为田野调查做到什么程度才可以算是达到了要求？请您结合您与所带学术团队的研究来谈一下。

王：带学生做审美人类学和田野调查首先要培养和激发学生的学术兴趣，这一点很重要。现在许多学生从小在城市中长大，对农村和田野十分陌生。如果没有比较大的兴趣，那么他们的田野工作是不可能做好的。关于田野调查，我认为是一项没有完满的境界的工作，因为世界在不断地发展，总有新的情况需要我们去进一步地了解。对于学生的田野调查工作而言，完成有限的目标还是必要的。不论是硕士学位论文，还是博士学位论文，在学位论文所要求的田野工作完成之后，我认为就算是可以令人满意的了。但是，对于审美人类学的学科建设和我们整个团队的研究工作而言，我认为目标是在理论上解决了一个新的问题，只有田野工作做到可以支撑某种理论假设的地步，这方面的田野工作才算达到目的。例如，地方性审美经验这个概念是我们在对广西黑衣壮审美文化的田野工作中提出来的，在写文章做出理论表述时，我已经到南京大学工作了，不方便再做进一步的田野调查，因此，我感觉到这是一件未完成的工作，希望今后有机会进一步完善它，当然，关于地方性审美经验的个案研究，可以选择不同的个案来进行，这两年，我们团队选择乌镇的审美文化现象来做田野调查，今后会逐步有一些研究成果发表。

永健：我在《新时期以来中国艺术人类学的知识谱系研究》一书中，对您的学术团队的研究进行过系统的梳理。我注意到您带领的学术团队所做的审美人类学研究中建构了三个关键性概念，即"审美幻象""地方性审美经验""审美制度"。请问这三个概念是如何建构出来的？它们之间的关系是什么？它们对当下的学术研究的价值和意义是什么？

王：谢谢您。美学理论的发展和进步是以新的概念和范畴的提出以及理论论证为基础的。对于中国的美学研究而言，"审美幻象""地方性审美经验""审美制度"等是基础性的理论概念。

"审美幻象"是我在20世纪90年代出版的著作《审美幻象研究——现代美学导论》中提出的概念。我在该书中论证了马克思主义美学的基本问题和核心概念，努力在吸取中国美学传统的基础上进一步论证和阐发艺术与意识形态的复杂关系问题。事实上，20世纪欧美马克思主义美学的发展，从布拉格学派、法兰克福学派、阿尔都塞学派到英国的文化唯物主义学派，在他们的理论发展中都大量吸取了人类学的观点和方法。在马克思主义美学和文学理论的四种基本模式中，人类学模式一直是十分重要的，这个理论传统对我产生了重要的影响。从人类学和审美人类学的角度对审美幻象问题或者说审美意识形态问题进行进一步的研究和阐释是一项值得认真开展的工作。我认为，在比较美学和比较文化学理论框架内，用人类学方法来研究中国美学的许多重要现象是十分有必要的，引入人类学的方法和观念可以帮助我们挣脱西方各种美学理论的基本框架，在不同的文化系统中研究和认识审美作为一种文化系统的功能和意义。中国美学一直有研究"象"的传统，在美学上，这个"象"就是审美幻象，它与现实、与想象、与文化传统等都有十分内在的联系。

"地方性审美经验"是我们团队在对广西那坡县黑衣壮的审美文化进行研究和阐释的基础上提出的理论概念。这个概念的提出受到美国人类学家格尔兹相关理论的影响。在全球化时代，地方性的经验，包括地方性的审美经验都具有十分重要的意义。在欧洲美学的视野内，审美经验的差异性主要存在于不同的个体之间，然而在全球化时代，这种差异性的范围和空间大大扩展了。从美学研究和审美人类学研究的角度来看，地方性审美经验是审美人类学和艺术人类学研究的基本对象。关于地方性审美经验的研究，我倾向于引进比较文化学的方法。近两年，我在做中国现代悲剧观念的研究，十分感慨国内外学者都根据欧洲的审美经验和理论框架来评价中国的悲剧观念，在这样的观念的支配下，中国的悲剧观念、悲剧形态以及悲剧作为一种文化现象的社会功能都被屏蔽和悬置了。但是，如果没有对中华民族的悲剧观念做出研究和解释，"以美育代宗教"的中国文化的现代重建方案就必然陷入流产。因此，我认为，地方性审美经验是一个重要的理论概念，值得进一步地阐释，使其对艺术和审美文化的解释力得以不断提高。

"审美制度"是审美人类学团队近年来比较关注的一个问题域。如果说人类学已经很好地研究了人类的生产制度、家庭和两性关系的制度，现代社会学研究了现代社会的艺术制度的话，那么，从人类学的角度对人类的情感交流的机制做出历史的和结构性研究就是必要的。因为在理论上一个学科是否达到比较成熟的境界是与其是否能用核心理念重写该学科的历史相联系的。按照法国马克思主义哲学家路易·阿尔都塞的观点，意识形态是结构性的，在不同的生产方式的基础上，不同的社会结构和生产方式有与其相联系的意识形态，在一种生产方式的自我发展和不断调整的过程中，"意识形态没有历史"[1]，也就是说，只有量变而没有质变。从人类历史发展的长河来看，随着生产方式的更迭，社会和意识形态，包括受意识形态影响的审美制度都会发生断裂式的飞跃。这种飞跃在现代观念中也称为"革命"，审美的革命是雅克·朗西埃和阿列西·艾尔雅维奇近期阐发的一个重要概念，我认为，在对审美制度的有关理论和田野工作进行了较为系统和深入的研究之后，从审美制度的发展变迁的视角写一部美学史应该是有价值和意义的。

永健： 提及您带领的学术团队的研究范式，我想主要从以下两个层面将人类学引入美学研究之中：其一，引用人类学或民族志的田野考察资料，对传统的美学理论进行再阐释，以期能够得出一些新的结论；其二，将人类学注重田野调查的实证研究方法引入到美学研究之中，到现实生活的田野中考察活态的艺术文化现象，探究不同文化语境中的艺术对象之美的特点、功能等，分析产生如此审美现象的深层成因，对审美发生发展的机制展开探讨。可以说，以您为代表的审美人类学研究团队，开始进入田野，立足于民族区域文化艺术资源之上，通过一系列的个案研究，从审美人类学层面深度剖析了当代文化发展中遭遇的问题，提出了当代大众文化的发展困惑、艺术研究对于推动中国社会发展方面的积极作用等问题，因此研究更为具体而实际，体现了中国艺术人类学的使命与发展方向。理论源自田野，在本土化的实践中构建中国的审美人类学理论，必将能够有效地指导民族区域文化保护、开发和利用的实践。您带领的学术团队走向田野的审美人类学研究，重要的贡献在于突破了传统美学的研究范式，这无疑也开启了美学界一场"眼光下移的革命"，在学术史上具有重要的意义。您是如何看待这种对传统美学研究范式的革新的？它对当前的艺术人类学研究有什么启示意义？

王： 中国的艺术人类学学科是在中华文明的现代转型过程中产生和发展起来的现代人文学科，中国艺术人类学的使命和方向就是从学理上论证

---

[1] ［法］路易·阿尔都塞：《保卫马克思》，顾良译，北京：商务印书馆，2006年版。

中华民族文化能否不简单复制欧洲现代的道路，走出一条具有中国特色的现代化道路。因为艺术和审美在文化中的特殊性——我认为在现代化过程中，中国的艺术和审美始终起到一种引领性的作用。[1]中国社会的现代化过程是十分典型的后发展模式和非欧洲模式，这种模式的特殊机制不是隐藏在社会的经济—政治结构中，而是深藏在文化，特别是艺术和审美的情感结构中，这是中国的现代性和审美现代性的特点[2]，艺术人类学的方法和理念对于研究这种特殊性是十分有效的。因此可以在中国社会进一步现代化发展过程中发挥更为重要的作用。

中国美学和艺术研究在"甲午战争"失败后有一个根本性的转向。中华文化原有的自身发展逻辑和轨道受到了颠覆性的解构，客观地说，中国现代文化的发展是在欧洲哲学和美学的基础上提出来的，包括蔡元培所提出的"以美育代宗教"作为中国现代化危机的解决方案都是在康德哲学和德国古典美学的基础上提出来的。艺术人类学和审美人类学的重要根基是文化相对性，强调以田野调查为基础的文化类型学的研究，重视和强调不同文化类型在现代化的进程中有自己的道路和文化机制，这一根基对于中国的当代美学和艺术研究是十分重要和非常关键的。在我看来，没有这一基础，中国的现代美学和艺术理论的研究就仍然没有"站起来"，"中国审美文化"和"中华美学精神"的再创造也就完全没有可能。从美学的角度来讲，中国的美学界在20世纪90年代初开始批判性地反思"实践美学"的贡献和理论局限时，这个问题也就提出来了，这就是在那一段历史时期蒋孔阳提出的"人类学美学"，易中天、邓晓芒等提出"艺术人类学"的理念和研究思路的内在理论动机。因此，在审美人类学和艺术人学作为一种思想方法的积极参与下，近20年来，中国的现代美学和艺术理论有了比较良好的发展，具有创新性的研究成果逐渐出现，虽然到目前为止仍然是小范围的生长，但是前景是乐观的。

永健：在以后的学术研究中，您有什么样的研究计划？

王：我从今年初以来就将自己的学术研究的重心重新调整到审美人

---

[1] 王杰、王真：《中国悲剧人文主义的核心观念及其当代意义——为纪念冼星海〈黄河大合唱〉创作80周年而作》，《湖北大学学报（哲学社会科学版）》2019年第3期，第36-45页。

[2] 王杰、王真：《中国悲剧人文主义的核心观念及其当代意义——为纪念冼星海〈黄河大合唱〉创作80周年而作》，《湖北大学学报（哲学社会科学版）》2019年第3期，第36-45页。

类学的研究上来。今年上半年完成了《审美人类学》教材和《审美人类学读本》的编写，在上海人民出版社主编出版"审美人类学研究丛书"，第一辑六本将在近期陆续出版。这几年在探索以当代中国电影为具体的研究材料，通过都市田野调查的方法开展"当代中国情感民族志"的研究。这项研究计划比较宏大，困难也比较大。目前我们努力探索一种较为有效的实证性的研究方法，尽可能以"当代中国电影"的相关研究，包括大数据分析、深度访谈、对话等方式，找到一种研究当代性讨论情感民族志的方法。在2017年中国艺术人类学年会上，我曾报告过这个研究设想，现在正着手逐步地实施。

此外，在学理和理论研究的层面，下一步将对"审美制度"的相关理论问题展开深入的研究，基本的考虑是，在审美治理和文化治理的大背景下，结合对审美资本主义现象的研究，对审美制度，特别是审美制度的当代形态和中国形态做出审美人类学的研究。这项工作也是我们的国家社科重大项目"当代美学的基本问题域批评形态研究"的重要内容，我们希望能够有所进展。

今年下半年开始，我将担任广西民族大学的相思湖讲座教授，我将在广西民族大学组建一个审美人类学的研究团队，继续我们10余年前的"黑衣壮族审美文化研究"和"南宁国际民歌艺术节研究"，开拓"东南亚审美文化的比较研究"等，在个案的进一步研究和理论的概括和提炼方面做出一点努力。

永健：中国艺术人类学学会成立以来，您一直担任学会的副会长，基本上每年都会来参加年会，对学界的情况较为了解。您认为当前的中国艺术人类学研究存在哪些问题？所亟待解决的问题有哪些？

王：我现在是中国艺术人类学学会的第三届副会长了，的确对这个学会充满感情，对中国艺术人类学学会10余年来的巨大发展也感到十分高兴和兴奋，遥想当年我们几个核心学者一起讨论创办中国艺术人类学学会的情景，的确是十分高兴的。关于中国艺术人类学学会存在的问题，我的视角应该是有局限的。因为我是做美学研究的，思考问题常常带有美学学科的某种"偏见"。我个人认为，中国艺术人类学在学术队伍的整合、非物质文化遗产的研究和保护、关于"美丽乡村建设"相关问题的研究，以及文化全球化时代少数民族文化和地方性审美文化面对的危机对策研究、中国文化的"音乐人类学"研究等方面都做出了很好的研究。去年英国的罗伯特·莱顿和中国学者罗易扉教授主编的英文著作《中国当代艺术人类学》是国际人类学界对中国学者研究成果的一种肯定。但是，与国际艺术人类学界的研究相比，我们关于当代艺术的研究、关于当代都市文化的艺术人类学的研究相对关注不够，许多学者的研究兴趣似乎主要集中在传统小型社会文化的研究上，因此，当代意识不够强，对一些重大理论问题的引领性研究相对不足，其次是国际性的交流和对话不够。2017年，我与比利时鲁汶大学的彭静莲教授合作主办了一个国际会议，主题是"美学与人类学：时尚研究"，我发现在艺术人类学和审美人类学的当代问题方面，中国学者与国外学者有十分巨大的对话空间。但是，相对而言，我们这方面的工作还做得不够。另外，我们在新的研究方法的引入方面也不够敏锐，如今运用大数据研究社会学问题、经济问题、环境问题、医疗问题、政治问题等已经在许多主流学科中广泛运用，但是，相比较而言，中国艺术人类学界却重视和关注不够，我自己和我们团队也是如此，我想我们应该有所调整。

谢谢您的访谈，感谢您提出了许多很好的问题。

田野调查、艺术史与艺术人类学研究
——王廷信教授访谈录[①]

王永健（以下简称永健）：王老师您好，很高兴能有机会对您做一个专访。我注意到您是文学专业出身，工作后进入戏曲研究领域，博士和博士后读的也是戏曲研究方向，这些年在戏曲研究、艺术学理论和艺术人类学研究领域著述颇丰，我们先从您的求学和研究经历谈起吧。

王廷信（以下简称王）：我于1982年考入山西师范大学，读的是汉语言文学专业本科，1986年毕业后留校工作。山西师范大学于1984年成立了戏曲文物研究所，时任所长是黄竹三先生。这个所的成立得益于时任校长陶本一先生的支持，也得益于山西师范大学几位学者的努力。在此之前，黄竹三老师、杨太康老师、张守中老师、窦楷老师、张自成老师经常利用业余时间自费考察戏曲文物，发表了一批颇有影响的论文。他们想成立一个戏曲文物研究室，陶本一校长得知这个诉求后，就建议成立一个戏曲文物研究所，还建议创办一个学术刊物。这个刊物的名称被定为《中华戏曲》。我到研究所工作以后，主要是编辑《中华戏曲》、做戏曲研究，所以经常跟老师们一起外出考察。

1989年9月，我到中国艺术研究院硕士课程进修班学习，1990年7

---

① 王廷信，中国传媒大学艺术研究院教授、博士生导师、院长。国家"万人计划"哲学社会科学领军人才，中宣部文化名家暨"四个一批"人才。曾任东南大学艺术学院院长，兼任第七届国务院学位委员会艺术学理论学科评议组成员、教育部艺术学理论专业教学指导委员会副主任委员、中国艺术学理论学会常务副会长、中国艺术人类学学会副会长、中国傩戏学会副会长、中国建筑文化研究会副会长等职。长期从事戏曲艺术、艺术理论研究。曾主持完成国家社科基金艺术学一般项目"20世纪戏曲传播方式研究"等项目，现主持国家社科基金艺术学重大项目"中华传统艺术的当代传承研究"、国家社科基金艺术学一般项目"新时期艺术学理论学科发展研究"等项目。著有《锦笺记评注》《中国戏剧之发生》《昆曲与民俗文化》《艺术导论》《中国艺术海外认知研究》《谈艺论教》等，发表学术论文130余篇。

月进修结束后，我回到了山西师大戏曲文物研究所工作。1993年，我想报考苏国荣先生的硕士。当年我赴四川绵阳参加目连戏国际学术研讨会，在会议期间拜见了苏国荣先生，表明我的意愿。苏先生在他的住处跟我聊了一个多小时，询问了我近年来的情况。我向他汇报之后，苏先生说他最近几年也一直关心我的学术研究状况，建议我直接报考他的博士。这让我又喜又惊。喜的是苏先生对我的高度肯定，惊的是我到底有没有能力考上苏先生的博士。我之所以想报考苏先生的博士，与我在中国艺术研究院的进修经历有关，当年苏先生为我授课，我对苏先生的研究领域就很感兴趣。苏先生当年也曾建议我报考他的硕士生，但因黄竹三先生的挽留，我未能报考。由于中国艺术研究院规定，每位博导带完一届学生后才能招收下一届学生，所以，我于1997年考试，当年便顺利考取了中国艺术研究院攻读戏剧戏曲学专业博士学位。2000年7月，我博士毕业后去了南京师范大学中国语言文学博士后流动站，跟随陈美林先生做博士后研究。2002年，我博士后出站后去了东南大学人文学院工作。2006年，东大成立艺术学院，我又到艺术学院工作。2019年底，我来到中国传媒大学艺术研究院工作。

一、走进田野与艺术研究路径

永健：您最早进入田野是什么时候？

王：1986年7月，我在山西师范大学留校以后，在该校戏曲文物研究所工作。当时戏曲文物研究所已聚集了黄竹三、杨太康、窦楷、张守忠、冯俊杰、王福才等一批在戏曲研究领域很有影响力的老师。虽然学校所在地临汾市地理位置相对较偏，但是临汾周边遍布大量非常珍贵的戏曲文物，有元代的戏台、元杂剧壁画、金元时期的戏曲墓室砖雕等。所以，我的田野调查经历是从跟随这些老师们去民间考察戏曲文物和演出开始的。当时条件很艰苦，交通也不方便，去考察主要乘坐公共汽车，但是有些地方公共汽车到不了，只能租自行车或者租摩的，他们可以把我们拉到那个地方去。后来条件好了，学校给所里买了辆金杯牌面包车，这样就方便多了，条件得到了很大的改善。我们每次出去考察，都是五六个人一起带着各种设备，如摄像机、录音机、照相机、拓碑装备，我们每进入一个考察点，都会把这个点与戏曲有关的基本情况摸清楚，并准确记录下来。

永健： 您那会儿田野一次大概去多长时间？

王： 这个不一样，有的地方去一天就可以了，比如说那边只有一个戏台，这种地方去一天就可以了，主要还是关注戏曲文物。后来范围拓展了一些，如摄录像、拓碑文、记录金石文献、调查民俗等，时间也会长一些，一般情况要去三四天。

20世纪90年代，台湾清华大学的王秋桂教授倡导田野调查的研究范式，他去过山西两次，还专门给我们讲过田野调查课，教我们如何去做田野调查、如何列调查提纲，对我启发很大。后来，我经常跟所里的老师们去考察古戏台、农村的一些庙会戏曲演出和仪式活动。我对自己感兴趣的一些民间庙会、戏曲演出和仪式活动会专门再去做一些田野调查。记得有一次我去考察山西省垣曲县无恨村的一个迎送黛眉娘娘的仪式活动，是从临汾乘坐公共汽车去的。傍晚时分，汽车把我拉到距离村子还有大约三里地的路边，我步行走进村里，恰逢村里停电，摸黑找到主持仪式的"神头"。老先生在他家里接待的我。由于停电，他在漆黑的屋里端来一口锅，盛了一碗面条给我，由于饥饿，我吃了一大碗，当时在他家的炕上住了一晚。第二天起来，我才发现老先生平时一个人居住，因欠收拾，屋子显得十分杂乱，没想到我竟在这里睡了一晚。之后，老先生带我找到参与活动的几位村民，我用一台微型录音机从这些村民口中录下30余首民歌。但因我对这里的方言不能完全听懂，就请当地一位小学教师帮忙"翻译"。后来我写的关于该村的迎送神仪式的调查报告，连同整理出来的民歌在王秋桂先生主编的《民俗曲艺》杂志发表了。

这种田野考察断断续续持续到2000年，在我博士毕业后到了南京师范大学做博士后，田野考察的机会就少了。但是这段经历很重要，给我打下了人类学田野调查的基础。现在回想起来，田野过程中的一些经验，对我帮助很大。表面上田野是一种观察式的研究方法，但这种方法能让我亲历艺术实践的现场，让我能够捕获到与艺术密切相关的丰富信息。艺术人类学的田野调查为我们把理论与实践密切结合提供了一条非常好的通道。

永健： 确实是，田野中遇到的是形形色色的人，如何与人打交道，这是一门艺术。如何让您的调查对象信任您？让他愿意跟您交朋友，并能够自愿地来跟您讲艺术事象的这些事，确实不易。民间艺人在乡土社会中并不是普通的一类人，他们忙时种田，闲时演出或做手工艺等，虽是农民的身份，但是与普通的农民却有很大的区别。他们身上所传承的民间艺术，是具有悠久历史的中国的优秀传统文化艺术，有些行业甚至延续千年以上。每一个行业皆有自己的门道，有自己的行规和行业文化，而这些民间艺人就是它们的承载者，他们是走江湖的人，这些行业文化又使他们不同于普通的农民。所以要与民间艺人交朋友并取得他们的信任并不容易，需要具备打交道的能力。

我现在都清晰地记得2006年写硕士论文期间去做田野调查的过程，那是一段很难忘的经历。我的研究对象是河南桐柏大山腹地的皮影戏，那里是河南省与湖北省的省界交界处，属于山区地貌。当地盛行请愿还愿习俗，皮影戏在当地人心目中是神戏，但凡在神面前许了心愿，如儿子结婚了明年得金孙、家里的孩子考上大学、家里的牛生小牛等，如果来年实现了，那是需要还愿的，还愿的手段就是请一台皮影戏献给神，帮助自己了却心愿。我去调查的时候，当地还有四个皮影班社，每个班社4—5位艺人，我把这几个班社都采访到了，跟他们混得很熟。我记得跟蔡正祥的戏班一起去大山深处的村落去演出，一进山就要半个月才能出来，我跟他们同吃、同住、同演，山区农村生活条件差，没有空置的房间让客人住，那就用一些稻草垫在门口的过道处（关了门后，另一边是露天的），铺上床单，两个人一床被子，五六个人挤在一起睡一夜。后来，我熟悉了他们的工作流程，到了演出地后就帮着他们搬东西、搭戏台，反倒成了他们的帮手。就这样，戏班的成员慢慢地接纳了我，也被我不怕吃苦的这股精神感动了，因为这是颠覆他们当时的认知的，一个城市里来的研究生，能够跟他们同吃、同住、同演。通过这些事与他们有了较为深入的交往，艺人们只要有空就会主动跟我讲桐柏皮影戏。我也在这个过程中得到了成长，田野调查的目标也达到了，大家相处得特别愉快，直到现在，我与他们仍然保持着联系，也会关注他们现在的生存境遇和演出状况，大家成了非常好的朋友。一方面田野调查过程是比较艰苦的；另一方面田野调查带给学者的获得感和喜悦感也是相当充沛的。所以，要想将田野调查做深入，需要与被调查对象建立好关系，这也是一门艺术。

王：是的，与田野调查对象建立好关系十分重要，因为我们从外地进入一个田野现场，众多信息都要依靠当地人来提供。我曾跟山西师大戏曲文物研究所的老师们去山西省曲沃县考察扇鼓傩戏，这些老师们很善待当地从事傩戏活动的艺人们，这些艺人热情招待我们吃住，组织群众为我们表演，还为我们提供有关扇鼓傩戏的手抄本。我们去晋东南一带考察神庙戏台，不少与戏曲有关的碑石已被当地村民用作房屋台阶的踏石，有的甚至被放进村民的牛圈或猪圈做围墙。我们为了能记录这些碑石文字，都必须跟村民搞好关系。从20世纪90年代到21世纪初，山西师大戏曲文物研究所就用这种办法积累了约5000幅戏曲碑石拓片，并对这些碑石进行拍照和文字整理，成为戏曲史研究的珍贵资料。

永健：您是如何看待艺术的？换句话说，您的艺术观是什么？您是如何看待艺术人类学的？您认为艺术人类学的研究范式对于艺术学研究产生了哪些影响？

王：艺术是与人类相伴随的、支撑人类精神世界的可贵形式。在我看来，艺术是以情感为内核的感性形式，是有特定结构的审美形式。人类情感的表达有多种方式，如宗教、民俗、社会交往，但艺术凝结了人类最为真切的情感，并以感性的方式作用于人的感官，影响人的思维，进而作用于人的精神世界，使人能从精神困境中解脱出来，焕发出新的生命活力。所以，艺术是由人类创造，并丰富人的生命形式的可贵的精神活动。艺术人类学是源于民族学、人类学，并将其与艺术活动密切结合，从整体上考察艺术的交叉学科，也是人们观察艺术、体验艺术、记录艺术、研究艺术的可贵方法。

我们研究艺术大致有三种路径：一是通过文献和文物资料梳理艺术史的脉络，考察艺术的变迁轨迹；二是通过哲学的思考，探寻艺术原理，考察艺术形态的诸特征；三是把目光瞄向艺术实践，结合历史、地理、风俗、社会等语境考察艺术与人、与社会之间的关系。艺术人类学正是在前两者的基础上把目光瞄向艺术生存语境的有效研究方法。通过艺术人类学，我们可以感受到艺术的活力，感受到艺术的社会功能，感受到艺术主题、题材以及艺术形式产生的社会根源，能够让我们从更深层次理解艺术的价值。当纯粹的美学把艺术从特殊的生存语境中抽离出来进行思辨性研究时，艺术人类学则把艺术还原到其生存的社会语境中去研究、还原到艺术创造的实践过程中去研究。这种研究得出的结论更加可靠，也更加实在。关于这一点，西方人做得比我们早，例如德国学者格罗塞于19世纪末出版的《艺术的起源》一书，就利用了澳洲、非洲、美洲一些原始部落的人类学资料，为艺术从实用到审美的演化提供了大量证据，有效地讲清了艺术起源的脉络。进入21世纪，以方李莉教授为代表的一批艺术人类学家，自觉运用艺术人类学的研究方法发掘艺术资料、考察艺术活动，为国家非物质文化遗产保护、乡村振兴都做出了杰出贡献。我相信，艺术人类学在未来的艺术研究中还会继续拓展研究视野，取得更加丰硕的成果。

二、艺术史研究

永健：您任东南大学艺术学院院长期间，做了很多艺术学理论学科建设工作，成绩斐然。在第四轮学科评估中，东南大学艺术学理论一级学科获得A+，成为该学科在全国的领头羊。目前，学界公认艺术学理论一级学科下有艺术理论、艺术史、艺术批评三个二级学科，还有一个包括艺术人类学在内的应用艺术学理论二级学科群。其中，艺术史是最有争议的学科方向，与美术史、音乐史等具体门类艺术相比，具有一般艺术概念的大艺术史观还没有被广泛认同，研究基础也比较薄弱，但它又是艺术学理论学科中不可或缺的基础研究领域，其重要性不言而喻。对于您来说，艺术史也一直是您关注和研究的领域，请谈谈您在这个领域的一些经验性做法和思路，也请您谈谈艺术史在艺术学理论研究中居于什么地位？

王：2002年，我到东南大学人文学院工作，初步接受艺术学理论学科，自2003年起，我开始招收艺术学理论学科的研究生。2006年，学校组建艺术学院，我是首任院长，由于职务的要求，我在艺术学理论学科建设上做了一些工作。艺术史是艺术学理论研究的重要基础。但这个学科的艺术史一直都没能建设得太好。因为艺术学理论是个新学科，我们国家的本科教育中设置艺术学理论专业的学校很少。前些年，我在东南大学工作时申报过一个艺术史论的本科专业，为了给该专业的本科生打下良好的艺术史基础，我就设想仿照中文系的中国文学史教学，让中国艺术史的教学也分时段来研究，每个时段配备几位专职教师，一边教学，一边研究，专攻这个时段的艺术历史。但后来我离开东大了，不知道这种教学理念进行得如何。

从现状来看，以艺术学理论的学科视野把中国艺术史研究清楚没有10年甚至20年是不行的。但是，真正能够投入艺术史研究的研究者比较少。

这么多年以来，我们的艺术史观念都是从西方搬过来的，搬来一套消化几年，再搬来一套又消化几年。我们是在疲于奔命地消化西方艺术史的观念，而无暇建构我们自己的艺术史观念，所以艺术史观念的建立，就目前而言令人担忧。西方史观、艺术理论的引进当然十分必要，因为它可以起到借鉴的作用，可以启发我们的理论思维。但是如果我们不能自觉建构自己的艺术史观，较为稳定地沿着这种史观考察艺术史，就无法把中国艺术史厘清。2020年，在中国艺术学理论学会下面组建了一个艺术史专业委员会，这个专门委员会的组建将会推进艺术史的研究。

永健：艺术史是根基，学界也迫切需要对中国艺术史和艺术理论进行系统而深入的梳理与总结，中国的艺术事象还是需要中国的理论工具。

王：的确如此，像我们学中文出身的随便拿一套理论，应付一篇所谓的C刊论文很容易，但是能够把问题说透，把理论说得很清楚、很圆满则很难。康德有自己的一套理论，黑格尔在此基础上又发展出自己的一套思想。19世纪以来，西方艺术理论发展迅猛，对我们的理论研究影响很大。但是我们当代许多理论研究者，除了跟风搬用别人的理论之外，很少能够建立起自己的学说。中国的艺术理论为什么发展不起来，这与大量的人盲目跟风有关，许多人不跟风几乎就写不出论文了。反过来讲，有大量的学者是为了写出可以发表的论文才跟风的。这是十分遗憾的。如果我们不断地搬用、不断地消化西方理论，那么我们就无暇面对我们的研究对象进行思考，也就无从自觉地建构我们自己的艺术理论体系。

永健：确实如您所言，这是一个很现实的问题。西方理论层出不穷，直接搬过来，用西方的理论解释中国的素材，虽然很便捷，但有时候也是很生硬的。原来对民间艺术也好，古代的绘画也好，是能够看懂的，但是有一些研究套用西方理论来解释，搞得很复杂，貌似很高深，实则过度阐释，经这样一研究，反倒看不懂了，这是问题。

王：如果我们的研究对象是中国艺术，就需要立足中国文化立场来思考这些艺术。中国的艺术有着深厚的文化传统，也有创造艺术和欣赏艺术的优良习惯，离开这些传统和习惯就很难理解我们自己的艺术。我们的书法、国画、音乐、舞蹈、戏曲、曲艺、园林等传统艺术，与西方的艺术差别很大，如果我们要通过西方理论来解释我们的艺术，就难免隔靴搔痒。但令人担忧的是，自近代以来，人们用一批又一批的西方理论走马灯似的解释我们自己的艺术，而且越解释越不清楚，这是令人遗憾的。记得我有一次拜访张道一先生，张先生给我讲过一个例子。他说有一位一辈子雕刻狮子的老艺人从来都没有见过真正的狮子。有一天，他走进动物园看到狮子时深有感慨地说，没想到真正的狮子是如此难看。张先生说，中国工匠是按照自己的理想塑造狮子形象的，而不是像西方人一样是按照狮子的真相塑造狮子形象的。我便由此想到我们中国人创造艺术的传统，我们研究艺术历史，忽略了这种传统，就很难理解我们自己的艺术。我曾经试图通过对中国原始时期的工具和器皿的考察思考中国艺术创造方法的源起，提出"因物赋形、形为用设"的艺术创造原则，认为中国人早在原始时期，就奠定了顺应自然、以为我用的创造方法，这种方法主要是指原始人在加工工具和器皿时顺应自然物的材料、结构和形态，让这种材料、结构和形态与自己的需求有机结合，在此基础上略加打磨，让其变成符合自己需求的工具或器皿。工具和器皿的制造是中国人创造造型艺术的起点，这种方法奠定了中国艺术的思想和方法根基，让中国艺术形成了既天人合一，又富有个性机趣的优秀传统。

2021年暑假期间，中国文艺评论家协会的王庭戡女士约我针对中宣部、文旅部、国家广播电视总局、中国文联、中国作协五部门联合印发的《关于加强新时代文艺评论工作的指导意见》写一篇评论文章。该文件指出，不能用西方人的思想剪裁中国人的审美。我受此观点启发，写了一篇近两万字的论文，专门针对中国古代文艺批评的思想根源、基本方法和话语特征做了一个宏观性的研究。这篇论文在《中国文艺评论》2021年第11期刊发。在研究这个问题的过程中，我发现中国的艺术理论表面上看只有相似的一套，实际上有无数套，它是一个以不变应万变的方法，也是稳中求变的方法，这与中国的哲学有很大关系。比如说我们的中国哲学主要是儒、释、道三家。儒家的哲学根源在哪里？就是《尚书》《易经》《诗经》《春秋》这有限的几部著作，孔子读的就是这些书，老子也是一样，因为他们那个时代没有更多的书可读。可贵的是，他们都能把有限的书籍阅读与丰富的社会体验结合起来思考世界、思考艺术，形成自己的宇宙观，从而使儒家、道家思想传之久远。魏晋时期，出现与《易经》思想一脉相承的玄学，玄学与佛教不期而遇，让中国古代文艺批评思想出现了第一座"高峰"，大批优秀的文艺批评家涌现出来。发展到唐代，禅宗思想大盛，也深刻影响到文艺领域。我认为，从先秦至唐，中国古代文艺批评的思想根源从萌芽到形成，为后世的文艺批评奠定了较为稳固的思想基础。这种思想的特征体现为文艺与社会人生的密切关系、儒家"有为"与道家"无为"的辩证关系、玄学"清谈"与禅宗"顿悟"的互证互补关系。自宋以降，这些特征虽在不同时期表现特征略异，但总体来说，它们都一以贯之地被后世所继承、所阐发、所光大，体现出中国古代文艺批评思想的显著个性。可贵的是，这些思想能够在中国延续两千余年，催生出一代又一代的优秀的文学家、艺术家，并不是一个偶然现象。这些思想看上去并不复杂，但十分丰富。每一位文艺家借以理解文艺现象时，都能感受并发掘出丰富的思想。例如儒家在《大学》里面提出了"格物、致知、诚意、正心、修身、齐家、治国、平天下"的"八目"，这"八目"对每个人来说是一样的，其实具体到每个人通过"八目"实现理想时结果是不一样的，因为每个人面对每一目练就修为时，都会因个人的际遇催生出个性化的修为结果。所以中国哲学思想看上去相似，落实到现实人生却是姿态万千的。中国艺术批评思想也是同理，它们是活的东西，不是死的东西。现在很多学者认为西方的理论才是好东西，我不是说西方理论不好，西方理论有它的特点，但是不能认为西方的思想更加丰富，而认为我们的思想只是一套，这就是问题。我们从一部中国古代艺术批评史，能够体悟到中国艺术批评思想的丰富性。如果说能够把中国古代的艺术理论挖得很深，在一个新的时代重新评价它的价值，对于我们在当代理解中国的传统艺术仍然是有帮助的。

永健：是的，对中国古代艺术理论和艺术史深挖，应当成为我们这一代学人共同努力的方向。艺术史这个研究领域，涉及艺术家和艺术事象众多，跨越的历史时间线也非常长，的确需要一个学术团队牵头，带动整个学界共同努力，这样艺术史专业委员会的成立就显得十分必要。

王：是的。2020年，在全国艺术学理论学会下面我们成立了一个艺术史专业委会，这个艺术史专业委员会不见得人太多，要少而精，要有一批专家真正能投入到中国艺术史的讨论中来，到底用什么样的方法把中国艺术史讲得很清晰？用怎样的方法把不同艺术门类之间的关系在艺术史中理得更加顺畅？夏燕靖教授、李荣有教授等一批专注艺术史的学者在带领这个专业委员会。我跟他们说，要对艺术史的研究有一个基本的共识，那就是要思考涵盖不同艺术门类的艺术史，而不是搞分门别类的艺术史。因为各门类艺术史已经有较深入的研究，也有各自的队伍在研究，我们不能与各门类艺术史重复，更不能将其替代。

永健：是宏观的艺术史，一般艺术史。

王：是的，要靠一批学者把这个问题搞清楚，如果能用10年时间出一套丛书，可谓善莫大焉。我觉得这一方面令人期待的东西太多了。因为一个学科连史都搞不清楚，你再研究什么东西就很难说了。

永健：别人会对您这个学科质疑，是不是？存在的合法性在哪里？您是研究什么的？我很认同王老师的观点。

王：就好比人家说你的家族是个望族，你能追溯到西周时期去，是不是？那个脉络很清楚。如果连清朝都数不到，这就是问题了。

永健：王老师刚才说的我非常认同，这个东西很重要，而且很紧迫。艺术学升格为学科门类有10年的时间了，这10年当中，学界对艺术学理论学科的质疑声也是不断的，我们肯定要面对这种挑战。

王：质疑也是一个研究的过程，自从我认识到这个学科的价值之后，我就一直捍卫这个学科，也在不断与同行学者讨论中建构这个学科。

永健：我觉得按照您这个思路，真正拿10年时间深挖下去的话，真是挖一口深井，可能就要重写艺术史了，颠覆现在我们看到那种千篇一律的艺术史，好多艺术史著作一看目录就知道写的什么内容，缺乏理论建构。

王：是的，许多艺术史只是史料的罗列，缺乏历史观，不能反映出艺术发展过程中不同门类、不同形态、不同艺术思潮和风格的有机联系，因而也就不能真正将其与艺术史立起来。

永健：所以就像您说的，如果中国艺术史建立不起来的话，其实我们的艺术理论、艺术批评都是空中楼阁，是一种自我想象，不够扎实。

王：是的，艺术史是学科的基础，但这要有人自觉地去做，这个东西做出来才是真正的学问，既能在治史中锻炼人才，又能为学科打下坚实的基础，比空头理论要强许多。像中国艺术研究院戏曲研究所的张庚、郭汉城先生研究戏曲史，在推动《中国戏曲通史》撰写的过程中培养了"八大金刚"——八位参加《中国戏曲通史》撰稿的学者，这些人后来都成为戏曲史研究的著名学者。《中国戏曲通史》是一个字一个字码出来的，现在来看就是体例上有点老，但还是很严谨的，你要想推翻其中的观点其实是很难的事情。我们现在的艺术学理论学科就缺少这样专门研究艺术史的人才队伍。

永健：所以做艺术史研究，不但需要一流学者的共同努力，而且需要后续人才梯队的建设，才能形成一个专门的学术共同体。从这个意义上讲，您在东南大学创建的艺术史论本科专业就显得非常重要，请问这个专业已经开始招生了吗？

王：从去年开始招生的，按照东南大学的人才培养模式，这批学生进校后归属于郭秉文文科实验班。这个实验班从二年级开始分流，学生既可以报艺术史专业，也可以报其他专业，学生有充分的自主权。这批学生的文化课成绩都很好，因为他们高考要超出一本线近百分才能被录取到东南大学。我想，这些学生若能进入艺术史的学习研究中去，将来一定会出优秀人才和优秀成果的。

永健：请问王老师东南大学的艺术史论本科班，选用的是什么教材呢？您当时是怎么规划中国艺术史课程体系的呢？

王：我当时设想的是针对中国艺术史分段教学和研究，每一段至少有两位教师研究，并在教学过程中自编教材，如果用这样的办法走下去，东大在未来10年内，在艺术史方面会打下很好的基础。学术的定位是需要考虑的，如果能在每一段艺术史教学研究中，集中出十多篇文章，学界的影响力自然就起来了，因为能够有意识地产出这个规模文章的人不多。你们这代学者跟我们那代不太一样，我们是"铺摊子"的一代，我们"50后"的大哥大姐们以及"60后"前期的这一代人都是在中华人民共和国成立后成长起来、在改革开放刚刚开始的时候培养出的大学生。我们这两代大学生要应对的事情太多了，因为经过10年"文化大革命"的动乱，学术界荒废了许多。随着改革开放的深入，我们在前辈学者的带领下忙于学术上的"铺摊子"或者说"搭架子"，缺少深厚的学术积累，所以我们这两代人的学问在扎实程度上都不太够，但是我们接触事物的面比较宽，在探索中开辟的道路比较多，许多基础性的学问也都是这两代人披荆斩棘地做出来的。而到了"70后""80后"这两代学者，社会相对稳定了，有较为安静的心态读书了，但是这两代人容易跟着"50后""60后"走，开创性还略显不足。如果这两代人在艺术史论方面能踏实地做下去，还是可以做出很多成绩的。

永健：您刚才说的这些给了我很多启发。一是用一般艺术学的观念去考察各个艺术门类，把一些共通性的、规律性的东西总结出来，建立起大艺术史观。二是艺术史的书写与研究，可借鉴中国文学史开展分段研究，通过文献典籍、考古实物等获取的种种史料为基础，提炼出某个历史时段中的一般艺术观念，再把这种艺术观念融入艺术史的考察和写作中去，由此完成一部由艺术观念引导的艺术史。这样的艺术史做出来是不是会更全面一些？

王： 一个是文献，一个是考古资料，还要再加上一些田野资料。我记得写博士论文的时候参考过贵州的撮泰吉，它是现代社会保留下来的一个相对原始的演剧样式。这类演剧样式对我们思考戏剧史很有帮助。另外，我曾经跟苏国荣老师、周华斌老师讨论过一个问题：为什么中国没有史诗？我感到我们中国的史诗不是像古希腊的《荷马史诗》那样是文字记录下来的，我们的史诗是"演"出来的，在乐舞里、在戏曲里。最明显的例子就是礼乐制度，它最初是靠乐舞演出来的，因为当时的文字并不发达，后来这套东西慢慢演化成了一套礼仪制度。除了官方这套制度以外，还有民间的一套东西，它们之间是互动的。有时候官方的东西是从民间来的，但从本质上说都是从民间来的，官方把它加工好了以后，它就在社会上"上行下效"，反过来对民间产生引导作用。所以，中国艺术在官方和民间这两条线上是互动着往前走的。在里面可以总结出一些更加宏观性的、观念性的理论。中国古代的礼乐文化把很多艺术上的道理其实已经说清楚了，如音乐、舞蹈，由此延伸，也把书画应有的基本道理都解释出来了，只不过我们没有把它们联系在一起来思考。我们现在研究艺术史，要有意识地把这些东西联系起来。

永健： 您讲的对我启发很大，尤其您说到中国古代礼乐文化已经把很多艺术上的道理说得很清楚，这一点我深有体会。这几年我开设的研究生课程，其中有一门是"中国古代艺术理论与批评"。这个题目挺大的，我当时想怎么把它具体化，并且通过这门课让学生能真正学点东西，而不是那种概述式的，学生的思想沉不下去。经过几年摸索，现在这门课的形式固定为选读几部经典，乐论、文论、画论、曲论和小说理论都选取一些经典篇章，我带着学生力图用大艺术史观把各个门类艺术理论打通精读。比如第一篇就读《礼记·乐记》。众所周知，先秦时期的诗乐舞三位一体，彼时的中国人所持的正是一种大艺术观，《乐记》是我国先秦时期一部重要的、极有系统性的艺术理论著作，讨论了很多艺术的原理性问题。比如，它认为艺术的本质是"人心之感于物"、是"情动于中"，主张的是艺术是人内心情感的外化，这与西方在古希腊时期就出现并长期占据艺术理论主流地位的"模仿说"完全不同。在西方，直到19世纪出现"克罗齐—科林伍德表现论"时，才明确提出艺术的本质是人的情感、内心世界和主观精神的表现，而非对自然或社会现实的模仿。可见，中西方艺术理论对一些基本的原理问题的认识，是十分不同的。

王：《乐记》很经典，谈的主要是"心"与"物"的关系，并在此基础上把艺术的一系列道理讲得很透彻。

永健：是的，《乐记》里不但有对艺术本质的认识，还有对礼乐关系、对艺术功能、艺术创作、艺术的古今发展等一系列问题的讨论，说得非常清楚。

王：《乐记》贯穿的思想是在处理礼乐关系时所追求的"和"的理想。我感觉中国古代的礼乐制度中最有价值的思想就是"和"的理想。礼乐制度把"和"的理想落实到现实社会层面，既讲求人与人之间的区别，又讲求人与人之间的和谐。"礼"是基于人与人之间的区别来设置社会秩序，"乐"则是从精神上消弭这种区别，即所谓"乐者，天地之和也；礼者，天地之序也。和，故百物皆化；序，故群物皆别"。儒家之所以尊重礼乐制度，是因为儒家不为人们设置彼岸世界，而是在现实人生中解决社会问题。承认差别，而以礼为其设序，同时又不止于差别，而以乐为其求和。《乐记》开篇即讲乐由心生的问题，从心与物之间的关系讨论乐的生发、价值和功用。这种思想影响深远，以致人们讨论其他艺术时也不断援引。直到今天，国家对艺术都高度重视，涉及艺术的社会效益和经济效益的关系时，国家看重的是社会效益，主要是不能让单一的经济效益带偏百姓的价值观。

永健：是的，礼乐制度有一套统一的思想贯穿其中，表达的是构建和谐秩序的艺术观念，而这种观念又不仅表现在艺术层面，而且是上通国家治理层面的。这种艺术观念独具中国特色且影响深远。其他如文论、画论、曲论和小说理论等，我们尽管较少有如西方艺术理论那样体大思精、逻辑严密的大部头著述，但在这些看似短小的、零散的、吉光片羽似的中国传统艺术理论资源里，对于艺术的基本理论问题都有独到的见解。

王： 今天，我们讲构建中国特色、中国风格、中国气派的学科体系、学术体系、话语体系这"三大体系"，显然需要对中国传统艺术理论进行概括总结和解释。

永健： 对，就像刚才说到的"中国的艺术事象还是需要中国的理论工具"，这些需要我们不断去梳理、总结和解释。与此同时，我觉得要做好艺术史的撰写和研究，资料的整理和掌握是基础，开展资料专题分类汇编的工作就显得很有必要。事实上，许多专家学者也都注意到了这个问题，做了很多工作。比如周宪老师主编的《艺术理论基本文献》、周积寅和陈世宁老师主编的《中国古典艺术理论辑注》都是代表，前者精选中西方古今艺术理论文献计四卷本，后者则以画论、书论、乐论分类精选历代文献并加以注释。此外，许多美学、文艺理论领域的前辈学者，如胡经之、徐中玉等先生也做过很多这方面的编纂工作。但是，我想这对于夯实中国艺术理论和艺术史研究而言，还有深挖的可能。比如讲艺术发生学理论，针对这个主题，从中国古代的乐论、诗论、画论、曲论等典籍中抽丝剥茧，把涉及这个主题的资料收集汇编，那么对于讲清楚中国艺术发生学的问题，会不会更有帮助？但反过来，我又有一些疑惑：发生学、功能论、本质论诸如此类，是不是又回到西方的艺术理论体系里去了？

王： 西方理论的好处是什么？就是比较清楚。尤其是"五四"之后艺术理论体系的建构，我们基本上还是照搬西方的理论来走，这些理论在我们心目当中留下很深的印象，比如艺术的本质问题便是西方古典哲学必须要研究的问题。西方古典哲学一直到了康德、黑格尔都得到了验证，只是到了后来，随着艺术理念和形态的不断变化，西方有的学者就不再讨论艺术本质的问题了。这个问题还有没有价值？我觉得依然有价值。我们中国古代艺术理论大都没有脱离对于艺术本质问题的探讨。我们只不过是没有用当代人可以理解的一套理论把它们有效地表述出来。我在东南大学的时候做了一个项目，后来发现自己一个人做不了，然后就让我的博士生作为博士论文来做，效果很好。比如张兰芳同学做的是艺术风格、李韬同学做的是艺术范畴、吴彦颐同学做的是艺术功能、徐慧极同学做的是艺术体式、程友伟同学做的是艺术创作、我的博士后郭文成做的是艺术品鉴。实际上，他们从题目上所用的概念都是西方的东西。但是我想用大家熟悉而不是陌生的西方概念拎出我们中国古代理论家对这些问题的思考体系来，一定是有价值的。配合这几本理论著作，我计划还有对应的几部文献集，这里面的部分著作已由山西教育出版社出版了。我想这些著作的陆续出版，对于我们厘清中国古代艺术理论会有助益。

永健：做这个研究需要扎实的文献学功底。

王：是的。因为有的人文献功底不好，就拎不清楚，其实要把它拎清楚，是一件难的事情。我们的理论有东西吗？有大量的东西，只不过我们想把它拎得很清楚需要一个过程。

永健：您是如何看待艺术学理论这个学科的？与各艺术门类放在一起，它是如何定位的？

王：就艺术学理论学科来讲，其学科建设必须要建立在各艺术门类的基础上。各艺术门类的研究好比鸟儿一样，它可能只需要飞到某种"高度"，因为再高就超出艺术门类自身的研究了，一旦超出门类，开始讨论艺术的普遍规律时就进入艺术学理论这个学科了。比如它们飞到一米，那我们是从一米开始往上做的，我们是做一米以上的东西。门类艺术学已经总结出来的艺术规律，艺术学理论必须顾及，不需要从零开始重新去挖，因为没有那么多的精力。目前的美术史、音乐史、舞蹈史、戏剧史，这些最基本的艺术门类的历史都已被专门研究的学者们挖得很深了。艺术学理论学科再做艺术史的话，要在这些成果基础上思考艺术史发展的总体脉络。那么如何思考涵盖众多艺术门类的艺术史的总体脉络呢？我认为可以从观念入手。

观念是统领艺术史的一个最核心的东西，我们必须要从观念出发建立起艺术学理论视野下的艺术史。但是观念也是分层次的，这个层次怎么分，是需要我们去研究的。另外还要结合时代，某一个时代为什么音乐、美术、设计都有相似之处？是靠这个时代所崇尚的艺术观念来牵引的。最典型的就是中国的"文化大革命"时期，通观那个时期所有的艺术门类，我们能总结出"高大全、红光亮"的艺术特点，这都与那个时期"样板戏"观念的影响分不开，也与那个时期时代精神的影响分不开。再看西方，欧洲文艺史上的现实主义和浪漫主义，也不只是存在于某一个艺术门类里，所以从风格的角度来思考艺术史的总体脉络也是可行的。这些都需要我们艺术学理论学科的艺术史家去梳理、去探索。

永健： 做这种艺术史基础研理论研究，的确很难，也很费功夫。我们经常会发现，花费很大力气和时间写出一篇文章来，还不一定好发表。介绍国外理论的文章相对容易发表，您怎么看这个问题？

王： 对于国外艺术理论的译介是必要的。国外艺术研究起步较早，对我们研究艺术有启发，也可以丰富我们的艺术理论话语。但目前我们国家许多学者所做的研究还多停留在译介国外艺术理论著作或论文方面，文章虽然相对较好发表，但真正立足于中国艺术和社会现状的研究成果的确不多。所以，仅仅依靠译介还不行。就拿艺术社会学来说，要建构自己的艺术社会学的理论和学说，还需要关注中国艺术和社会现象。

永健： 无论怎样，艺术社会学都要去做田野调查，应该关注这种现实问题，是吧？

王： 是的，艺术社会学若不考察中国艺术的历史和现实肯定是不够的。例如我们现在的艺术品市场行情不佳，如果用艺术社会学怎么去解释？为什么艺术品市场会突然走向低迷？当然有一些显在的原因，但是我们需要用艺术社会学寻找更深层次的原因。任何一个有较大影响的西方理论家，他们的观点都是慢慢积累起来的，也都是在关注人家那个时代、那个社会的艺术现象的过程当中写出来的，如布迪厄、鲍德里亚以及法兰克福学派的著作，都是在对19世纪到20世纪西方社会出现的艺术现象高度关注和分析的基础上研究出来的优秀成果。而如果我们直接援引法兰克福学派的观点看待我们的艺术现象，那么我们缺乏法兰克福学派的学者们所面对的研究对象，所以我们的艺术社会学的研究往往是缺乏针对性的。

永健： 这是一个很大的问题，艺术社会学更应该关注社会发展与变迁、社会转型中发生的问题。像您刚才说的艺术品市场，为什么从21世纪以来兴起的"收藏热"到2012年之后会整体滑坡？"收藏热"的时候，艺术家也好，民间艺人也好，都在追求一种身份认同。艺术家追求成为一个拥有更多身份符号的艺术家，民间艺人追求一个艺术家身份，为什么会发生这种社会现象？这是艺术社会学研究领域的学者应该关注的。我在《民族艺术》主持的中国艺术人类学前沿话题三人谈栏目中，曾专门组织赵旭东、武洪滨、罗士泂三位学者讨论"艺术家的身份建构与认同"的话题，讨论民间艺人为什么追求艺术家的身份？我觉得应该从人类学、社会学的角度去讨论这个问题。

王：是的，我曾读过澳大利亚莫纳什大学的文化经济学教授奥康诺的著作《艺术创意产业》。这部著作虽然篇幅不长，但写得非常好。作者结合19世纪欧美的社会环境，把手工艺人这个社会阶层为什么要争取一定社会身份的道理说得很清楚，把艺术的现代性问题阐述得很具体，把艺术和现代文明之间的关系讲得很透彻。奥康诺的研究很实在，所以他既是一位理论家，又是一位文化战略学家。他是创意产业的提出者，英国创意产业网络召集人之一，曾担任欧洲多个城市的文化与创意产业的项目负责人。反观我们，如果我们找不到这个时代艺术所存在的深层次问题，不能有效解释我们这个时代艺术存在的问题的症结，那么我们的艺术研究就是不合格的。

永健：是这样的，我们这些人做学问是为了什么？我们写文章是要为国家发展服务，为其提供智慧成果，进而帮助国家研判和解决一些发展中遇到的问题。

王：我年龄大了，在学术这条路上走的时间长了，也在不断反思我们学术研究的一些问题，不管是人们对艺术学理论学科的质疑，还是我对自己的一些研究成果的质疑，都能反思出一些问题。国家花这么多钱养着这么多的艺术学学者、培养这么多博士生和博士后做研究，我们的研究成果如果不能回答艺术史的关键问题，不能解决艺术的现实问题，那都是有问题的。我们又不像工科的学者能把自己的知识直接转化为物质产品，他们总是能够把一些东西弄出来，哪怕是模仿也总能模仿出来。那么我们做了什么东西呢？我们读了这么多书、做了这么多年的研究，我们到底把什么东西研究得很透彻了呢？我们的研究到底对国家、对百姓有怎样的价值呢？这些都是需要我们思考的问题。

永健：所以要学以致用，怎么为国家服务、为国家的发展赋能，这应该是一代学人的使命、责任和担当。所以王老师您思考这些问题很重要。

王：是的，"用"很关键，学以致用也好，知行合一也好，都是中国传统学问所强调的。当下的艺术研究，要在"用"字上下功夫，无论是把艺术史的脉络梳理清楚、把艺术的某类理论问题研究清楚，还是让艺术在当代社会发挥重要作用，都应与"用"密切关联。

三、学术团队的研究与理论建构

永健：王老师从教这么多年培养了一大批硕士生和博士生，您是如何规划学术团队研究方向的？有什么样的考虑？是如何带学术团队去做研究的？

王：我从2003年起招收硕士研究生，从2008年起招收博士研究生，目前大批学生已毕业。我带研究生做学术研究，涉及方向问题时，一方面要考虑到我自己较为熟悉的方向，如艺术基础理论问题、艺术传播问题；另一方面也要结合研究生已有的基础，力争把这两方面的考量结合起来。这些学生入学后，我一般要观察一年多的时间，去寻找学生们的学业基础、学术兴趣，到了二年级，就让他们考虑自己的研究方向，二年级下学期，就可以确定研究方向了。研究方向一经确定，首先会要求学生围绕这个方向做文献收集工作，需要调研的还要做田野调查，让大家在吃透已有文献的基础上展开研究。这是学者们带研究生、做研究的基本方法，我也没有脱离这种方法。对于我来说，我不是把研究生作为所谓学术团队来带的，我的目的是要引导学生养成自己的学术性格、走出自己的学术道路，这样学生才能成长为一位能动性较强的人。这一点是我在研究生培养过程中一直坚持的。

永健：请您介绍一下学术团队的研究成果。

王：由于我是在培养具有能动性的人，而不太强调团队，所以我带的学生大多具有较强的个性。根据我的观察，我带过的大多数硕士研究生都不在学术研究岗位工作，他们在具备了较强的学术素养之后，就业的岗位类型较多，有在政府文化部门工作的，有在较大文化企业工作的，有在出版社工作的，有在大学做辅导员的，有在自己创业的，当然也有在一些普通院校从事教学和科研工作的。令人欣慰的是，他们都能以良好的素养胜任自己的工作。我培养的博士生们全部都在高等院校从事教学和科研工作，这些学生中已有不少是副教授了。我带过的博士生做的研究有两个方向是与我的研究方向密切相关的：一个是艺术传播，另一个是艺术基础理论。在艺术传播方面，已出现过多篇博士论文，如《"文化大革命"时期的样板戏传播研究》《〈桃花扇〉的传播研究》《中国传统表演艺术对外传播研究》《中国传统造型艺术对外传播研究》《媒介演进与艺术传播研究》《造型艺术在互联网的传播研究》等，这些论文深入某个领域专门思考艺术传播的理论和实践问题，取得了较好的效果。在基础理论方面，有《中国古代艺术体式研究》《中国古代艺术风格研究》《中国古代艺术范畴研究》《中国古代艺术功能研究》等，旨在从艺术学理论学科的视角思考中国古代艺术的基本理论问题。这些研究涉及面广，不仅仅局限于一个艺术门类，是在对中国古代艺术理论基本文献进行梳理的基础上思考各艺术门类共同关心的理论问题，这些研究很有成效。这些同学如今都成为兄弟院校艺术学理论学科的骨干力量。他们毕业之后，有不少以博士学位论文的研究为基础申请到了国家社科项目、教育部人文社科项目，说明他们学术研究方向的持续价值。2019年，我申请到一个国家社科艺术学重大项目"中华传统艺术的当代传承研究"，目前在读的一些博士生都在围绕这个课题的延伸问题做一些研究。我想这些研究成果，也会对传统艺术的当代传承问题有所助益。

永健： 请您介绍一下研究心得和经验，以及您对艺术研究的理论建构。我记得您曾用八个字——"艺随人走，虚实相生"，总结中国传统艺术的特点，我想听听您的想法。

王： 就我的学术研究来说，一方面是因为岗位的需求；另一方面是因为我对学术研究的兴趣。在研究过程中，我要求自己把岗位需求和研究兴趣相结合。我从在山西师范大学戏曲文物研究所工作起到现在，已辗转多个大学，但对戏曲研究从没有放弃过。我从事戏曲研究时间较早，起初我对戏曲并不算熟悉，但在老师们的带领下，逐渐熟悉戏曲艺术，并在熟悉过程中发现了自己的兴趣点。所以我在仪式戏剧、戏剧发生、昆曲与民俗、戏曲传播以及其他相关戏曲史论的研究方面都曾用过力，也都有一些收获。

2002年，我到东南大学工作，开始接触艺术学理论学科（当时叫作艺术学，是个二级学科），我便因岗位需求，主动进行学术转向，投入大量精力思考艺术学理论的问题。从戏曲研究到艺术学理论的研究，我感到没有偏废。因为从戏曲这种综合性较强的艺术研究延伸到艺术学理论问题的研究，对我开阔理论视野很有帮助，也让我走进艺术学理论的世界有所凭依，不流于空谈。无论是对艺术学理论学科历史、学科现状、学科理路的研究，还是我以艺术学理论的宏观视角来思考中国艺术的特点问题，都让我很有兴趣。就拿你说的我曾关注过的中国传统艺术总体特征问题来说，我之所以把中国传统艺术的特征用"艺随人走，虚实相生"八个字来概括，是由于中国传统艺术的生存方式是艺随人走的，在这种生存方式的牵引下，才形成中国传统艺术的基本特征——虚实相生。艺随人走，是指艺术家的"素养"和"技艺"是紧紧伴随着艺术家自身而行的，中国古代的艺术家一生修炼的就是与身相伴的艺术"素养"和"技艺"，艺术家走到哪里，这种"素养"和"技艺"就跟随到哪里。所以，中国传统艺术往往依靠人自身的"素养"和"技艺"，较少假借人之外的事物而存在。既然较少假借外物，那么中国传统艺术在表现形式上也集中体现在人自身的言说和表演方面。就拿戏曲艺术而言，戏曲舞台的表演多集中于人的表演技艺，这种技艺在塑造形象、表现人的内在情感时多借助程式，而戏曲程式的最大特点就是"虚实相生"，例如划船，人仅仅借助一只简单的船桨，通过一系列细腻的表情和舞蹈动作，就可以让观众感受到人是在一片碧波荡漾的水面上乘船而行。在这套程式化的表演中，船桨和人的表情、动作是"实"的，而演员脚下的船和水是"虚"的——因为舞台上并没有真实的船和水，虚的船和水加上实的船桨、表情、动作所"产生"出来的是人物在特定情境下的心境，也是生动的人物形象。倘若没有演员的基本素养以及借助简单的道具和自身的程式化表演技艺，观众无法把这些东西有机结合起来体会人物的心境和人物形象的特征。中国传统戏曲的魅力就在于此，其不像西方话剧那样要依靠繁复的舞台美术和特定的舞台来呈现。所以，传统戏班都能轻装上阵，借助任何表演空间来呈现艺术的魅力。传统戏曲如此，传统舞蹈、传统书法、传统绘画也是如此。传统绘画的工具和墨水都很简单，但画家却能用如此简单的工具和墨水图绘出多彩多姿的艺术作品来。国画中的墨水表面上看均是黑色的，但画家们却能让看似相同的黑色分出浓、淡、干、湿、焦五种颜色来，并在这五色中自由挥洒，描绘出烂漫春花、盎然绿意。这种以少胜多、紧随人走、虚实相生的艺术智慧，让传统艺术的魅力经久不衰。而这些都需要我们艺术理论研究者去发现、去认识。倘若认识不到这一点，就会让我们的艺术脱离人而存在，让艺术的表现形式陷入烦琐境地，让艺术为"物"所累。

永健：是的，中国传统艺术有一套独特的创造方法，值得珍惜，也值得探索。目前，您已经到中国传媒大学工作，在新的工作岗位，您有什么新想法吗？

王：中国传媒大学是以文为主的高等院校，是传媒领域的龙头高校。我之所以愿意到这所学校工作，与该校这两大特点有很大关系。近年来，我对艺术传播问题持续关注，中国传媒大学浓郁的传媒氛围可以促进我思考艺术传播问题、艺术与媒介的关系问题。我们正处在一个传媒技术飞速发展的时代，借助传媒思考艺术的理论问题可谓恰逢其时。我计划在已有研究的基础上，把我对艺术传播问题的研究引向深入。尤其是中国传统艺术的跨文化传播问题、传统艺术与现代媒介的融合问题，我觉得是需要思考的。中国传统艺术曾长期在中国境内生长，较少走出国门。但到今天，随着中国国力的不断增强，我们有必要让富有中国文化性格的中国传统艺术走出国门，让世界通过艺术了解中国。但因为这个问题涉及跨文化的问题，所以需要认真研究，要找到中国传统艺术与其他文化之间的桥梁，从而让中国艺术为世界文化贡献智慧。同样，由于中国传统艺术在农耕时代缺少与现代媒介之间的融合，而随着中国传统社会向现代社会的转型，传统艺术也渐渐与现代媒介相结合，但在这种结合的过程中，传统艺术如何更好地适应现代媒介语境、如何在与现代媒介融合的过程中既保持优秀传统，又能焕发出新的活力，都是需要我们在理论上进行探索的。

永健：是的，很高兴能与王老师一起讨论学术问题，让我们对艺术研究有了更深入的理解，也期待王老师在中国传媒大学对艺术的新研究。王老师的谈话也让我们对艺术研究，尤其是立足中国立场、中国问题的研究有了新的认识。谢谢王老师！

王：也感谢你们给了我思考的机会，祝你们在学术研究的道路上越走越远。

在艺术与民俗之间搭建桥梁
——张士闪教授访谈[①]

一、求学经历与艺术启蒙

王永健(以下简称王)：张老师您好，非常高兴能有这个机会对您进行面对面的专访，疫情之下，见面属实不易。我们这次正值中国艺术人类学学会主办"新文科建设与艺术人类学研究"高端论坛，在美丽的海南大学开会，寻找开会的间隙采访您真是很好的机会。我一直在做中国艺术人类学学术史研究，除了文献的梳理外，我还选择在中国艺术人类学学术发展历程中起到关键作用、具有代表性的一些学者，做口述史访谈，让他们从求学经历开始谈，包括从研的经历、学术成长经历、学术研究心得体会和理论建构，以及如何带团队，等等。我觉得这样的访谈，一方面对学者个人有意义，能把学者的学术成长和学术成就做一个总结；另一方面，是对艺术人类学学术史研究的很好补充。您是中国艺术人类学发展历程中一位具有代表性的学者，多年来一直在从事这方面的研究工作，肯定有很多东西可以跟大家来分享。

我关注到您是1981年考入山东大学中文系，攻读的是汉语言文学本

[①] 张士闪，1964年11月出生，山东淄博人，获山东大学文学学士、北京师范大学民俗学（法学）博士学位。现为山东大学文史哲研究院民俗学研究所所长，教授，民俗学专业硕士生导师，民间文学专业博士生导师。山东省第五批中青年学术骨干（2001）。兼职山东艺术学院教授、艺术民俗学专业硕士生导师，潍坊学院教授、山东省民俗资源保护与开发利用研究基地常务副主任等。学术兼职有：文化和旅游部中国节日文化研究基地（山东大学）主任，山东省高校人文社科研究基地中国乡土文化研究中心主任。中国民俗学会副会长、中国艺术人类学学会副会长、山东省民俗学会会长、山东省民间文艺家协会副主席、山东省通俗文艺研究会副会长等。主要代表性著作有：《西小章村》《洼子村》《竞智斗趣话灯谜》《二月二》《春节·山东卷》《中国艺术民俗学》《乡民艺术的文化解读——鲁中四村考察》《艺术民俗学》。

194

科专业。1985年毕业后进入山东艺术学院工作，这一干就是23年，直到2008年回到母校山东大学工作。那么我们就从您的求学和工作经历谈起吧。当时您从中文系毕业，为什么选择到一个艺术类专业院校工作呢？

张士闪（以下简称张）：感谢你专门抽出时间来对我做访谈。你的这项口述史研究工作很有意义。学者可以通过回顾自己的学术历程，进一步明确未来的学术方向，有助于学术自觉。在我的学术经历中，有过几次转型，但从来不在热闹的中心，而是一种"自甘边缘"的状态，或者说我喜欢做一种"角落里的学问"。你看，我的研究涉及艺术学、民俗学、宗教学和武术学，近年来还关心历史学，但我所关注的是这些学科的交叉区域，是传统学术不那么在意的领域，比如乡村庆典、民间武术组织、民众口头传统和日用文献等。边缘有边缘的好处，能顺着自己的兴趣工作，也就苦乐由之吧。我不大讲究学术规划，也不赞成在学术上"跑马圈地"的做法。刚才提到的那几种学问，我都很感兴趣，愿意下功夫一点一点地做，因为需要恶补的学术史知识、需要跑的田野点太多了。

就今天我们这个话题来说，艺术学在当代中国学术版图中一直算不上主流，艺术人类学、艺术民俗学在整个艺术学领域也属于剑走偏锋的研究，我当初怎么就选择了它们？时过境迁，我很难说清楚当初的选择，只能说是兴趣使然，尽管当初是那种朦朦胧胧的兴趣——这似乎有很大的偶然性，但有兴趣、想坚持的总会坚持。

我一直认为，整个"60后"知识分子群体的命运很独特，吃过不少苦，也有很多幸运。比如我，1985年大学毕业后是可以分配工作的，甚至可以填报三个志愿。我的第一志愿是到祖国边疆，主要是新疆、内蒙古一带，最终决定去新疆喀什，至于具体工作是教师、报社记者或是出版社编辑……都可以。几天后，工作分配志愿表发下来了，没有新疆、内蒙古的名额，我那在蓝天白云下骑着骏马奔驰草原的梦想就此破灭。于是，我把青岛出版社作为第一志愿。我从小生活在鲁中山区，没有看过大海，一直向往大海，再加上我性格内向，普通话说得不好，安安静静当一个编辑挺好。一连几天我都兴奋得睡不着觉，想着我以后在海边工作，每天下班后都在大海边散步。

不过，我也没能去成青岛出版社，因为有个同学老家是青岛郊区，需要特别照顾返乡。作为补偿，辅导员又向我推荐了一个备选单位——国家安全局，说工资待遇特别优厚。不过，此时我已打定主意要到山东艺术学院。就这样，20岁那年，我兴冲冲地来山东艺术学院任教，教授大学语文课程。

现在想来，对世界充满幻想，追求浪漫人生，大约是"60后"知识分子群体的普遍心理。我对未来职业的预期，与异域风光、民族风情、浩瀚海洋、神圣艺术等紧密相连。艺术，在我心中始终占据主要位置。是大学期间如饥似渴地捧读欧美文学名著、欣赏西方名画、沉浸西方音乐的情结？是受到当时流行的朦胧诗、实验话剧、摇滚乐、第五代导演电影等社会时尚的导引？或者是兼而有之的混合引力？时过境迁，我也说不清，但我会永远记得，我在确定来山艺任教后的那种喜悦。

既来到艺术高校，自觉深契我心。我将心中对于艺术的想象，扩散到日常生活之中，即使有不相符合的地方，我依然初心不改，而且很羡慕那些已有几十年教龄的老教师。在三年之内，我利用业余时间旁听各种艺术史论或欣赏的课程，如中国音乐史、西方音乐史、中国美术史、西方美术史、西欧戏剧史、中外舞蹈史等，有的不止听了一遍。我印象深刻的是两门课：视唱练耳和西方剧场史。视唱练耳课程我听了三遍，因为感觉自己的乐感、辨音能力实在糟糕；一位外教的西方剧场史课是每天连续上课的，两周讲完，我至今都留着当时所发的油印版讲义，上面有我密密麻麻的心得体会。有了积累，就写文章投稿发表。20世纪八九十年代，我广泛涉及中西戏剧、中国民间游艺、山东民间美术、山东传统民歌和博山民间艺术等研究领域，虽然肤浅，但也算开阔了视野。1993年，我开设艺术民俗学课程，就是以此为基础的。

王：您真是太勤奋了！参加工作之后，还能拿出三年时间跟年轻学生一起听课，很难得！您在艺术通识方面有比较好的认知，这要归功于此吧！2002年，您到北京师范大学攻读民俗学的博士学位，是出于什么样的考虑？

张：这个话题说来有趣，可以说是一则传闻改变了我的人生轨迹。20世纪90年代末，诸多山东高校忽然流传起一种说法：没有硕士以上学历的教师，将不允许再上讲台。我已经当了十几年教师，很难想象离开讲台另谋职业的日子。山艺是个富有想象力的地方，这则传闻更是传得有鼻子有眼——上面将要推行"老人老办法，新人新办法"，没有硕士以上学历的年轻老师，将被分流到学校的两个部门重新就业：伙食科、保卫处。

这把我彻底难倒了！我自觉很难被算作老教师，凭自个儿外语水平考研又难比登天，当时真是一筹莫展。我甚至对分流改行的两种工作做了一番比较：在伙食科工作，据说有吃饭免费的福利，或仅象征性地交一点点钱，便可放开肚量饱餐；在保卫科工作，对我应该是轻松的，我长年坚持习武，正可以派上用场，运气好的话还会立功受奖。几番思量，却更觉惶恐。我自知性格内向，脸皮薄，偏偏这两种工作都需要整天跟人打交道，碰见熟人，脸往哪儿搁！不管怎么说，我开始认认真真考虑起考研的事了。2001年我到北京师范大学跟随钟敬文先生访学，2002年考取民俗学博士生，就是这样被逼出来的。

二、山村培育的艺术情结

王：学者的成长往往跟家庭环境、生活环境、生活经历等存在千丝万缕的联系，从您的职业选择都可以看出有一种艺术情结久存心中，您家乡是哪里？能否谈一谈您小时候接受艺术启蒙的一些经历？

张：要想说清楚我的学术选择，还真是需要往我上大学前的家乡生活追溯一下，谈谈我的艺术兴趣的养成。你肯定想不到，我有一段生产队放牛娃的经历！我的家乡洼子村，在鲁中山区，在清朝《淄川县志》上是"凹子村"，是地平线上看不到的村落。洼子村是个很普通的村落，走到村头，走在大街上，看不出任何特别之处。

我是村里第一个本科生、第一个博士生，还是第一个大学教授……可能还有好几个"第一"。我跟我的研究生开玩笑说，我有项纪录你们谁都破不了——没出村就读完了小学、初中，没出乡镇就拿到了高中毕业证。当然，现在村里早就没了初中，小学也没了。20世纪70年代，时兴村村办小学、初中，教学条件因陋就简，教学方式提倡开门办学。学生跟乡村生活不脱离，是一大好处，而且没有现代教育这么大压力。小学在村里，初中在村东山坡上，上学、放学要走五六里山路，满眼的山丘、原野，还有零零星星的庄稼地。每个学期，学校会组织参加生产队劳动，农忙的时候要干农活，平时有不少家务活、杂活。我给生产队放牛的经历，是在寒暑假里，跟着一个老大爷放牧十几头牛。生产队给我每天计五分工，一个整劳力是十分工，俗称"一个工"。年底算钱，扣除平时分的口粮钱，"一个工"值八分钱或一毛钱。

关于少年时代的记忆，快乐总多于苦涩。我的家乡淄博是煤矿区，却没什么大工业，气候四季分明，自然风景优美。无论是在上学、放学的路上，放牛或是干着什么活，独自一人还是与小伙伴一起摘野果、捉蚂蚱，我经常会对着蓝天白云发呆。每当这时候，我早先听闻的种种神奇故事、传说便渐渐鲜活生动，如梦如幻，主人公有七仙女、黄大仙、老貔虎，还有一种俗称"挤倒啃"的怪物，等等。我的家乡距离蒲松龄生活的蒲家庄也就10华里左右，同在淄东山区，清代隶属仙人乡，都流传着这类神鬼精怪的传说。

20世纪七八十年代的集体化时代，是乡村文艺活动传承的活跃期。尽管生活穷苦，但村民平时一起劳动，歇息时拉呱、唱曲或比试力气，其乐融融。拉呱，就是聊天的意思，天南地北、古今中外都可以谈说，讲得最多的当然是地方传统故事。有几个善于拉呱的人，谈说起来活灵活现，孩童们听得聚精会神如身临其境，我经常被故事里的细节吓住，好几天都回不过神来。

洼子村在这一带是个穷村，历史上从来没有功名簪缨世家或富甲一方的巨室，不过村民却自认为是"文化村"，以本村民风淳朴、讲究"老礼"、文艺活动多而自豪。农闲时节，特别是年节期间，村里除了排演革命现代京剧样板戏、吕剧、五音戏等之外，就是各自扎堆成圈的众多艺术爱好者，各有所乐。村里会拉二胡、拉小提琴、吹笛、吹箫的中青年人不少，更有一大批喜欢书法、绘画、根雕、奇石和制砚的中老年人，各自找地儿交流技艺，评头论足。或许，越是贫困之地，人们对于艺术的需求就越是强烈。

王：记得您的研究中多次提到家乡的送锣鼓、扮玩、杂耍之类的活动，那都是要到别的村里去演的意思吗？

张：是的，村与村之间礼尚往来，是我们那一带的年节习俗。过年期间，人与人之间拜年，家与家之间走亲戚，村与村之间相互贺年。这个村给那个村送锣鼓，那个村或许会给这个村来一场武术表演，两边都鞭炮迎送，茶烟接待，热络得像一家人。即便两村在过去一年里有点磕绊，在过年期间这么相互贺年，红红火火热闹一番，心里就不存在疙瘩了。

若干年后我意识到，乡村年节期间这种以文艺、武艺表演为形式的拜年活动，年复一年成为传统，通过礼尚往来形成了一个个礼仪圈。各村之间存在着经济活动和艺术活动的分工与协作：这村出泥瓦匠，那村就流行编筐；这村抬芯子技艺出色，那村就会偏爱锣鼓、戏曲之类的。各村虽有杂糅，但更想突出特色，久而久之就形成了以有易无、共享共益的礼仪圈。就这样，我在家乡的生活经历，日后逐渐成为我深化学术思考的契机，比如我所使用的"对子村""城乡民俗连续体"等概念都发端于此。我一向不赞成在学术研究中预先划界，而是自甘学科"边缘"，因为我相信现实生活才是学术研究永远的"中心"。

王：您从小就生长在这样一个充满文化和艺术的环境氛围中，可以说艺术的启蒙很早。

张：我对艺术感兴趣，肯定与乡村生活经历有关。我们家姊妹5个，我恰好是排行中间的一个。在乡村家庭里，排在中间的孩子，容易被父母忽视，却也因此会有自由发展的机会。比如说，长子作为家里的第一个儿子，父亲要带着他参加很多礼仪活动，容易养成中规中矩的性格；最小的孩子则容易娇惯，是全家人关注的中心。我从小性格内向，还有点多愁善感，不知道是不是跟这有关系？

我家住在四合院里，是三个四合院连在一起的那种，后来我给它起了个名字叫"串联式四合院"，小孩可以随便到各家串门。各家在门前栽种的树各不相同，这家种石榴树，那家种桃树，隔院种枣树、核桃树，等等。这显然是大人们的主意，等果实成熟的时候，各家就让孩子往来各家分送分享。淳朴的乡村生活，是最好的艺术启蒙。尽管生活很贫乏，大多数孩子连一个口琴都买不起。

住在邻院的堂兄，是个小学教师，爱读《金光大道》《林海雪原》《十万个为什么》等大部头的书，对于各种乐器如二胡、小提琴、快板、口琴等也热爱，在我看来，他简直都是一学就会，很快就有模有样。在我心中，他是真正的"文化人"，举手投足之间都带着一种艺术韵味。还有两户邻居，一家喜欢收藏连环画，一家有能力订阅《人民文学》《读者》《大众电影》之类的杂志，吸引着附近一大批孩子来看，我更是如饥似渴一本不落地看完了。

王：在您的家乡生活经历中，有没有一些事件对您来说特别重要？

张：有两件事我印象特别深刻。我上高中的时候，是理科生，担任数学课代表和化学实验小组组长。语文老师对我特别关心，多次在课堂上称赞我，有一次说我将来会是一个好作家、好记者！这当然就应该学文科了！于是，他又热心地帮我向学校申请了一间教室自学历史、地理，因为学校没有这方面的教师。幸运的是，当时选择考文科的同学大都数学成绩不佳，我高考数学分数很高，因此捡了个大便宜。更重要的是，数学训练了我的逻辑思维能力，我受益很大，至今仍然保持着探究数学的兴趣。

还有一件事，是近年来发生的，促使我对自己的田野研究有了新的反思。2017年7月，我携带着刚刚完成的《洼子村》书稿，返回家乡向父老请教。7位老人不仅校正书中细节，提出修改或补充意见，还对我的写作理念提出异议，意见尖锐：为什么洼子村有那么多烈士、支前英雄没写，为什么不重点突出"教师村"的特色，却要花费大量笔墨描写神鬼精怪、巫婆神汉之类"上不了台面"的事情——"外人看到这本书，还以为洼子村人就知道整天烧香拜佛呢！"我当时就有点懵，尽管我在写作过程中努力要"深描村落生活，凸显村民主体，梳理乡土文脉，展现国情底色"，但真正实践起来是何其困难！受此刺激，我在后期修改中注意凸显村民的主体视角，尽量多留存乡土生活的鲜活气息，并由此反思以往的研究，提出"有温度的田野"的研究理念。

三、艺术观与艺术民俗学的"发明"

王：您是怎么看待艺术的？

张：我觉得在人类文化体系中，有两种知识特别重要：一是艺术；二是哲学。艺术则代表人类感性的解放，哲学代表人类理性的浓缩，每个人是感性和理性的结合体。艺术关乎人的本能，是人类个体走向完整人格的必由之路。现象学哲学的关键词是"朝向事情本身"，而艺术正是"朝向事情本身"最直接的方式。

王：您的那本《中国艺术民俗学》在国内影响很大。虽然书是在2008年出版的，但是在1993年您就开设了艺术民俗学的课程，可以说起步很早，而且是有意识地将其作为一个学科来建构的。当时您是怎么考虑的？

张：民众个体在日常生活中所体现出的生存智慧与生命意义，潜藏着"艺术"与"民俗"密切互动的奥秘，而只有通过这类个案的充分积累，体悟民众个体的文化创造精神，才能窥知"艺术民俗学"的真谛。

如果说，20世纪90年代我倡导艺术民俗学研究，主要是"对艺术活动与民俗社会之间的关系进行双向的动态研究，试图去认识、诠释艺术参与社会运动的全部过程"，那么21世纪初在我博士论文的研究中，就将艺术活动的自律性探寻拓展到区域文化的多向审视中，跳出封闭的艺术哲学分析而进入人类生活的总体逻辑中，突破"小艺术"的传统学科概念而走向"大文化"的研究视野，以至于被朋友调侃为"把民间艺术整得不是艺术了"。

王：实际上，您在山东艺术学院工作期间就已经有意识地建构了这样一个学科。

张：我在读博士之前，《艺术民俗学》就已经出版了。民俗学是老百姓的生活文化，需要进村入户做田野调查。在山东艺术学院的工作经历，使我受到了一定的艺术熏陶，有助于我形成自己的艺术观。

1992年，山东艺术学院筹办文化艺术事业管理专业，鼓励教师根据自身兴趣与特长开设课程，我选择开设"艺术民俗学"课程。2000年，山东艺术学院为申报硕士点，鼓励教师把手头的书稿拿出来资助出版，但仅限大约一个月的时间。"重赏之下，必有勇夫。"我在前期上课积攒的《艺术民俗学》讲义的基础上，利用一个暑期整理出20多万字的书稿，恰好派上用场。

不过，我的"艺术民俗学"学科概念虽是匆遽提出，却寄予厚望。我在本书中做了这样的界定："艺术民俗学的主要任务是对艺术活动与民俗整体之间的关系进行双向的动态研究，试图阐释艺术参与社会运动的全部过程，不仅要关注在社会生活中如何产生了艺术（包括产生了怎样的艺术、艺术如何反映了所处的社会生活等），还要关注艺术怎样影响了社会生活的变迁、社会生活的变迁对于秉承传统的艺术系统来说又意味着什么，以此呈现艺术与所属社会整体的互动关系。"如此宏阔的学术意义，当然需要长途跋涉。

王：说得是，要探讨艺术与社会的双向互动，这是研究理念的一种深化与调整。以往关注较多的是艺术的形式与风格，以及社会生活如何影响了艺术，而反过来艺术也在影响着社会生活，是一种双向的互动，这也是艺术民俗学这门跨学科的学术研究的专长所在。您的著作和文章我都读过，我觉得您并不是为了去搞一个学科建设的问题，而是要通过田野研究去解决实际问题，我感觉始终贯穿着这样一个理念。

张： 这要感谢钟老！就是有"中国民俗学泰斗"之誉的钟敬文先生。2001年秋天，我来北京师范大学跟随钟老做访问学者，他的身体已明显虚弱，入住北京友谊医院。即便身卧病榻，钟老仍不忘关心我的学业，把病房当成了讲堂。记得是一个冬日的黄昏，他对我慢声细语地说："做学问不要贪大，你艺术民俗学的摊子算是铺开了，可以考虑先围绕'作为民俗现象的艺术活动'做点专题研究。"我顿觉眼前一亮，有种豁然开朗的感觉！"作为民俗现象的艺术活动"，最典型的乡民的艺术活动，那就需要先扎扎实实地做点个案研究。

受此点化，我从"艺术民俗学"的理论体系建构，开始聚焦具体的"乡民艺术"研究，并努力通过田野考察，认知、理解和阐释乡民艺术背后的生动鲜活的民间传统。我逐渐体悟到，正是一个个民众个体在艺术发生的生活现场所体现出的生存智慧与自我生成，才是真正连接"艺术"与"民俗"的纽带。而只有通过这类乡民艺术个案的充分积累，透过民众个体的文化创造精神，所谓"艺术民俗学"的真谛才有可能被窥知。

王： "作为民俗现象的艺术活动"这一概括很到位，体现了艺术民俗学的学科问题域。

张： 是的，我将这一研究视作我的学术目标，我现在也依然朝着这个目标奋斗。我在北京师范大学获得民俗学博士学位，2008年来到山东大学民俗学研究所工作，加入一个优秀的学术团队中。早在20世纪80年代，山大民俗学团队就确定了"到乡村田间地头找问题"的研究导向，这些年始终没有改变。经过几代学人的积淀与发展，民俗学团队的研究逐渐形成了多个富有特色的专业方向，包括田野研究与民俗学基础理论、民俗学学术传统与中国实践、泰山文化与中华文明、农业民俗与中华农耕文明、华北亲属制度与女性民俗学、非物质文化遗产保护与当代社会发展、故事学和神话学研究等。我们的团队成员都很优秀，比如刘铁梁教授提出的"感受生活的民俗学""内价值与外价值""劳作模式""个体叙事"等学术概念，在学界产生重要影响。得益于这样一个良好的学术氛围，我的艺术民俗学研究也不断取得进步，陆续提出"礼俗互动""田野中国""有温度的田野"等学术概念或研究理念，算是薄有所得。

比如我将"礼俗互动"视角引入艺术民俗学研究中，认为在国家与地方之间长期的礼俗互动中凝结而成的艺术传统，寄寓着中华文明的传统智慧与运作机制。我觉得，在"礼俗互动"这一学术光束的映照下，艺术民俗学学科的发展之路会更加宽敞：一方面，它注意到艺术活动与国家一统进程、地方社会发展、民众日常生活之间的多重互动关系，并推重艺术精英在乡民艺术中的突出作用；另一方面，乡民艺术作为地方传统之一，又是民众与国家政治、地方权力系统形成磋商的文化工具，以民俗规范寄寓家国情怀。就此而言，艺术民俗学发展在继续讲求田野实证风格的同时，强调对"礼俗中国"全幅话语的接续，从而踏上了一条学术坦途。

我为艺术民俗学确定的研究目标是：眼光向下，以小见大，以扎扎实实的田野调查为基础，以服务当代社会发展为己任，以构建学科理论创新体系为主旨。父老乡亲的艺术，其价值一定是在特定的社会环境中得以实现的，因而对其日常生活世界的考察和体悟就显得特别重要。对于乡民艺术的这一理解，拓宽了传统的艺术观，我相信也有助于推进人们对于"中国原理"的理解。

四、艺术民俗学与艺术人类学的协同并进

王：我觉得刚才我们探讨得很好，思路打开了。艺术民俗学代表了一种视角，就是从民俗学的角度去看艺术。多年来，您一直参加中国艺术人类学年会，从您的研究来看，艺术民俗学和艺术人类学有什么联系和区别吗？

张：在我参加的众多学会组织中，参加中国艺术人类学学会的会议是最多的，受益很大，对我们学会有很深的认同感。现在，一个学会长期保持着一种学术至上的朴实风格，真的很难得。我相信，无论艺术人类学或是艺术民俗学，都强调"艺术+人"的完整性，至少在阐释的层面有助于艺术范畴的自我还原，当然更重要的是完整人性的生成。

按我个人的看法，艺术民俗学关注艺术如何为民众日常生活和世界文

明形态提供滋养，以及如何为后者所涵育，而非单纯指向艺术文本本身，也不是抽象意义上的艺术赏析，刻意规避艺术阐释的精英本位，并由此与传统艺术学有别。关于一般艺术学的研究模式，大家都清楚，我就不说了。艺术人类学、艺术民俗学或是审美人类学等，就是为突破传统的艺术学研究模式应运而生的。

再说艺术民俗学与艺术人类学的区别。我觉得艺术人类学是从人类行为的一般性质（如饮食、服饰、建筑、节庆等）去理解人类的艺术行为，虽则经常以一村一族的人类社会最小单元，但对于艺术行为的理解，往往是按照西方现代文化的艺术分类而进行，于是就有了音乐人类学、舞蹈人类学、戏曲人类学等更具专题性的学科分支。我心目中的艺术民俗学，是从关注人类社会的特殊性质即地方民俗入手，理解文化与本土生活的互文关系，其努力跳出西方现代文化关于艺术的既定分类，而关注地方民众的类型划分，如庙戏、社戏、扮玩、宣卷、说书、说唱、讲古、耍手艺、闹玩意儿、送锣鼓、跑竹马、跳秧歌、玩十五等。

再看学术传统，关注人类行为一般性质的艺术人类学，早期的经典之作是青睐无文字社会的"艺术"活动的。而艺术民俗学则选择本乡本土由复数的人所建构的"复杂社会"的"艺术"活动，理解父老乡亲"因民成俗"的生活艺术，并将地方日常生活的结构性、时间性、事件性与民众的实践性、意向性视为研究重点。在技术操作层面，艺术民俗学从本土语汇出发，努力贴近"艺术"活动的内部视角，进而在比较文化学的意义上理解不同世界文明形态的艺术范畴。马克思曾说过："极为相似的事变发生在不同的历史环境中就引起了完全不同的结果。"[①]可见时空因素对于艺术活动的影响是巨大的。

一言以蔽之，发生于一方水土的各种生活艺术，都为本土生活所必需；发生于不同社会中的生活艺术，在世界文明体系中都各具合法性。艺术民俗学的研究主旨必须从对"作为民俗现象的艺术活动"的生活艺术中寻找。

王：说得是，我觉得您总结得很好，艺术人类学是从人类行为的一般

---

① ［德］马克思：《给〈祖国纪事〉杂志编辑部的信》，载《马克思恩格斯全集》第25卷，北京：人民出版社，2001年版，第145页。

层面去理解人类的艺术活动，艺术民俗学是从作为民俗现象的艺术活动去理解艺术。美国著名的人类学家梅里亚姆在《音乐人类学》一书中，将自己的研究理念由"文化中的音乐"调整为"作为文化的音乐"，关注作为人类行为和文化现象的艺术。①对我们颇有启发。

在刚刚过去的2021年，您的教材《中国艺术民俗学》荣获教育部首届国家优秀教材奖（高等教育类）二等奖，这真是实至名归！您近期有什么新的学术想法吗？

张：这次获奖真的是撞运气！想想看，一个人30年前开了一门课，20年前写了一本书，10年前做了一次修订，他哪会想到有一天国家会组织评这方面的奖？我把这次获奖当作一个新的起点。多年以来，我在研究中不再提及艺术民俗学，因为一直觉得找不到新的突破。这些天我想了很多，有些不成熟的想法，接下来会整理出来跟大家讨论。

第一，艺术民俗学的学术使命。艺术民俗学应该以"作为民俗现象的艺术活动"即生活艺术作为核心研究领域，将它视为中华文明形态的重要构成要素和中华文明进程的生活支撑。生活艺术的特别之处，就在于它既是中国历史社会绵延至今的"活化石"，又在当代社会生活中发挥着实实在在的作用，可见、可触、可感。有人的地方，就有故事讲述的行为发生；有村落聚居，就有特定日子里的综合表演活动……这就是生活艺术普遍存在的明证，也是中华文明形态的重要表征。民众的这种生活艺术，与衣食住行、婚丧嫁娶等民俗事象密切相连，构建生活秩序，实现社会理想，滋养中华民族的精神世界。反过来说，也正是因为有了中华文明的长期积淀，民众的生活艺术才如此丰厚丰满。民俗学的学术使命之一，就是要揭示民众生活艺术与中华文明形态的这种互动关系。

第二，艺术民俗学的研究图景。艺术民俗学所界定的"艺术"，既是日常生活中的艺术，也是文明形态中的生活艺术，在人类社会的生活交流与文明对话中发挥着重要作用。为此，我们倡导"文明视野下的民俗观"（刘铁梁语），强调从民俗的地方性与主体性表达出发，推进对中国文明历程的内部认知和对中华文明与西方文明之间关系的认知，进而通过中华文明与世界文明的对话，推动世界文明的发展。具体而言，就是要统合民俗

---

① ［美］梅里亚姆：《音乐人类学》，穆谦译，陈铭道校，北京：人民音乐出版社，2010年版。

学、艺术学等视角，立足于中国社会的独特性，化解由西方资本主义为中国历史带来的"历史波折"和"文化纠结"，在正视历史发展的"路径依赖"的前提下，发挥自身的首创精神，实现对历史的能动建构即"跨越"，理直气壮地开启"中国原理"统摄下的中国道路。事实上，当代中国实践早已"溢出"了西方现代性的想象力所能达到的极限。

在西方文化人类学的演进中，早期的代表性学说是文化进化论的，它主张把不同的文明纳入同一个时间坐标轴中予以定位，后来便让位于文化相对论，即把不同的文明纳入空间坐标轴加以定位，将其看作彼此不可通约的平权关系。就此而言，马克思的历史观，是被空间关系中介了的时间关系的历史展现，在逻辑上超越了历史主义与结构主义的彼此紧张。于是，在不同的社会单元（家族、村落、地域、民族、国家或文明）之间，在文化比较的意义上都具有"个案"或"特例"的性质，但从其文化逻辑展开并完成的层面予以探索，则不仅构成了人类社会内在的不可或缺的环节，而且寓含着社会形态演进的一般逻辑。这正是马克思在《政治经济学批判》"序言"中，将"亚细亚生产方式"与"古代的、封建的和现代资产阶级的生产方式"并列，认为它们共同代表了"经济的社会形态演进的几个时代"的深意所在。值得注意的是，既然马克思把它作为"社会形态演进的几个时代"之一，那么它原本作为地域性的称谓就被纳入时间性的序列，显示出人类社会除了时间性的形态演进之外，还存在地域性的"共在"的影响因素，这是绝对不能忽视的。这说明马克思一方面是在一般意义上使用"亚细亚生产方式"，指称人类社会早期阶段类似的现象；另一方面又将"亚细亚生产方式"在东方社会长期存续而未被解构，视为东方社会所特有的"亚细亚现象"。再看马克思晚年在给俄国革命家查苏利奇的回信，其用意之一就是回应人们以为的《资本论》的逻辑同俄国社会的独特性之间的"紧张"，强调自己所揭示的资本主义的历史发生路径和机制只限于"西欧各国"。显然，马克思注重的是资本主义起源的地缘性色彩（何中华）。这对我们今天研究的启发是巨大的。

此外，正如王铭铭所注意到的，西方人类学一向将非西方社会矮化为"小传统"，并在价值评判上片面强调其国家政治意识形态色彩而对其刻意忽视或批判。"文明"的概念呼唤对人类学传统的反思，而"民俗"的概念则可以成为这种反思的重要起点，讨论中国文明在世界体系中的位置。

在中国，我们也不应该满足于建构一个以单一纯儒家文化为核心的中国文明图景，而是从不同地方社会的文化发育出发，将儒学文化视为众多地方社会的文化通约，以此理解中华传统文明的复杂性，进而从比较文化学的视角推进对于包括西方社会在内的世界文明系统的研究探索。这就需要当代民俗学者放宽视野，关注中华文明的历史脉络和当代进程，反思与矫正以往静态的、教条的、僵化的研究模式之弊，代之以历史的、实践的、活态的学术理念，这样才有希望获得长足的学术进步。

第三，艺术民俗学的本土传统。在中国民俗学的传统谱系中，一向是以对于本土社会的文化认知为己任，并"推己及人"地观察和评说"化外之地"。民俗，兼具社会与文化两种形态，就社会存在而言是地方性的，就文化形态而言则具有超地方性的结构性意义。在传统中国以"大一统"为表征的天下观的统摄下，民俗运用呈现出鲜明的政治功用色彩，先以"一方水土养一方人"的生活文化逻辑，将本土社会分为不同区域，采风问俗，为王朝政治服务，然后以"夷夏之别"区分"化内之民"与"方外之地"，推行天下一统的社会教化。于是，多样的地方民俗就被正统礼仪统一到同一个中华文明体系中，构建起京畿与地方、中心与边陲等整体性社会政治结构。在这一历史演进过程与社会结构组织中，艺术担当了极其重要的角色，尤其是当艺术与民俗相结合，就会发挥出一种强大的精神推动力量。

第四，艺术民俗学的研究策略。就具体操作而论，艺术民俗学可以从民俗艺术之学、艺术民俗之学两种路径展开研究。民俗艺术和艺术民俗，代表了从不同视角对于生活艺术的观察和理解，也是艺术民俗学作为交叉学科的不同面相：生活艺术或"作为民俗现象的艺术活动"，从艺术学的角度来看是一种艺术现象——"民俗艺术"，而从民俗学的角度来看则是一种民俗现象——"艺术民俗"。但无论是"民俗艺术"还是"艺术民俗"，都是日常生活中的艺术、文明形态中的生活艺术，在日常生计、生活交流与文明形态演进过程中被运用、传承和创造，从而发挥作用。生活中不能缺少艺术，如果缺少了"作为民俗现象的艺术活动"，不仅人与人之间的生活交流会发生困难，整个文明形态也将不再完整。因为文明形态发展的不同阶段，必然会以不同的生活艺术为表征，而生活艺术则是不同文明形态以及同一文明不同阶段的显在标识。

第五，艺术民俗学的当代价值。历经近现代社会的百年动荡，中国人的文化自信并没有丧失，这要从民俗中去寻找，特别是从生动鲜活的艺术民俗中寻找，艺术民俗学由此而与艺术人类学有别。如大国工匠、艺术乡建等当代国家重大战略，也应该从这样的维度来理解其深远意义。

通过艺术民俗学的视角，关注中华文明的历史演进与当下进程，特别是关注当今社会发展进程中的生活艺术，农民的生活主体性与文化话语权的双重失落就成为不容回避的问题。离开了农民对自身生活艺术的自信，中国的文化自信就是无根的浮萍，这在当今以城市化进程加剧为表征的社会秩序时期尤为如此。当代知识精英既可以跟地方社会发展建立一种良好的合作关系，促进民众文化传承和民生改善，也可以在民族国家进程中担当一定的文化建构作用，明确民众生活文化和地方传统的奠基意义。这也是民俗学提倡"有温度的田野"学术理念的核心要义。然而，选择怎样的地方文化予以保护、选择哪里的民众作为地方文化的保护主体，是需要知识精英秉持学术良知拿出智慧的。在这方面，艺术民俗学者责无旁贷。

王：刚刚听您讲述了艺术民俗学的学术使命、研究图景、本土传统、研究策略和研究价值，可以感受到您对该分支学科有了系统的理论建构，也很期待这一学科能够为艺术学研究带来更多的理论和思想成果。最后问一个小问题：这些年，您在山东大学带了一个很棒的学术团队，培养了一大批的硕士生、博士生，您具体是怎么做的？

张：其实我在这方面没有刻意做什么，我的同事都很出色。作为学术带头人，最重要的可能是营造一种舒适温馨的生活共同体氛围，每个人自由发展学术，各尽所能，自得其乐，共同把学术共同体做大，"水涨船高"。我指导研究生，经常强调学术公益精神，更通俗的说法是"人人都来添把柴火"。至于学术选题，遵循个人兴趣就好，这其实也是我对自己的学术态度。

王：非常感谢张老师的解答，我们聊了很多内容，涵括了您的成长、求学、从研、为师的经历，以及关于艺术民俗学学科定位、学术使命、本土传统、研究策略、研究图景、当代价值的最新思考。我相信这篇访谈对学界而言具有重要的参考价值，可以成为大家认知您的一把钥匙，也期望您的艺术研究硕果不断。谢谢！

跨学科的艺术人类学研究
——廖明君教授访谈[①]

王永健（以下简称王）：廖老师好，很高兴您能够接受此次专访。我一直在做中国艺术人类学学术史研究，于是对中国艺术人类学发展历程中的重要学者做一系列的口述史访谈，以补充学术史研究。我读了您的很多著作和文章，也读了您发表在《民族艺术》"学界名家"栏目上的《跨学科研究的行与思》[②]，对您的学术研究历程和研究领域有了较为全面的了解。我想今天的访谈主要侧重从您进入艺术人类学研究领域并发起成立艺术人类学学术组织，跨学科研究理念形成、研究经验心得、研究理论概括、学术团队的研究状况等方面展开，我们从这里开始谈起吧。

您是中国艺术人类学学术史上一位重要学者，在20世纪90年代就曾联合几位学者共同发起成立艺术人类学研究的第一个专业性的学术组织——中国艺术人类学研究会（1999年），虽然该学会成立后很少组织活动，但是，这个学会在学术史上具有重要的意义，是中国艺术人类学发展的一个里程碑，学界期待这样一个跨学科的学术交流平台建立起来，也意味着艺术人类学研究的学者开始有意识地走向联合。2003年，您又提议方

[①] 廖明君，男，壮族，广西民族大学文化遗产研究中心主任、二级教授、博士生导师，黄冈师范学院湖北省楚天学者计划特聘教授，享受国务院政府特殊津贴，文化部优秀专家，全国非物质文化遗产保护先进工作者，广西新世纪十百千人才工程第二层次人选，广西文化名家暨"四个一批人才"，广西政协第十、十一、十二届委员，曾任广西民族文化艺术研究院院长、《民族艺术》杂志主编（1995—2014），兼任中国艺术人类学学会副会长、广西壮学学会副会长、广西非物质文化遗产研究中心主任，长期从事民族艺术与非物质文化遗产保护、艺术人类学与民族文化发展研究，主持"珠江流域少数民族铜鼓艺术与非物质文化遗产保护"等多项国家级课题，出版《刘三姐歌谣·风俗歌卷》《壮族自然崇拜文化》《壮族始祖：创世之神布洛陀》《铜鼓文化》《生死攸关：李贺诗歌的哲学解读》等多部著作，研究成果多次获得国家级、省部级奖。

[②] 廖明君：《跨学科研究的行与思》，《民族艺术》2020年第4期。

李莉老师在北京成立一个国家级的艺术人类学学会。终于，经过三年的漫长准备，中国艺术人类学学会这样一个国字头的国家一级学会获得民政部批准成立，学会从一开始的100多名注册会员发展到现在的1900多名，形成了一个颇具规模的学术共同体，在艺术研究领域、文化遗产保护领域等发挥了相当大的推动作用。1999年，当时您还在《民族艺术》做主编，是如何产生发起成立艺术人类学学术组织这个想法的？发起成立这一组织的过程是什么？当时想通过成立这一学术组织来做哪些事？

廖明君（以下简称廖）：谢谢永健！去年应《民族艺术》许晓明主编的邀请，撰写了一篇题为《跨学科研究的行与思》，主要是回顾自己30余年来跨学科的学术研究，其中也涉及艺术人类学的相关工作。很高兴再次有机会从跨学科的角度来专门回顾自己与艺术人类学的关联。

如果按照正常的学术惯性，我自己的学术研究可能具有跨学科的特色，但不一定与艺术人类学发生关联。因为我研究生攻读的专业是中国古代文学，具体方向是唐宋文学研究，是研究生毕业后分配到广西艺术研究所参与《民族艺术》编辑工作产生的契机，才使得我有机会介入艺术人类学。《民族艺术》创刊于1985年，到我1991年6月开始工作的时候，《民族艺术》已经有六年的办刊历史，形成了一定的特色，在少数民族艺术研究领域也有了一定的影响。应该说，作为一位新人，1991—1995年，我在《民族艺术》的工作只能说是中规中矩。在较好地完成编辑任务之后，我除了继续从生命哲学诗化的视角推进李贺诗歌研究，还开始进入壮族文化艺术的考察研究。直到1995年，因为广西艺术研究所领导班子的调整，我得以主持《民族艺术》的工作，才开始有机会结合自己的研究心得和学术理念，思考琢磨《民族艺术》的发展方向和特色打造。一方面，我开始思考所谓的"民族艺术"，我认为将"民族艺术"仅仅界定为"少数民族艺术"是不够恰当的，"民族艺术"应该是包括少数民族艺术在内的各民族的艺术，当然也应该包括汉族的艺术；另一方面，我觉得对于民族艺术的研究，除了将民族艺术作为一种纯粹的艺术现象而需要从艺术本体来对其进行研究，也需要将民族艺术视为各民族的一种文化行为，从涵养民族艺术的传统文化切入，才有可能全面深入地看清民族艺术。

基于这样的理念，1996—1999年，我在《民族艺术》陆续推出了相关的研究成果①（这一时期所刊发的论文，不但选题在20多年后的今天看来依然具有前沿性，其作者们也已经成为学界中坚力量，大多是中国艺术人类学学会的领军人物）。在此过程中，我开始意识到，除了《民族艺术》杂志，如果能够有一个学术平台把以《民族艺术》相关作者为核心的学术群体团结起来，与《民族艺术》形成互动，对《民族艺术》和学术发展都是极具意义的，而这样的学术平台自然以学会组织为最佳，但当时我也深知成立全国性的学会难于登天，于是就考虑是否可以先挂靠在现有的全国性学会之下成立一个中国艺术人类学研究会。有了这样的思考，我便努力将其付诸实践。1999年，广西举办首届"南宁国际民歌艺术节"，同步举办"'99南宁国际民族民间文化学术研讨会"，任职于南宁社会科学院的周耀明先生慕《民族艺术》之名，委托我帮助邀请一些学者参加，我便把方李莉、彭兆荣、刘祯、郑元者、王杰等请到了南宁。会议期间，我把自己关于成立艺术人类学研究会的想法告知了参会的几位学者，并获得了大家的首肯。彭兆荣先生当时是中国人类学学会的秘书长，他提出来可以把艺术人类学研究会作为二级学会挂靠在中国人类学学会名下。在彭兆荣先生的争取下，艺术人类学研究会得以挂靠于中国人类学学会。费孝通先生非常赞赏我们的这一举措，亲笔为中国艺术人类学研究会题名。

尽管由于种种原因，中国艺术人类学研究会成立之后所开展的活动不太多，但也算是打出了中国艺术人类学研究的大旗，推动了艺术人类学的学术研究工作，具体表现就是投给《民族艺术》的呈现出艺术人类学研究特色的论文越来越多，有不少学者就是冲着《民族艺术》所倡导的跨学科的艺术人类学而愿意把论文交给《民族艺术》刊发。到了2003年，我觉得成立全国性的国家一级学会——中国艺术人类学学会的时机已经成熟，

---

① 蒋述卓《宗教艺术的象征：意义的蕴藏与转换》、傅谨《民族艺术论》、刘祯《20世纪中国戏剧学批判》、郑元者《艺术起源序说——当代马克思主义人类学美学研究之一》、于平《世界传统舞蹈的人文格局》、张士闪《山东传统民歌中儒学文化的渗透与影响》、彭兆荣《民族艺术研究中的人类学性》、纳日碧力戈《艺术之原初意义上的人类学》、李心峰《民族艺术学再谈》、徐新建《节日、礼仪、乐舞与族群凝聚》、王杰《〈野性的思维〉中的乌托邦观念》、李西建《从人类学的角度看艺术》、巴莫曲布嫫《神图巫符与仪式象征——大凉山彝族毕摩宗教绘画中的神话原型》、杨民康《云南少数民族泼水节民俗音乐的社会文化特征》、郑元者和廖明君《艺术起源学研究与当代人类学美学的学科建设》、汤亚汀《文化人类学与中国音乐研究》、李祥林《他者目光中的"天使"——中国戏曲的女权文化解读之一》、洛秦《是我们作用着音乐 还是音乐作用着我们》、方李莉和廖明君《走向田野的艺术研究》等。

并就此事与时任中国艺术研究院中国文化研究所副所长方李莉女士商量。方李莉女士最初认为此事是不可能的，但我却认为目前围绕《民族艺术》和中国艺术人类学研究会，我们不但推出一批有分量的成果，也涌现出了一批有水平的中青年学者，更为重要的是，通过费孝通先生刊发于《民族艺术》的相关访谈，我觉得成立中国艺术人类学学会极有可能获得费孝通先生的赞同和支持。经过再三动员，方李莉女士终于同意向费孝通先生汇报关于成立中国艺术人类学学会的构想。作为一位大学者，虽然年事已高，但费孝通先生的学术敏锐力却依然强大，他了解到我们关于成立中国艺术人类学学会的构想之后，不但认为很有必要，也非常愿意予以支持。也正是在费孝通先生的大力支持下，经过方李莉女士的积极奔走，到2006年底，中国艺术人类学学会终于"破天荒"地获得了国家批准，并于2007年正式成立。究其原因，我认为成功的基础是我们已经形成了一个立足于跨学科研究的艺术人类学研究的学术群体，拥有了一批极具学术活力的研究成果，成功的灵魂则是得到了费孝通先生的支持，成功的关键则是方李莉女士的不懈努力，而我本人的作用则是微不足道的，我只不过是通过主编《民族艺术》倡导了立足于跨学科的艺术人类学研究，团结了一批从事艺术人类学研究的学者，并能够在恰当的时候提出相关倡议而已。至于说想通过成立学会来做哪些事，并没有更多地思考，只是觉得除了《民族艺术》这样一个倡导跨学科的艺术人类学研究的学术平台，还需要有一个全国性的学会来团结更多有志于艺术人类学研究的学者，共同在跨学科的视野下进一步推动艺术人类学研究，探索艺术人类学研究的中国化，并通过艺术人类学研究积极介入非遗保护、乡村建设等国家重大发展战略。

王：我注意到您的学科背景是中文系毕业，古代文学研究方向。毕业后分配到广西艺术研究所，做过民间戏剧、民俗文化、民间艺术，以及后来非物质文化保护等方面的研究和管理工作。包括后来您主持《民族艺术》工作时提出的办刊理念，其中第一个关键词就是跨学科，可见其分量之重。请问您是如何看待"跨学科"的？为什么在研究中，甚至在办刊中都将其放在研究理念的重要位置？在进行跨学科时应该做哪些学术准备？麻烦您介绍一下跨学科研究理念的形成过程，我们想知道这其中的心路历程。

廖：我对于"跨学科"的重视并不是刻意的追求，而是水到渠成的结果。少年时代，我在家乡就曾以"乱读书"闻名，读本科的时候也是以"读杂书"为趣，并没有太多的学科概念，直到攻读研究生的时候，才更多地侧重于古代文学，但也并不是严格地局限于古代文学。一方面是由于中国学术研究中一向有"文史哲不分家"的传统，这本身就是在强调打通文史哲，当然可以视其为对跨学科研究的提倡；另一方面就是我的导师胡光舟先生的治学领域虽然定在了古代文学，但他读的书却很杂，视野也很开阔，并不常态化地只聚焦于某一时段（先秦、两汉南北朝、唐宋、元明清）的文学研究，而是对每一时段的文学都有研究，并强调从哲学的高度以历史的眼光来研究古代文学。胡光舟先生甚至对当时许多学者不屑一顾的武侠小说也极有兴趣，并购买了全套的金庸武侠小说。当然，胡光舟先生对于武侠小说已不仅停留在一般性阅读的层面，而是将之视为研究中国传统文化的重要载体，是从中国传统文化视角来阅读、思考武侠小说。[1]受胡光舟先生的影响，也可以说是得到胡光舟先生的首肯，我读杂书的爱好，在读研期间继续得到发扬光大，除了古代文学，我的阅读拓展到了中国传统文化艺术以及西方学者的相关论著。当然，有耕耘必定有收获。那种跨学科式读杂书的回报首先体现于我的毕业论文写作上。我研究生毕业论文的题目是《生命哲学的诗化——李贺诗歌新论》，主要是从生命哲学的视角重新审视中国诗歌史上著名的后"鬼才"诗人李贺和他所创作的"鬼诗"。这篇毕业论文获得了人们较高的评价，相关内容也陆续得到刊发。但很显然，跨学科的视野是这篇毕业论文获得成功的关键。由此开始，跨学科的研究也就贯穿我的学术研究之中。特别是参加工作之后，我们所需要研究的对象，通常都很难界定其属于哪一个学科，而且不会去在意它到底属于哪一个学科。我们需要在意的是怎样才能够通过全面、深入地进行研究，弄清楚问题所在。比如有关"布洛陀文化"的研究，如果确实需要讲究学科，那么，它似乎既可以属于民间文学，也可以属于民俗学，更还可以属于民族学、人类学以及宗教学，等等。然而，讲究学科固然重要，但更重要的却是问题的解决，也就是弄清楚布洛陀文化的相关问题才是最为重要的。至于它属于哪一个学科，可能在高校很重要，但在科

---

[1] 胡光舟：《为金庸小说说几句话——兼向何满子先生进一言》，《民族艺术》2000年第1期；胡光舟：《金庸小说与哲学认识论》，《民族艺术》2000年第2期；胡光舟：《取影相喻与金庸小说》，《民族艺术》2000年第3期。

研院（所）却不见得有多重要。那么，在我们的学术研究中，我们是以强调学科为目的，还是要打破学科边界以问题意识为导向去考察研究具体的研究对象为目的呢？如果研究生毕业后我就留在高校工作的话，我的学术视野可能较为开阔，但绝对不可能像现在这样可以跨越具体的学科边界，得以纯粹地以解决问题作为学术研究的目的。因此，所谓的"跨学科"只是学术研究的一个立足点，但并不能将之视为学术研究的终极目标，进而忘记了"发现问题、分析问题、解决问题"才是学术研究的根本所在。在一定程度上，我所倡导的"跨学科"其实并没有太多的讲究，只要有利于问题的解决，我们都可以运用所需要运用学科的理论与方法。

王：从您1995年开始主持《民族艺术》编务工作开始，组稿和审稿的工作是非常繁忙的，但是您还是一直坚持做研究。多年来，您扎根于广西区域民族文化艺术，做了很多田野调查工作，并陆续获得了多项国家社科基金课题的立项，承担多项国家重大课题的子课题研究工作。伴随着这些研究项目的陆续完成，也产生了一批重要的学术成果，这些成果也成为今天这些领域研究绕不开的参考文献。请谈一下您对田野调查的认识，当时是如何做田野的，以及您做田野研究所形成的一些经验心得。

廖：田野调查是人类学最为基本也是最为重要的研究方法，同时受到学术界的关注，在许多学科都引起了反响，似乎是"不田野，不成活"了。但只要仔细分析，我们就可以发现大家所说的"田野"，大致上可以分为三类：第一类是旅游观光式的"田野"，既没有理论指导，也缺乏足够的前期准备，只是因为兴之所至，到想要去的地方蜻蜓点水式地转了一圈就打道回府；第二类是文艺采风式的田野，虽然有一定的目标，但仅仅花上三五天的时间在村落里寻找一种仅限于直观的感觉；第三类则是学术研究的"田野"，是既需要有针对性的理论指导，也需要做好充分的田野准备，然后用较长的时间（一次或者数次）驻扎到村子里，围绕研究对象进行系统深入的调查。目前看来，除了人类学民族学的田野调查属于第三类之外，其他学科的田野调查更多地属于第一类或者第二类，其取得的成效可想而知。

至于我自己所做的田野调查，因为工作需要的缘故，这些年确实做了不少，广西十四个市都已走遍，甚至有些地方去了不止一次。根据项目研究的需要，我所进行的田野调查，有些是专题性的，比如布洛陀文化的调查；有些项目的田野调查持续的时间比较久，比如刘三姐歌谣、白裤瑶文化等；有些则是区域性的，比如中越边境和红水河流域民族文化艺术的田野调查。总的来说，我认为要做好田野调查，更多的工作需要做在进行田野调查之前，比如对于调查对象的文献收集与分析。因为我们虽然要进行田野调查，但并不意味着我们要去做"垦荒"式的工作。也就是说，我们现在要进行的田野调查，与早期的人类学者去到没有学者到过的所谓"野蛮社会"所进行的田野调查不尽相同，往往已经有一些学者进行了相关调查研究，在某种程度上，其成果已经通过各种方式呈现出来。如果我们能够对之收集分析，自然会对我们即将进行的田野调查起到事半功倍的作用。在此意义上，我们即将要进行的工作与其说是田野调查，不如说是"实地调查"。另外，在时间节点上，有不少人往往一定要等到所调查的活动举行的时候才进行。其实，鉴于我们所要调查的活动往往都是世代传承的，一般都会以一年为周期，按照农时相对固定地进行，这也就意味着该项活动的基本情况在村子里已为大家所熟知，所以即便不是在活动进行的时间，我们也可以预先从村民那里了解到相关情况，而到了活动举行的时候，那些组织参加该项活动的民众已经没有空来接受我们的访谈了。那时候的我们，更多的是在之前所进行的调查工作的基础上，去进行印证或补缺的工作了。也就是说，我们不需要一定扣死在所调查的活动举行的具体时间进行田野调查。

更为重要的是，如果我们事先对所要调查的活动有足够的了解，那么当我们在村子里进行调查的时候可以增强我们与村民的文化认同感，这不但有助于我们获得更为全面的信息，也可以减少许多不必要的麻烦。比如，不少人到少数民族地区调查，感觉到最"恐怖"的是被"灌酒"，似乎不喝酒就不可能进行田野调查了。其实，少数民族是最讲礼节的。他们之所以要灌你喝酒，是因为你的言行使得你在他们心目中是一个"客人"，于是他们就不得不以接待客人的礼节来带有一定强制性地敬你喝酒，同时他们与你的交流也自然会保持在与"客人"交流的层面，所获得的信息，自然不会是全面且完全真实的。一旦我们做足了功课，特别是通过文化认同使得村民不是把我们视为"客人"，而是把我们视为"家人"，那么，如果你喜欢喝酒，自然有人会陪你喝个够，如果你确实不能或不喜欢喝酒，那么他们也会顺其自然，不会强制性地让你喝酒。于是，你不但不会因为是"客人"而被"灌酒",相反,会因为是"家人"而获得更为真实全面的信息。

  由于我们一般都是带着某种具体的目的去进行田野调查,也就常常会先入为主地只关注与之相关的活动,而忘了我们所要关注的事件只是整个文化活动中的一部分,从而导致我们的调查具有局限性。比如铜鼓舞是珠江流域壮、瑶、苗等民族影响极大的民间艺术,但实际上在使用铜鼓的民族中,并不存在单纯的铜鼓舞,铜鼓舞是存在于它们的文化传统之中,是存活于具体的仪式或节庆之中,因此,如果在进行铜鼓舞的田野调查时,我们只关注铜鼓舞本身显然是不够的。我们需要采用整体观来把握铜鼓舞所依存的铜鼓文化传统,将铜鼓舞置于具体的传统节庆或仪式中,我们才有可能真实全面地调查、了解铜鼓舞。

  此外,我比较赞成庄孔韶先生提倡的"不浪费的人类学",主张不但要全面、深入、真实地进行田野调查,在依托田野调查开展学术研究的同时,也可以采用多种形式来呈现田野调查的成果。从2004年起,在广西人民出版社的支持下,我组织40余位学者,采用田野札记的形式,主编了一套大型的《文化田野图文系列丛书》,其影响远远超过所谓的规范化的学术研究。

  王:我注意到您在1999年获得了一个国家社科基金艺术学课题立项,该课题就命名为"壮族艺术的人类学研究",这样的定名在当时是很新潮的,当时为什么要这样定名?有什么样的思考?这个课题的研究思路是什么样的?

  廖:近年来,我经常受邀到有关高校做申报国家社科基金项目的交流。我总会向大家强调,社科基金等科研项目并不是申报出来的而是培养出来的。这主要是针对一些申报者此前并没有进行过相关研究,到了申报课题的时候,匆匆之中随意抽出一个选题就填报。这其实是根据我自己的经验提出来的。我所申报成功的几个国家社科基金项目,都是有比较深厚的研究基础的。1999年申报成功的"壮族艺术的人类学研究"也是如此。1991年研究生毕业后,我开始研究壮族文化,其中自然也会涉及壮族的传统艺术,在考察研究过程中,我开始发现,在壮族社会中,很难把传统文化与传统艺术截然分开,如果纯粹从艺术学的角度来研究壮族艺术,常常会是事倍功半,所以对于壮族艺术就需要实现从作为艺术的壮族艺术到作为文化的壮族艺术的学术转型，而对于民族的、活态化的传统文化研究，恰恰是人类学最擅长的。这一点，不但使我将申报的课题名称定位为"壮族艺术的人类学研究"，也是开展相关研究的基本理念和思路。

王：您主持《民族艺术》有近30年的时间，当时提出了"多民族、大艺术、跨学科"的办刊理念，倡导"有学术而无学科限制"的办刊定位，可以说形成了《民族艺术》独特的办刊特色和学术风格，直到今天，这一办刊理念和定位都被后续的许晓明主编延续下来，在学界产生了很强的学术号召力和影响力。艺术人类学也成为《民族艺术》的一个常设栏目，对于艺术人类学，学界关注度较高，但是学科定位学界也有争议，但您还是将其视为一个重要的研究领域，将其办成了一个特色栏目，从学理层面您是如何考虑的？

廖：2014年，我离开了工作20余年的《民族艺术》。之后，也有一些朋友与我聊起主持《民族艺术》的体会，每一次我都会强调"主编的风格就是杂志的风格，对学术期刊尤其如此"。1995年，我有机会主持《民族艺术》，结合自己的研究经验，经过再三思考，我提出了"多民族、大艺术、跨学科"的办刊定位，现在看来还是具有一定的合理性的，可以说是为《民族艺术》的发展奠定了基础。而当时之所以在《民族艺术》倡导并坚持推动艺术人类学研究，也是源自我自己进行壮族艺术研究的体会，即传统的、民族民间艺术，是一种文化活动，也是一种生活方式，需要运用人类学的研究方法和学术理念来进行研究。至于有关"艺术人类学"学科属性和定位的争议，当时确实并没太多的考虑，而是基于"有学术而无学科限制"理念，在《民族艺术》坚持倡导艺术人类学研究。现在看来，艺术人类学研究的发展，不但对于推动艺术特别是民族民间传统艺术研究起到了独有的作用，对于非物质文化遗产保护也提供了学术支持，具有特殊的意义。

王：2014年，您离开了《民族艺术》杂志社去了广西民族大学，正式进入高校工作，然后也开始招收中国少数民族艺术方向的硕士生和博士生，7年的时间建立了一个研究团队，专攻岭南地区珠江流域民族文化艺术研究。请您谈一下是如何培养学生带团队的？主要做了哪些方面的研究工作？产生了哪些重要的理论与实践的研究成果？

廖：2014年，我作为特殊人才引进到广西民族大学民族学与社会学学

217

院工作，负责民族学专业民族艺术方向的研究生培养工作。在此之前，从2005年开始，我已经受邀在广西民族大学民社学院文学院分别指导民族艺术、民俗学方向的硕士研究生，且因为主编《民族艺术》杂志的缘故，与从事民族艺术的学者也多有交往，对于相关情况还是有一些了解的。同时由于种种原因，近年来与民族学专业的其他四个主干学科方向相比较，民族艺术方向的学术研究是相对滞后的。究其原因，主要在于我们所进行的民族艺术研究，基本上采用传统的艺术学的研究方法与研究理念，只不过是把研究对象从一般性的艺术改为了民族艺术而已。

我根据自己的研究经验，从2005年开始就对研究灌输跨学科的研究理念，强调把民族艺术作为一种文化的行为、一种生活方式来理解。记得当时我上课的时候民族艺术与民俗学的研究生都是互相参与听课，2012级民族艺术专业的杨素雯和民俗学专业的陶磊同学更是在同一个村子做毕业论文的田野调查。2014年我正式调到广西民族大学工作后，分别给硕士研究生和博士研究生开设了艺术人类学等课程，不但继续强调要把民族艺术作为一种文化行为来理解，还特别提出要注意运用艺术人类学的方法与理论来研究民族艺术，毕业论文也要求立足于艺术人类学来进行田野调查，开展学术研究，初步形成了具有艺术人类学特色的跨学科研究民族艺术研究团队。大概统计一下，我指导的研究生的毕业论文选题大致可以划分为如下几个领域：一是铜鼓艺术研究，主要选题有《广西南丹白裤瑶铜鼓舞考察研究》（陈曦）、《东兰壮族铜鼓习俗研究》（黄文富）、《东兰瑶族铜鼓习俗考察研究》（陆遥）、《南丹中堡苗族铜鼓习俗研究》（陶磊）、《"生命之鼓"：白裤瑶铜鼓艺术的人类学研究》（闫梅）；二是民族服饰艺术研究，主要选题有《隆林彝族服饰艺术的当代重构研究》（许艳）、《南丹中堡苗族服饰艺术研究》（杨素雯）、《贺州黄石西山瑶服饰艺术研究》（孔涛）、《壮锦社会生命史研究》（李妮）、《防城港峒中瑶族服饰艺术研究》（龙晓玲）；三是壮族民间仪式剪纸艺术研究，主要选题有《靖西壮族仪式剪纸艺术研究》（莫莉）、《靖西壮族仪式剪纸习俗考察研究》（梁小龙）、《壮族仪式剪纸艺术考察研究》（段秀芳）；四是民族音乐研究，主要选题有《唱出来的"阴间"》（韦玺）、《壮族布傣人婚礼歌谣官郎歌研究》（王荣美）、《歌唱与生活：侗族琵琶歌研究》（胡小东）、《壮族天琴艺术音声表征研究》（王继波）、《壮族天琴艺术文化空间研究》（陈章浩）；五是传统戏剧研究，主要选题有《从民间壮剧团探讨德保壮剧艺术的传承发展》（李杰）、《乡村社会语境中的平南牛歌戏研究》（黄心颖）、《戏剧与信仰：泰国乌汶潮剧艺术研究》（梁怡）、《世俗与神圣：博白采茶戏研究》（郑海琪）、《国家语境下彩调艺术发展研究》（程文凤）、《艺术人类学视域下乡傩艺术叙事研究》（刘远峰）、《乡土艺术与民间信仰：南宁平话师公戏研究——以南宁市西乡塘区为例》（孙妍琰）、《地方性知识视域下宜州彩调研究》（黄琪莹）、《桂剧之"桂"：地方性知识视域下桂剧研究》（唐佳倩），其他选题还有《现代性视野中壮族传统村落艺术研究》（丁盛旋）、《布洛陀文化的保护传承与开发利用》（胡艳）、《刘三姐艺术的人类学研究》（黄颖佳），主要特色就是坚持艺术人类学视域下的民族艺术研究，既强调民族学的专业特色，更强调艺术人类学的研究视野，具体要求就是立足民族地区，依托田野调查，注重文化传统，思考保护传承，开展专题性、实证式的民族艺术研究。同时，也参与了我主持的相关课题，如国家社科基金艺术学项目"珠江流域少数民族铜鼓艺术与非物质文化遗产保护"、国家社科基金艺术学重点项目"中国少数民族剪纸艺术传统调查与研究"子课题《壮族、瑶族、侗族剪纸艺术传统调查与研究》、国家出版基金项目"红水河流域少数民族铜鼓文化"、国家社科基金重大项目"中国宗教美术史"子课题《中国少数民族宗教美术史》《中国民间文学大系·史诗·广西卷》《中国民间文学大系·歌谣·广西卷·刘三姐分卷》、广西教改项目"基于'课程思政'理念的地方高校非物质文化遗产课程建设与实践"等。另外我还与研究生合作发表了学术论文，如《隆林彝族服饰艺术当代重构》[1]《泰国乌汶潮剧扮仙戏研究》[2]《彩调艺术空间体验与表达研究》[3]《叙事》[4]《高校非物质文化遗产课程思政的内涵、困境及路径探析》[5]等。

王：中国艺术人类学学会成立以来，学术研究发展较快，产生了一大批研究成果，为国家提供了智库成果。但不容否认的是，学会仍然是一个

---

[1] 廖明君、许艳：《隆林彝族服饰艺术当代重构》，《贵州大学学报（艺术版）》2015年第6期。
[2] 廖明君、梁怡：《泰国乌汶潮剧扮仙戏研究》，《戏曲艺术》2020年第3期。
[3] 廖明君、程文凤：《彩调艺术空间体验与表达研究》，《南方文坛》2020年第4期。
[4] 廖明君、刘远峰：《叙事》，《广西民族大学学报（哲学社会科学版）》2021年第6期。
[5] 廖明君、孙妍琰：《高校非物质文化遗产课程思政的内涵、困境及路径探析》，《歌海》2021年第3期。

年轻的学会,学术研究仍然需要提高。您作为学会成立的发起人之一,几乎每年都会参加学会的年会,可以说见证了学会的成长。我想请您从您的角度谈一下当前的艺术人类学研究中存在哪些突出问题?应该如何去进一步改进和提升?最后也希望您能对年轻一辈的学者提出一些寄语。谢谢!

廖: 这些年来,经过以方李莉会长为核心的资深学者的努力与推动,中国艺术人类学学会不但取得了丰硕的研究成果,学会本身也在学界产生了较大的影响,特别是吸引了众多年轻学者参加进来,可喜可贺!鉴于学会会员大多以年轻学者为主,且多是来自艺术学的各门类学科,值得大家深思。具体来说,就是掌握好人类学的研究方法和基本理念应该成为从事艺术人类学研究的基础。对于年轻学者而言,将艺术视为文化行为和生活方式,坚持问题意识优先,注重田野调查,重视实证研究等,都是有助于提升自身学术研究的。

"江山代有才人出。"回想30多年前,我和方李莉会长等一批"50后""60后"的朋友们当时也还是蛮年轻的,经过努力,如今在艺术人类学等研究领域都取得了丰硕的成果。因此,相信现在从事艺术人类学研究的年轻学者在夯实艺术学研究的基础上,吃透艺术人类学的研究方法和相关理论,立足田野来开展跨学科的研究,不但同样可以取得学术研究的长足进步,也完全有理由超越"50后""60后"的那一代学人,走出自己的学术之路!

艺术与文学交织的艺术人类学研究
——徐新建教授访谈录[①]

导语：口述史是历史研究的一个组成部分，可以对纯粹文本研究经验性内容的缺失加以补充。我们读到的书都是作者的成品之作，我们很难看到作品的创作过程，而访谈让我们能够近距离接触作者，听其讲述求学、从研及至写作的心路历程，以及学术思想形成的构思过程，过程感是难得听到的，这也是学术访谈的价值所在。在中国艺术人类学学术史研究过程中，除了对学术著述进行文本层面的梳理与研究之外，选择代表性的学者进行口述史访谈，一方面可以补充文本研究的不足；另一方面有助于学术思想的总结，使文本研究与经验研究形成有效互动。徐新建教授是中国艺术人类学发展历程中一位具有代表性的学者，其不仅具有丰富的艺术实践经历，而且在理论研究上颇有建树，以下将围绕学艺、求学、理论研究等方面，对徐老师展开专题访谈。

一、与艺术结缘与启蒙

王永健（以下简称王）：徐老师您好，非常高兴能有此次机会对您进行专访。您是一位思维相当敏锐，而且文字颇具诗意的学者，我不知道这

[①] 徐新建，四川大学中国俗文化研究所教授，文学人类学专业博士生导师，国家社科基金重大项目首席专家，兼任中国比较文学学会文学人类学研究会会长、四川省比较文学学会会长、中国作家协会会员。主要研究领域为文学人类学、艺术人类学。出版学术著作：《西南研究论》《民歌与国学》《多民族国家的文学与文化》《从文化到文学》《醉与醒》《苗疆考察记》《生死之间》《西南行走录》《全球语境与本土认同》《横断走廊：高原山地的生态与族群》等。

是否与您从小学习艺术有关？骨子里充满了诗意性的审美，我注意到您从小学习音乐，会吹笛子，还会演奏小提琴，考入大学后学习文学，但一直没有放弃学习艺术，而且排演过话剧。工作以后做过公务员，后来又读博士，毕业后留在了高校工作，您的人生经历很丰富，学术成果也是相当丰硕，可以说著述等身，在文学、艺术、人类学、美学、文化遗产、民俗学等多个领域的研究中均有成就。您是中国艺术人类学学术发展历程中一位重要的学者，一方面为了学术史研究的需要；另一方面也为了对您的学术发展历程、学术思想成果有更深入的认知，我打算对您做一个专访，希望这篇文章将来可以成为学界认知您的一把钥匙。我们今天的访谈主要从艺术人类学的视角出发，我们就从您的学术历程谈起吧。

徐新建（以下简称徐）：谢谢永健。我争取把这次访谈做成一个自我民族志，即把自己作为对象，一边讲事实，一边自我分析和阐释，而且是从现在召唤当年。做成一个逆时的回顾，把当年放到现在来呈现，也像很多电影一样，就叫作"召唤历史"，让历史重新再现，它会是一种叠加。

谈起我与艺术的结缘由两条线索构成：一条与个性有关系：我那个年龄，包括我们同样的院子、同样的幼儿园、同类小学、同时长大的人，并非每一个人都一样，这就是个人因素；另外一条线索是时代。这两个因素造就了我的艺术经历。

我们姑且用"艺术"这个概念，因为当时没有"艺术"这个概念，至少在个人生命史上没有这么学术化去塑造自己经历的。只是很具体的，比如说你今天提到的笛子，就是一件乐器。可当时连"笛子属于音乐"这个概念都不会用。现在回头去看童年，其实我只是内心对这件乐器感兴趣而已。这让我联想起与个性认知相关的民俗，即民间的"抓周"，也就是在小孩子很小的时候，让他在一堆随意摆放的物件里"抓选"，通过所选之物来判断其秉性及命运。对此，有人信、有人不信，究竟如何不好说。我们倒过来问，为什么不同的孩子会在同样的时间对同样的物件做出不一样的选择呢？现在回想起来，我觉得还是存在个人化差异的，倒不如说这就是主体性的选择。对我而言，小时候看中笛子，或许只是因为它让我喜欢，让我感到开心。所以，谈到自己幼年的艺术经验，不妨先改为"器乐"这种稍小一点的词，顶多再大一点，叫音乐也行，但也要限定，因为音乐里面又包含了很多不一样的类别，比如说声乐，也就是唱歌。我从小喜欢唱歌，但长大一点嗓子就变了，估计是声带问题，嗓音沙哑起来，只好放弃，并且一直很羡慕"皮管"优良的人。"皮管"是在进入乐队后乐手们发明的说法，是指木管、铜管之外的天然乐器——歌者们与生俱来的美声之喉。

　　因为唱歌对我有难度，我不得不为自己的音乐（爱好）找个出口。由此，个人秉性就开始与外界发生了关联。我读小学的时候还在"文化大革命"之前，我的学校是贵阳最好的实验小学。跟其他学校不一样，它有一个学生艺术团体——红领巾文工团，还有专门的指挥。我那时什么也不会，但非常想加入进去，于是就跑去问。老师说你得先会点什么才行。于是我只好想办法去挑选一样乐器学一下再来报名。通过观察，我发现或许最简易并能快速入门的就是竹笛。笛子的选择具有多重意义。第一自学简单；第二价格便宜。因为要购置乐器，我还没有进团，不能用团里的乐器，因此最好选最便宜的。那时的环境不同，不像现在，家长花很多钱，逼着孩子去学特长。我学笛子的事没有跟父母商量，说了也没用，他们不了解，也管不了，基本是不关心、不支持和不反对。所以我就动手制作。先借一支现成的笛子做样子，然后自己找来一根竹竿照着加工。那时候我七岁，第一次做乐器，觉得特别有意思。笛子制作的要诀在于钻孔。怎么钻呢？我把家里通炉子的铁条烧红，对着竹子戳，戳出七个眼子，一个气孔，六个音孔，然后用劲一吹，成了！

　　最有意思的是，那时我并不明白竹笛的乐器原理。实际上竹笛腔体中间还要开一个孔，用膜将其贴住，使之震动出更佳的音色；此外音高要测量，音准取决于每个音控的精确间距。但我都不懂，做成的这支笛子歪打正着，而且居然不是太走音。有了乐器之后就开始练习，天天吹，没日没夜，心里想象着那些会吹者的姿势和声音，暗暗模仿，大概花了两个星期就学着吹了一首歌——《我是一个兵》。于是就拿着自己做的笛子去报考，结果考上了。你看，事情真的很奇怪，学艺术真的还是要有一点天赋，去考的时候，我连曲谱都没有——完全不识谱！

　　进入校文工团之后就有人指导了，专业老师给我发笛子，学习也就正规了，很开心。手里拿着老师发的笛子，跟我自己做的笛子根本不能比。有了笛子就去参加文工团的排练，有一天很意外，我听见了一个奇妙的声音，是文工团的一个同学在拉小提琴。这是我第一次听见有这种声音，真的很奇妙，笛子无法与其相比。我一下子就决定要学小提琴，完全是自发的，虽然连这件乐器是什么东西都不知道，其实是很难，这两件乐器的差别是非常大的。

王：小提琴是西洋乐器里比较难学的。

徐：是的。现在想起来，笛子的作用是把我带入乐队，是一种机缘，就是在那个时刻，我一定会遇见这个人，会听见这个声音，会看见小提琴，然后我一定会学，这是命中注定的。中间的故事很曲折，反正我靠自己的力量，最后家里面资助了一点，才成全了学琴的愿望。小提琴是很贵的，我买那把小提琴用了我父亲半个月的工资，在贵阳的一个寄卖行买了一把二手小提琴，于是就拥有了一把属于自己的小提琴，开心了好几天——小提琴的造型太美了。这是第一次经历，小提琴在很早的时候就进入我的童年，笛子是过渡，后来我也吹，但是没有好好学，所以笛子是我艺术道路上的一个引擎，把我引到小提琴，对我的影响非常深、非常久，直到今天我还在拉琴。

回想起来，艺术对人成长的影响是非常重要的。比如说，小提琴让我在空间感上发生了一个非常大的变化，五线谱指向的是另外一个文化空间，它跟其他的文化空间没有过渡。我当时也不知道，后来才明白。五线谱的后面是整个西洋文化。其中的知识谱系跟中国本土音乐几乎不搭界。它的音乐思维、技法、乐理传统跟中国的文化有很大的差异性。现在回头来看，那时，在感性层面上其实便已进入了另外一种文化，那就是西方的音乐。

然后，接下来有几次跳跃式和连续性的变化。对我的第二个影响就是"文化大革命"。"文化大革命"前的中国提倡"洋为中用"，"文化大革命"时期开始批判"封资修"，但同时在"样板戏"运动中保留了西洋乐，要用西方的工具来塑造红色的革命文化，尤其是芭蕾舞剧《白毛女》和《红色娘子军》，以及钢琴伴唱《红灯记》。在这样的需求推动下，挽救了一大批西洋音乐的从业者和爱好者。我所在的贵阳，当时还是个小城市，就像混乱动荡中的一点小亮光。"文化大革命"爆发，全国停课，我小学没毕业就待在家里，正好练琴，复课后进入中学，加入学校《白毛女》剧组，担任一提琴声部的乐手，演出了完整的八场舞剧。

现在想起来，如今中学的音乐教育还不一定能够达到那时的水平。我们的乐队编制是完整的，小提琴是两个声部，中提琴、大提琴、低音贝斯，然后管乐组分为木管和铜管，还有打击乐，是一个整齐的乐队。这是很不容易的，因为乐队的规格不能随意变动，质量可能差一点，但演出得按总谱的要求完成，一个小节也不能少，少了便无法与台上的舞剧动作相吻合。

所以你看那个时候，我就通过样板戏的演奏提前进入了艺术中的交响乐，这是我的第二个阶段。

作为小提琴演奏员，必须经常集训，为了保持演出水准，平时要花大量时间做基本功训练，要系统练习西洋音乐的各种经典，于是呈现了我刚才说的两种文化，由音乐构成的双重空间，一个是内容上的红色文化，另一个是形式里的西方传统。可以说，样板戏是那个年代的文化孤岛，储存了大动荡社会中人类文化的宝贵基因。这是我的早期。

二、走进剧团与参加高考

王：听您讲述了接触与学习音乐的经历，可以说您的艺术启蒙很早，而且从小学阶段就接受了专业化的训练，打下了很好的音乐基础，后来又是如何发展的？

徐：后来就要就业，这个事情对我又是一个极大的影响。因为当时上山下乡刚刚结束，工作机会还是很少的，就业非常困难。我们那代人心目当中，只要能工作，最神圣、最高的就是当工人，什么工种都行，只要能进厂，就是铁饭碗。此外还有知青下乡，社青待业，一小部分参军。

当时我的第一选择是当文艺兵，但是挫折很多，工厂也没有进去，最后就考入了以歌舞为主的贵阳市文工团，算是找到了我的第一份工作。20世纪70年代，作为贵州省会的贵阳有7个剧团，大部分是戏曲、曲艺，包括杂技等，但是没有一个歌舞团。所以贵阳市委宣传部、文化局决定成立一个歌舞团，是1971年成立的。在当时的意识形态指导下，主流观念认为歌舞表演最机动轻便，最能紧跟形势，最能宣传革命思想。于是，党委宣传部门发起策划，政府职能拨款定编，一个新型的市级歌舞剧团便正式成立了，接着就开始招人，我是第一批被招录进去的。个人的职业化艺术生涯也由此开启。我进团的时候还不到 15 岁，差不多是童工，所以时至今日我的工龄很长。这得感谢小提琴。只是在那个时代没得选。

当时的剧团工作是令人羡慕的，有固定工资，算是正式职业，而且是做自己喜欢的事情。我在剧团工作了八年，差不多是一个少年艺人。当年的用语与如今不同，很革命，许多提法你们都不一定知道，比如说，我们的系统叫"文艺战线"，个人叫"文艺兵""文艺战士"，从事的工作属于无产阶级的革命宣传。不过还是很开心，毕竟有了靠艺术谋生的正式职业，有工资，不用家里负担了。

"文化大革命"结束，1977 年开始恢复的高考引发了很大的冲击和转折。我们这些已有工作的怎么办？要不要考？能不能考？考什么？这都是问题。我们没有受过完整教育，连高中都没念过，大部分人是小学水平。但我们的特长在于专业实践，在于各通一行的艺术能力。于是越来越多的从艺者开始萌动，参与到改革开放后恢复的高考大军之中。

王：您这段学艺和工作经历蛮传奇的，学界往往将您视为一位人类学家或文化学者，殊不知，徐老师是小提琴童子功出身，而且受过专业艺术教育并在专业剧团里工作过八年，您是真正掌握艺术实践的一位艺术人类学家。在剧团里工作了这么多年，中间有没有一些转折？"文化大革命"后有没有想过去参加高考？

徐：说到艺术，那时候其实我们都不讲音乐，因为太宽。文工团里面分工很细，主要有四大部类，在负责全团剧本的创作室之外，包括舞蹈队、声乐队、乐队和舞美队。乐队里包括了西洋乐与民乐。我在弦乐里提琴声部，还担任弦乐班的班长，负责排练前的声部练习，根据乐曲需要拟定弓法和指法。

交响乐编制里的专业化程度很高，各声部间各有壁垒，很难跨越。比如尽管同为弦乐，我平时却不会随意到中提琴或大提琴声部去闲逛或瞎指挥，更别说到木管与铜管声部去胡乱凑热闹了，因为彼此不懂，隔行如隔山，能做到相互尊重、各取所长就不错。

随着演奏经验的积累，我逐渐对音乐的感受发生了变化，有一回，我忽然觉得包括提琴手在内的演奏员其实都是傀儡，指挥才是灵魂，或有灵魂的音乐主宰。于是，我觉得不行，我要当指挥，不做音乐傀儡，要当真正的音乐家。但是很快，还没来得及学就被困难拦住了，因为学指挥不容易，很难有机会登台实践——谁会轻易让你去指挥呢？并且得花很多时间去研究总谱。后来我又发现，指挥其实也是傀儡，因为他每天看的总谱是作曲家们的原创。原来，作曲家才厉害，才是音乐家。于是，我迅速跳过了指挥，想学作曲。但是又没学成，因为作曲更难，根本没办法自学，其中所需的大部分知识都不懂，要学和声、配器、复调，以及各种高低音谱号，要学的东西太多了，门槛太高，过不去。

幸好，我所在的歌舞团逐渐扩充，新增了话剧队，我发现在话剧中，导演与指挥一样，虽说不及编剧那么具有"一度创作"的分量，但依然保留了艺术发挥的极大空间。于是我就跑去拜团里的导演为师，跟他学戏，学舞台的表导演。

我的老师在"文化大革命"前的苏联专家班受过培训，整天给我讲斯坦尼斯拉夫斯基的表演体系，强调体验派戏剧的"第四面墙"，注重"演员创造角色"。那时，他把家里的戏剧藏书都借给我读，还带我参加大大小小的舞台排练，使我产生了对戏剧越陷越深的迷恋。

如果这可视为我在剧团里的转行的话，其实跨度和难度都是很大的。你看从小提琴、指挥到作曲，音乐还没有完成，就跳到了戏剧，但为什么这么能跨呢？其中的原理，就是彼此间的艺术相通。如今看来，剧团好比一个微型的艺术界，就像你们的艺术研究院一样，它是多门类的、综合性的。从音乐到戏剧之所以能令我满足，原因就在于后者的综合性。直到今日，我仍喜欢戏剧，看重表演，也是因为戏剧是最典型的综合性艺术，最能体现艺术的整体。相比之下，戏剧是一种完整的结构，包括动作、台词、背景和表演，合在一起，产生出独具魅力的剧场效果。

或许正是受到这种魅力的驱使，高考恢复后，我的第一选项即是戏剧。1977年，我到北京参加高考，报考中央戏剧学院，戏剧文学专业，作为陪同，我还与团里的一位演员一道，顺带考了北京电影学院，导演专业。

王：后来考上了吗？

徐：没考上。我去考的时候有1000多人报名，初试淘汰了900多人，剩下100多人进复试，我在复试名单里。复试要交作品，我交的是一部电影剧本。但没被录取。最后入选的50多人据说很多是知青、工人，底子厚，有生活。就这样，赴京赶考的艺术梦受到了挫折，但那会儿我已经在乐队里坐不住了，特别想上大学，想受系统教育。

总结一下自己早期的艺术成长之路，可以说是音乐塑造了我个人的"身份自觉"。从那时起，我对自己的定位是要做一位艺术家，到现在，我对自己的定位还是这样的。如今我给学生上课，也强调要把学术做成艺术，要用艺术的标准来完成，比如说写学术文章，从词汇和句子开始都得完美，要像拉琴一样，音不能不准，一首曲子里面只要有半个音不准就废掉了，很难听。文章的整体必须满足美的要求，而不是仅具有学科的外表。

在我们的青年时代，很多人的自我定位是艺术青年，为什么？我觉得特别有意思。回过头来看百年的中国历史，如果从个人扩展到社会，其实有好几个时代，艺术伴随着社会发展的趋势是很明显的。20世纪早期，知识阶层对艺术的认知和使用表现得非常充分，从梁启超那一代发起的思想革命便已开启，从最早的小说革命直到后来的文学革命、革命文学。说来奇怪，连陈独秀这样的共产党创始人都是由文学革命起家的。为什么会这样？原因很复杂，有很多合力。关键是要看结果，结果是什么？结果是让文学艺术在现代中国的国家形塑中扮演了重要角色，同时又反过来影响了全体国民，致使其中相当比例的激进者，抱有以文学艺术为终生的理想，立志成为对国家和社会有贡献的文艺家。

所以，我的第二个阶段是早期职业化的艺术生涯，接着进入下一个转行阶段——进入高等院校，学习汉语言文学。

三、大学时期的艺术生活

王：您是哪一年考入大学的？我看您在大学期间还排演过话剧，想必艺术生活是很丰富的，请您跟我们分享一下。

徐：1979年，我考入了贵州大学，因为1977年没有考上中央戏剧学院和北影，并打听到央戏隔年不再招收戏文系学生，遗憾中只得临时抱佛脚，改为报考本地高校的汉语言文学专业。我是改革开放后第三届大学生，被叫作"新三级"，与"老三届"相区分。考上后开始对未来重新规划，用现在的话叫"深造"。这时就体现了从艺的延续性。比如我进入的学校有学生艺术团，我还没入学就被高年级的同学瞄上了。我是专业剧团出身，刚好符合，所以一进校就被吸收到大学的业余剧团——乐队和话剧队。一起加入的新成员中，很多都来自各地专业团体，或部队、厂矿的宣传队，反正都有舞台经验，基础很好。

这样，我就成了学生艺术团的导演。可以说，大学四年，我一直在做戏剧、拍戏，而且把萌发于专业剧团的艺术梦移植到了大学校园，改在大学生涯之中去实现。因此，我们的话剧队做得很正规，平时要练基本功，完全采用斯坦尼斯拉夫斯基体系那一套，演员首先要精读剧本，分析角色，写出做人物小传，导演则要做导演阐述。我们每个学期排一部戏，四年下来，排演了三四部，最后一部是本校同学创作的剧本，剧名叫《当风帆扬起的时候》，参加全省戏剧会演，还拿了最佳演出奖。

到毕业时，我将自己的学位论文改为拍电视剧，不仅提升了大学生涯的个人体验，而且刷新了中文系的改革纪录。按照当时的惯例，中文系（汉语言文学专业）本科生毕业时需要撰写文字形式的论文，答辩通过，方可拿到学士学位。但是我没写，而是拍了电视剧。这样的举动没有先例，老师不同意，让我去找领导，结果系主任被我说服了。我的理由只有一个：文学教育要跟上时代。于是我们自编自导自演，与电教科两位年轻摄像师合作，剧本自创，内容就写大学生活。除了商量外景外，基本在校园里拍摄，演员来自本校不同院系，道具服装基本自理。两个多月后完成，自己剪辑，提交了一部时长超过60分钟的单本剧，还做了用手工摇升的字幕。最后播放通过时，同学、老师和领导都鼓了掌，不但破了中文系的办学纪录，而且在当时省里的电视剧制作中也堪称一大突破。而我则和另一位合作者由此获得学士学位，拿到了毕业证书。

王：为什么想着去拍电视剧呢？

徐：因为我一直做着戏剧导演之梦，在学校里坚持排话剧，一旦获知电教科新进的设备可制作电视片，赶紧就去联系，鼓动合作，结果一拍即合。电教科领导和年轻人都想发展，不愿整天只用固定机位拍摄老师上课。于是他们不但积极配合，还向学校申请到了一千多元的专项经费，一起搭建摊子，搞得沸沸扬扬。

王：电视剧叫什么名字？

徐：《现在进行时》。有点前卫吧？在当时都算时髦。我们的意图是借用语言学的术语表达青春式的时间和历史观，强调"成功不算什么，追求才是一切"。这也是我们电视剧中一部学生诗剧的主题。诗剧名称就叫《追求者之歌》，是中文系几个年级同学联合创作的。现场演出时，很受欢迎，鲜花都抛到了舞台上。可惜后来送到省里研讨时，没被接受。电视台的一位编剧说，主题与革命经典不相吻合，19世纪的伟人在啥啥啥著作里指出过啥啥啥……于是，我们的毕业作品最终没被省台采用播出。可这有什么呢？这剧原本就不是给他们拍的嘛。

王：这部电视剧一共几集？

徐：那会儿一般是搞单本剧，连续剧还不多，贵州还算不错的，出了个《敌营十八年》。这个故事说起来又特别有意思，称得上一次艺术实践在高校里的参与革新。反过头来看，我们在大学中文系自编自导自演电视剧，并以此作为学位论文通过，这事件和过程本身就值得品味。

这即可视为我艺术实践的第三阶段。从小学学琴、剧团演出到大学排演话剧，人生的三部曲中，一直伴随着艺术。虽然在学校里读的是汉语言文学，以及中外文学史、文学理论和批评，但我的艺术实践并没间断，琴也还拉，直到毕业拍了部电视剧，大学生涯就画了一个句号。

四、步入工作岗位后的艺术创作与考研受挫后的转型

王：大学毕业后怎么打算？找工作了吗？

徐：工作了，但经历了一个转折。毕业时我选填的志愿是文学期刊。我还是想搞创作。可不料刊物受上级宣传部门管，机关需要新毕业的大学生，结果我就被留在了宣传部文艺处。刚进去时很不习惯，每天早到晚归，不能大声喧嚷，穿着也不能太随意，有很多规矩，稍有不慎就会有人过来劝导你，弄得很不自在。但是好在那个时候，我还是想研究社会变革，我想起了王蒙，学文学史时记得王蒙也在年轻时分配到党政机关，结果写出了《组织部新来的年轻人》。那我何不也通过体验生活，写一篇《宣传部新来的年轻人》，于是就安心下来，边工作边观察体验，一心想了解我们所处的年代，了解最为核心的国家机器如何运转。

那是个火热的年代，适逢改革开放，周边的领导、同事都很开明，人民满怀希望，社会充满阳光。我觉得一生的经历当中，那是一次十分难得

的人生体验。我觉得知识分子比较弱的一点就是书生气太重，不了解国家，当然我也不了解。然而我清楚自己是不会在机关待下去的，志不在此。于是继续复习专业，努力考研。考研究生不只是为了学习深造，同时为了改变地域环境，告别本土，去北京，去开阔视野，增长见识。贵州太窄小了，不行，要出去。高考的时候没考上中戏，很委屈，觉得不是自己不行，而是机遇不好。所以决心再考，考美学，做理论，离开宣传部，改变命运。可惜结果不佳，考了两次都没考上，也不知道问题出在哪里，反正没有录取。我觉得这样不行，为此花费这么多光阴，不如坐下来写作。于是决定放弃，不考了。当时有个朋友开玩笑说的话最让我开心。他说你考不上不是你的问题，是那些学校和老师的问题，没录取你是他们的损失。这话我爱听，心想幸好没考上，不然谁把我招了肯定没办法带。并且，连试题都做不过关，就算录了我也学不出来。

王：不过您还是很努力的，也很执着，高考和研究生考试都报考了理想中的学校，虽然结果事与愿违，但毕竟努力过了，也就没什么后悔的。考研受挫之后，对自己的人生规划有了哪些新的想法？

徐：当时我想要离开机关，可也不想再去文学编辑部了。因为这一期间逐渐出现了志向上的转型，逐渐从经验式的艺术实践转向了思辨性的理论研究。也不知道为什么，至少从大学三年级开始，就对理论发生了日益增添的兴趣；不仅到历史和哲学系蹭课，还对从意识流、潜意识及存在主义到结构主义的艺术现象与现代思潮追踪不已。此外便是在当年的"美学热"推动下，开始恶补美学理论，一本接一本地阅读东西方美学著作，心甘情愿地陷入各家各派关于"美是什么"的论辩之中。到了研究生备考时期，我把能找到的美学著作从头到尾梳理了好几遍，弄清了中国的各大流派，将朱光潜、李泽厚、宗白华、蒋孔阳、高尔泰等代表人物的观点都汇总起来，分析比较，评说利弊。这么做本来是为了准备考研，结果却促成了一次艺术理论的提升。

1985年，我就到了贵州省社会科学院，方向逐渐转至本土的多民族文学与文化，成为文学研究所的职业研究者，因为工作努力，出了几本书，1993年被破格评为正研究员。社科院的工作让我发生了一个较大的改变，不是转行。在那里工作，不评估你的任何艺术实践，只考核你的科研成果。慢慢地我发现，这其实是很难的，因为进入了另一套评价系统，不容易达标。即便你以前做过某一艺术职业，真要将其转变为学术研究，不费劲全力从头学习，掌握科研所需的全套本领，要想出成绩根本不可能。所以就像过去学琴练基本功一样，我每天从醒来到睡觉，做任何事情几乎都围绕研究来做，也就是把文学研究变成专业拉琴和戏剧排演一样来对待，做成了以往学艺的升级版。

五、理论思考的形成与人类学转向

王：贵州省社会科学院职业化的研究工作之后，原来的创作型的思维是不是逐渐向理论思考转型？我关注到从那时起您开始做田野考察，首先从贵州做起，是不是可以理解为那是您人类学研究的起点？那是您第一次人类学的转向，当时为什么会发生这种转向？当时如何思考的？为什么想着去做这种转向？而且您是如何理解去做人类学的田野，你做田野前期准备、观念指导，包括文本呈现是怎么想的？

徐：关于学术上怎样跟人类学的关联问题，我在与徐杰舜教授的一篇访谈文章里讲过，可参阅。[①] 我在贵州社科院待了15年，社科院有很多所，像经济所、历史所、文学所等。很长一段时间以来，有个问题让我感觉很奇怪，那就是文学和艺术居然被划分成两个领域，并且在很多情况下彼此不相往来，艺术说艺术的，文学讲文学的，各搞一套。可在我看来，在最为根本的想象与创造意义上，二者是不能分开的，文学可视为艺术的一种，艺术体现着文学的特性。

然而提到艺术实践与艺术研究的话，又另当别论了。以我自己为例，从以往的舞台实践转向后来的书斋、田野，意味着很大的转型。其中的突出特点在于，由艺术的行动者变成了旁观者、阐释者，以往经验式的文学、艺术被学术化、对象化和他者化了。这是一种既表面又内在的改变。在这意义上，我感觉如今汉语的"文学"一词问题很大。作为艺术门类，其中的"学"字莫名其妙；作为学科，又与作为创作的实践相混淆，同样

[①] 徐杰舜、徐新建：《走向人类学——人类学学者访谈之二十九》，《广西民族大学学报（哲学社会科学版）》2004年第5期，第63-69页。

所指不明，实际指的是"文学学"，即有关文学实践的学术研究。就像音乐、美术，指的都是艺术实践，若表示学术研究，则再添加"学"字，叫作"音乐学""美术学"。"文学"是一个自相矛盾的现代汉语词汇。对此，我前不久做过专门论述，可参阅。①

从1985年我进入社科院文学所，所里就没有要求过大家创作一部小说或一首诗作。于是我就开始了职业化的理论研究。然而跟许多文学研究的同事不同，我始终觉得不能把文学研究变为完全的社会分析，文学研究不能脱离艺术，研究者需要懂文学、爱文学，像从事音乐的需要有乐感一样，文学研究者也要有文学感，不能是外行。在这一点上，我特别佩服宗白华先生讲的"不通一技莫谈艺"②。以这样的认识为基础，我觉得我也没有完全改行，而是沿着一条新路把它理论化了。在这15年当中发生了理论转向，或者叫作身份对象化的一种游离。

贵州处于我国西部，属于多民族的省份，因此我所在的文学所有一个规定性或者说自觉的本土情结，就是要做多民族研究，或者叫少数民族的文学研究。所里的会议、研究选题都会往这个方向走。因为做研究就要找理论和方法，找话语，所以我在社科院就逐渐朝人类学的理论与方法转向了。这也说明，研究对象的地域特点会作为独特的文化空间影响研究者的学术定位与风格。在贵州，这样的定位就驱动着我关注少数民族文学，关注本土写作、口头传统及民间叙事。当时也有"田野考察"这个词，不过社科院系统一般更广泛使用的词叫"调研"，也用"采风"，它们是混用的。但是由于定位不一样，表述就不一样了。彼此略有不同，但最重要的都是走出书斋，离开文本，走到实地去收集、采访、观察。

王： 当时去做田野调查有人带吧？

徐： 几种情况都有，有带的，也不一定带。那个时候我们还没有这种师徒制，也没有特别的培训班。但是有团队，比如说文联组织在某地召集一个会，大家去了就到周边走一走。从技术上说，当时有一个很好的趋势，就是从"美学热"以后，全国开始流行办一些培训班，比如说民俗

---

① 徐新建:《"文学"词变——现代中国的新文学创建》,《文艺理论研究》2019年第3期,第11-34页。

② 宗白华:《美学散步》,上海:上海人民出版社,1981年版。

学、民间文学。当时民间文学论坛在北京发起,刘锡诚先生就带人来贵州办过。我们跑去听。就这样星星点点地共享到国家资源的不确定、不定期的再分配,包括思想、技术、人才,也认识了一些外地的学者,学到了与人类学相关的研究方法。

可以说在贵州省社科院的15年内,我开始面向基层,面向全省各地,深入到不同的乡村去做田野调查。我觉得社科院系统的学者跟高校学者不太一样。前者是在科研机构做考察;高等院校则是教育机构,做的是比较抽象的教研,用今天的话来讲,就是不太接地气,不强调地方认同。而在社科院,我们经常会用一些术语来使表达和增强我们的地方感,比如"省情""县情"之类。因为所里让我们经常性地要了解(贵州)省情,掌握作为"行省"的地方,以此为基础,才逐渐上升到国情。

记得我初到社科院的时候,省里的分管领导来讲话,首先要求的,便是要研究人员知晓贵州省的面积、人口以及GDP等与省级经济相关的基本数据。我佩服的一些老专家常说,你们年轻人想了解省情是要去实地考察才能获得的,强调5年之内如果连贵州的81个县还没走到一半,就不称职。这话我很信,于是不到5年,81个县我全部走完了,而且能把81个县的县名都说出来。所以在社科院工作的15年里,除了以文学为核心实现了艺术实践的理论转向外,另一额外成果便是获得了一种"在地化"的完成。如今看来,如果与人类学转向关联的话,其中便包括了"在地化"的内涵。对我而言,这样的转向很重要。作为一介书生,我生活在贵州,并由此出发去了解中国,了解世界,将贵州视为基点,再通过横向比较,将其放大,举一反三,以小见大。

中国的国情对我们来说也非常重要。我们经常跟经济学家一起讨论,听他们讲解"梯度理论""产业结构"等问题,也能就"西部开发"与"富饶的贫困"[①]议题发表人文学者的观点。

另外一个变化就是,由于受省情关联的区域经济和社会影响,个人的艺术事业越来越凸显地方的意义,并关联在省情、国情当中。1987年,我们与上海社科院朋友联合发起"首届东西部中青年理论对话",致使我的

---

① 王小强、白南风:《富饶的贫困——中国落后地区的经济考察》,成都:四川人民出版社,1986年版。

另一个身份被激活，就是成为一个在贵州的西部人，开始在国家话语的语境中关注和阐释西部文化、西部文学。为此，我还于1988年参与到体改所的西部课题组，去往新疆伊犁调研，重点考察了游牧与农耕的自然区分与文化差异。

顺着这样的路径，进入90年代后便与云、贵、川三省同道，策划组织了"西南研究书系"丛书，呼吁创建以后轴心时代为起点的"西南学派"。作为副主编，我授命撰写了丛书总序和以《西南研究论》为名的宏观总论。①在很大程度上可以说，"西南研究书系"决定了我之后的人类学延伸与拓展。那时我的学术志向发生了变化，写纯理论的著作似乎得心应手，一点不觉得改行有什么不好，也不觉得对不起过去的艺术实践和文学研究，而是对前一时期的延续和升华。

在此期间还有一些游走于文艺创作与研究之间的实践。如1990年，贵州电视台邀我合作，做了一部聚焦中国酒文化的电视片，在央视频道和省台播出后，我将收集的资料汇总加工，写成了《醉与醒：中国酒文化研究》一书，1989年由贵州人民出版社出版，2019年再由陕西师范大学出版社增印了修订本。②

或许是地方不大、交往便利的缘故，在贵州工作期间，我常参与文艺界的活动，交了许多十分要好的跨界朋友。其中的结晶包括先后发表的报告文学作品《尹光中印象》③《我看陈争的画》④等，1989年则与刘雍一道去北京，在中国美术馆参与筹办了他的个人美展，后来邀请电视台文艺栏目的摄影师步行一百里路，深入黔东南深处的月亮山，拍摄展现以祖灵崇拜为核心的苗族"牯藏节"。之后跟省话剧团合作，创作了一部实验性的舞台剧。邀请者是贵州省话剧团的当家导演，快退休了，想搞一个"封箱戏"收尾。他找上门来，希望我给他编写一个剧本，是关于傩文化和面具方面的。导演了解我，知道我在研究傩，也知道我懂戏，因为我是剧协的，经常在剧协、作协、音协游走，和文艺界很熟悉。于是由我牵头，组建创作组，给省话剧团完成了一个定制剧本。导演很满

---

① 徐新建：《西南研究论》，昆明：云南教育出版社，1992年版。
② 徐新建：《醉与醒：中国酒文化研究（增订本）》，西安：陕西师范大学出版社，2019年版。
③ 徐新建：《尹光中印象》，《山花》1986年第2期。
④ 徐新建：《我看陈争的画》，《贵州日报》1995年11月6日。

意，于1989年排练上演了。

　　王：这部剧叫什么名字？

　　徐：叫《傩愿》，贵州省话剧团凭此剧获得了西南地区会演的优秀奖，剧本也在《上海艺术家》登了出来。[①] 该剧其实是以我们参与的傩文化研究成果为基础，以西南地区"冲傩还愿"的民俗传统为模本，采用面具表演及无场次形式，力图表现在民间较为常见的"愿"文化事象，以此揭示面具仪式后面的底层心理，即由"许愿—还愿—再许愿"连接的鬼神信仰。[②] 为此，我们在剧本开头的题词里做了阐述，交代说：

　　一片黄土，一座祭坛；千年血统，往年恩怨。
　　时间、地点是虚幻的，唯有如梦的意愿永存。

《傩愿》剧本照

　　[①] 王呐、徐新建等：《傩愿》，《上海艺术家》1989年第4期。剧本刊发时，导演王呐的名字列在编剧之首，不过他的确自始至终参与讨论，为剧本的创意提供了宝贵意见，合作过程开心愉快。
　　[②] 参见徐新建：《傩与鬼神世界》，《民间文学论坛》1989年第3期，第16-22页。徐新建：《穿青庆坛——以那民间习俗考察》，《民俗曲艺（台北）》2000年第124期。

总结一下，从14岁开始，我与艺术相关的简历是：八年剧团实践、四年的大学求学、两年的机关文艺处工作，然后是十五年的社科院文学所研究，其间参与了电视片的拍摄和舞台剧的排演，可以说与艺术的联系未曾中断。

六、入川工作、读博与文学人类学的再建构

王：您生在贵州，长在贵州，童年和青少年时期都是在贵州度过的，有近30年的工作经历。可以说主要的工作关系和人脉资源基本上在贵州，后来是如何想着要去四川的呢？

徐：的确如你所说。我是1997年才从贵州离开，调到四川大学的。到了川大后，身份不一样了，可以说是开启了新的学院派化之路，而且接续了学历、学位的再提升。

王：您是哪一年读的博士？当时怎么会想到读比较文学的博士？

徐：我是1999年入学的，读的是本校在职。当时正逢学院的比较文学学科建设，需要提升教师队伍里的博士学位数，于是动员没学位的都报名。我则属于"跳级生"，跳过了硕士阶段，直接读的博士，拿到博士学位时已年过四十，并且获得正高职称已经好多年了。那时与我情况类似的不少，大家戏称自己是新时期的"老范进"。

王：文学人类学也是从那时候开始做的吧？我看文学人类学一直是您研究的一个重要领域，当时是一种什么样的社会背景？怎么会想到发起这样一个研究领域？有哪些动因？当时想做哪些事？

徐：对，这个事情应该说基本上在川大。但有很多事情在去川大之前就完成了，或者说已奠定了这两件事情的基础。第一，比较文学我在贵州时就已开启。对我来说其实有两个转向：一个是人类学转向，因为地方化叫口头传统，要走向田野、走向乡村，于是以人类学为特征的研究方法和范式在那个时候就开始形成。只不过那时的人类学并没有像今天这么显赫，没有成熟的平台。相比之下，那时候比人类学更加容易进入和更为闪亮的是比较文学，其门槛也很低，并且已遍地开花，连地处边远的贵州也创立省一级的地方组织——贵州省比较文学学会，我还担任了秘书长之类的角色，后来成为

全国比较文学学会的理事。与其中的萧兵、叶舒宪及彭兆荣等一道，发起创办了将人类学引入文学的专门组织——文学人类学研究分会。

因为比较文学的关系，我参加了1991年在日本东京举办的国际比较文学年会，提交的论文与人类学和跨文化对话有关，以"戏剧的欲望与欲望的戏剧"为题，阐述中国"傩"与日本"能"之比较。[①] 顺着比较文学之路，我们与人类学的关联日益加深，对人类学的学科认同也日趋自觉起来。

王： 也就是这样开始不自觉地进入人类学领域了吧？

徐： 对！但是在我身边实际交往较多的还是比较文学，萧兵、叶舒宪、彭兆荣是这样，还有我的好友、后来到了北大的陈跃红也是如此，我们都是从比较文学走出来的。也正因为有比较文学的基础铺垫，才会有文学人类学研究会的诞生，才会有1997年创建时，来自比较文学与人类学双边"大佬"们的出场支持，包括汤一介、乐黛云、李亦园、庄孔韶，以及学界师友曹顺庆、易中天、杨儒宾、郑元者等。那时我们四十出头，所谓的老先生也不过五六十岁、六七十岁，都过来支持我们。

所以，我到川大以前就已经有了比较文学和文学人类学双重身份，也可以叫跨学科的学术认同。也是在贵州省社科院的时候，我们就开始跟人类学去结盟了，这一点很多人不太注意。这跟我在社科院时研究民族和地方文化是有关的。其间参加了在昆明举办的人类学高研班、首届旅游人类学年会等跨界交流。1995年与彭兆荣、徐杰舜一道去泰国清迈，参加国际瑶学研讨会。自那时起，我们已迈入了人类学圈，发表的文章有的甚至不一定与文学艺术有关，而多与民族文化或地方传统关联，继而开始讨论更为纯粹的人类学问题，如彭兆荣阐述的"西南舅权制"[②]、我讨论的"瑶族多语文现象"[③] 等。

有意思的是，对于我们几位从文学跨过来的学者，当时的人类学圈子反映不一。有的心态警觉，态度保守，认为做文学的不要跑到人类学里面来，搞不懂，有点捣乱。这是对文学与人类学必然交叉的不理解。即便在

---

① 徐新建：《中国傩（戏）与日本能（乐）之比较》，《戏剧艺术》1991年第3期，收入乐黛云主编：《欲望占幻象：东方与西方》，南昌：江西人民出版社，1991年版。
② 彭兆荣：《西南舅权论》，昆明：云南教育出版社，1997年版。
③ 徐新建：《语言的裂变与文化的整合：瑶族多语文现象的时代象征》，《贵州民族研究》1994年第3期，第131-141页。

西方，20世纪80年代的"写文化"反思之后，对民族志与文学表述的内在关联已成为学界共识，况且文学人类学所指的"文学"早已超越了现代性审美中的刻板印象与狭隘认知，并非既有观念中狭义文本，如小说、诗歌及散文之类，而广泛指涉神话、歌谣乃至包括仪式及身体展演在内的无文字口头传统，指的是活态文学，即交互的文学、过程的文学和整体的文学，用最近的说法，则叫文学生活或文化文本。

秉持以上观念，我们与人类学界的联系日益加强，同相关友人的交流合作也越来越广。比如自20世纪初在昆明举办的人类学高研班起，我和彭兆荣就与人类学界的纳日碧力戈、彭文斌以及西南诸省的郭净、邓启耀、石硕、徐君等结为挚友，共同参与有关西南研究、族群认同、藏彝走廊及人类学本土化等议题的研讨开拓。后来参加王明珂召集的"英雄祖先与族群认同"课题，又与潘蛟、宝力格等建立了长久的联系，并且持续多年，没有中断。彼此有共同的语言、共同的兴趣、共同的合作。

2000年，我借川大文学与人类学研究所平台，邀请王明珂来做学术报告，请历史系的罗志田做对话嘉宾。之后在罗志田的协助下，将王明珂老师的演讲推荐给《历史研究》刊发，也就是后来广受关注的那篇重要文章——《历史事实、历史记忆与历史心性》。[①] 在王明珂的建议下，我们还在成都青城山举办过重在培训年轻学子的人类学"中研班"，成员以在读研究生为主，参与的有当时就读于四川大学、中央民族大学及四川音乐学院等院系的李菲、梁昭、阿嘎卓诗和杨晓等。其中不少成为如今的学术中坚。这一期间的另一成果，是我、叶舒宪、彭兆荣一起在川大成了博士同学，彼此的友谊得到进一步提升。

王： 叶老师和彭老师是您一起拉过来读博的吗？

徐： 对啊。他们二位虽说也是在职攻读，但必修课程需要全部在校完成，所以在川大的时间不短，过来后很是热闹了一番。我们一起组织了很多活动，聚焦后现代冲击下的"原始复归"、文字社会的"口头传统""高贵的野蛮人"以及人类学研究中的"多重证据"和"N级编码"等议题，搞得有声有色，使文学人类学的学科建设取得明显的"在地化"发展。回头来看，在川大的几大改变，表面上是把比较文学做得更加人类学化，其实是借此催

[①] 王明珂：《历史事实、历史记忆与历史心性》，《历史研究》2001年第5期。

生的新的学科平台,使文学人类学成为教育部特批的硕博士点,成为获得具有学位授予权的自设二级学科。此外,随着教育部学科与学位设置的演进,后来又增设了艺术人类学和审美人类学两个与人类学相关的新学科或称之为"跨学科",开始招收和培养与之对应的新型人才。

可以说在学科建设意义上,文学人类学是在四川大学成长起来的,因为有四川大学的师友支持和平台支撑,我们培养了一批文学人类学的硕士、博士。所以说到底,还得感谢川大,感谢亦师亦友的曹顺庆教授把我从贵州调入四川的远见之举。

七、国外访学

王:您是2002年博士毕业,毕业后去国外访学了吗?

徐:是的。因为有博士身份,所以我去了哈佛。1991年去日本出席国际比较文学年会,对我刺激很大。出国门一看,外面的学者一个不认识,而且语言也不通,感到国际化真的很重要。于是决心提高外语水平,有机会就多出去看看。

去哈佛之前,我在南京大学的中美中心做过访问学者(1992—1993年),中美中心是南京大学与美国霍普金斯大学合办的教学机构。在那里我经过了一年的英语培训,主修国际关系和美国文化。因为老师来自美国,课程都用英语讲授,被大家戏称为"在国内留学"。[①]10年后再去哈佛,则希望对现代西式的教学与研究方式,包括其中的学术体制及实践运作能有一个近距离的参与体验。

王:哈佛访学是到的哪个院系?

徐:去的是哈佛大学东亚系人类学专业,跟了詹姆斯·华生(James Watson)教授一年。虽说我获得的是哈佛燕京学社的邀请,但因为拥有联合培养的博士生身份,开学后的第一学期,通过报名考试,我还加入了哈佛大学的学生乐团,担任小提琴手,每周排练,并在期末为学校师生做了

[①] 徐新建:《中美中心读书记》,载《跨越太平洋的相遇:中美中心三十周年回忆文集》,南京:南京大学出版社,2016年版。

音乐会表演。

　　访学期间的学术活动主要是在哈燕社进行的，包括每周一次的儒学对话和东亚研讨会，以及不定期举行的许多学术专题会议。此外，哈佛大学的费正清研究中心也在附近，我们经常去那里参加活动，在那里听了不少讲座，参加过中心举办的国际道教思想研讨会。2003年夏天，在华生教授的推荐下，申请参加了"亚洲太平洋沿岸研究会"（ASPAC）在夏威夷举行的学术年会，与哈燕社同行一起，合作组成网络议题的专门小组，就网络时代的文化变迁展开对话。我们的议题是：*A Big Challenge to Asian Studies: From Oral Tradition to Internet Imagination—In the Case of Chinese Ethnic Groups' Historical and Cultural Change*，译成汉语就是"亚洲研究的挑战：从口头传统到网络幻象——以中国族群文化的时代变迁为例"。

　　课程方面，除了主修华生教授的人类学课外，选修了东亚系与比较文学系的课程，听过刚被聘到哈佛的霍米·巴巴（Homi K. Bhabha）讲的文化批评，也在政治学系旁听了塞缪尔·亨廷顿（Samuel Huntington）的研究生专题，那年他讲了一门新课："我们是谁：对美国国家认同的诸挑战"，该议题后来出了书，也译成了汉语。①

　　由于爱好所致，在哈佛期间，我自然不会放过艺术类课程，于是就到音乐学院选修了一门音乐人类学课程，与来自世界多个国家的同学一道，从人类学的理论方法出发，讨论了一学期的音乐议题。主持课程的是莎乐美教授（Kay K. Shelemay），做非洲音乐的，每次都会通过具体事例讲解人类学与音乐的关联，课堂组织得生动活泼，很有吸引力。

　　王：后来我看您又去了英国剑桥大学和澳大利亚悉尼大学，分别是哪一年去的？为什么想着去这两个国家？访学的主要目的是什么？都做了哪些事？

　　徐：2009年春季去了剑桥大学，以高级研究员身份在社会人类学系访学半年，平时主要参加蒙古与内亚研究所（MIASU）的学术活动，听了该所定期举行的系列讲座。让人印象很深的是，讲座邀请的嘉宾来源广泛，但讲题都很小，非常聚焦，少有宏大叙事。例如，有关草原民族的马文化

---

① ［美］亨廷顿：《我们是谁？美国国家特性面临的挑战》，程克雄译，北京：新华出版社，2005年版。

议题，演讲者不会泛泛而论，而只展示和阐述马鞍的类别和使用，从头至尾都是马鞍，很细节，很深入。

据介绍，蒙古与内亚研究所的创建与拉铁摩尔（Owen Lattimore）有关。我很早就读过拉氏的著作，对他关注边疆、主张从游牧与农耕之整体看待中国的印象很深。① 拉铁摩尔的思想用唐晓峰的形象比喻来说，叫作"长城内外是故乡"②。相较于"乡土中国"的长期捆绑，我觉得这种跨越式认知很重要，于是也学着运用，撰写了强调"牧耕交映"的文章，强调跨地域的文明互补。③

在剑桥期间参加访问学者组织的剑桥研究会，并作为轮值编委参与了英文期刊《剑桥研究学刊》（*Journal of Cambridge Studies*）的出版事务。其间邀请麦克法兰·阿兰教授（Alan Mac Farlane）为我们做了以"理解文明"为题的讲座④，5月又应邀出席了他在剑桥的荣退会。

2009年6月2日，在剑桥大学出席阿兰教授荣退会（徐建新摄）

剑桥访学的经历，让我觉得自己在学术认同上离人类学又近了一步，对全球多元一体格局的理解也深入了许多，回国后以不列颠的多元认同为例，撰写《英国不是"不列颠"》的专题论述，在《世界民族》上发表，

---

① 拉铁摩尔：《中国的亚洲内陆边疆》，唐晓峰译，南京：江苏人民出版社，2017年版。
② 唐晓峰：《长城内外是故乡》，《读书》1998年第4期。
③ 徐新建：《牧耕交映——从文明的视野看夷夏》，《思想战线》2010年第2期。
④ 徐新建：《理解他者的文明：族群间的跨文化对话》，《百色学院学报》2013年第4期，第78-82页。

也算说得过去的访学收获吧。①

2009年10月和2010年7月去的澳洲,在悉尼大学东亚系和建筑系交流,后来又到麦考瑞大学做短期访问。其间关注当地的原住民问题,对自白人"道歉"后出现以展示土著传统为主的博物馆叙事尤其留心,回来后写了一组纪实性文章并发表。②

2010·墨尔本:民主博物馆外面的帐篷(徐建新摄)

八、博士学位论文

王:您博士读的是比较文学专业,学位论文题目是《民歌与国学——民国时期"歌谣运动"的兴起与演变》,2006年正式出版,名字改为《民歌与国学——民国早期"歌谣运动"的回顾与思考》③。这个题目更像一个艺术史研究的选题。当时为什么会选择这样一个选题?有哪些考虑?

徐:对我来说,艺术是学习与生活的不间断追求。我调到四川大学的

---

① 徐新建:《英国不是"不列颠"——兼论多民族国家的身份认同的比较研究》,《世界民族》2012年第1期,第8-13页。
② 徐新建:《初访悉尼》,《贵阳文史》2012年第4期,2013年第2期,2013年第3期。
③ 徐新建:《民歌与国学——民国早期"歌谣运动"的回顾与思考》,成都:巴蜀书社,2006年版。

第二年（1999年），获批了一项国家社科项目"侗族大歌的人类学研究"[1]，其实是在贵州时开启的音乐人类学课题的延伸。因为以前学音乐，很早就关注侗族大歌，于是把其作为人类学的研究对象。

王：相当于在贵州省社科院就埋下了学术的种子。

徐：是的，在发掘过程中，我发现侗族大歌非常重要。通过学术史梳理，我发表了"侗歌研究五十年"的总结文章，从文学、音乐和民俗角度，对侗歌研究的学术简史做了综述分析。[2] 20世纪以来，侗族大歌被分别裁剪和转述为文学、音乐与民俗的样态，彼此都有道理，但是不完整。所以，我觉得应该用音乐人类学或艺术人类学的视野，去整合其中的各个方面。项目获批后，便边做边与博士论文挂钩，觉得应再往前梳理，从民国开始，把前面的五十年梳理一下。于是就把目光聚焦到了歌谣运动。我当时列了很多问题：第一，为什么民国时期的高级知识分子在"五四"思潮中提出"眼光向下"？为什么要发动轰轰烈烈的民间歌谣运动？[3]现在想起来也很吃惊，突然间，北大的一批教授们会转向民间，还要发动全国，连校长蔡元培也亲自过问支持。他们的目的是什么？我顺着这些思考前行，慢慢发展成了我的博士学位论文。但是，聚焦歌谣运动的博士论文只是个"副产品"，不是"终极"，是为了侗歌研究的一个预研究。起初的设计就是为了解决由侗歌研究进入的更大领域，即后来推进的口语诗学与歌谣人类学。[4]

在我之前已有许多学者做过侗歌研究了。我的论文不过是前辈成果的承继而已，相当于一种学术史的书写延续。20世纪80年代后，学界掀起过"重写历史"的新浪潮。文学评论界推出了一批成果，倡导将20世纪打通看待。[5]民族学界的代表是王建民，出版了上下卷的中国民族学史。[6]

---

[1] 围绕课题发表的系列文章有：《历史之维与生命之维："原生态文化"的双重视野——以"侗族大歌"的入世为例》《苗族传统：从古歌传唱到剧本制作——〈仰阿瑟〉改编的文化意义》《无字传承"歌"与"唱"：关于侗歌的音乐人类学研究》等，有的后来收入了《侗歌民俗研究》一书（民族出版社，2011年）。

[2] 徐新建：《"侗歌研究"五十年（上、下）》，《民族艺术》2001年第2、3期。

[3] 赵世瑜：《眼光向下的革命》，北京：北京师范大学出版社，1999年版。

[4] 徐新建：《口语诗学：声音和语言的符号关联》，《西南民族大学学报（人文社科版）》2008年第3期，第151-154页。

[5] 陈平原、钱理群、黄子平：《二十世纪中国文学三人谈》，北京：人民文学出版社，1988年版；陶东风、孙津、黄卓越等：《历史，从将来走向我们——"重写文学史"四人谈》，《文艺研究》1989年第3期。

[6] 王建民：《中国民族学史（上）》，昆明：云南教育出版社，1997年版。

域外的顾定国（Gregory E.Guldin）则做了中国人类学"逸史"。①那时很多人强调对学术史的回顾和反思。我觉得这很重要，是一种"眼光向后"的学习，能加深对学术和思想谱系的理解。

博士学位论文的完成对我帮助很大，一是把侗歌研究延伸，二是把歌谣研究激活，继而把民歌与国学连在一起，推向人类学的完整阐述，直至社会文化与思想史之整体。

王：为什么"国学"会上场？

徐：这是必然的。《民歌与国学》包含四个关键字，分别是"民、国、歌、学"，各有所指，又相互关联。最后的学即为由民起步，最终又升至庙堂的国家之学。全书最后，我以朱自清的个案作结，做了如下阐释：

> 从始于北大、终于清华，同时交汇着学界与官方相关离合的歌谣进程来看，探讨近代中国的"民歌""国学"问题就是探讨"民国歌学"问题。可以说"民国"倒是宣告建立了（当然无论"民"还是"国"都存在诸多问题），但"歌学"却尚在完成中。②

为什么说尚在完成中呢？我提出的看法是，民歌是在生活诵唱的，不是拿来讲和写的，即便可以像先秦的"国风"一样，被收入《诗经》，变为"国学"，但歌的根本仍在民间，"仍旧'活在'底层百姓的口传中，遍布在各个族群的乡村田野里"。③

扩展来看，《民歌与国学》与此前的西南研究相互关联，是延续性的研究成果。《西南研究论》提出以西南看中国，由中国看西南，强调地域和空间的视角；《民歌与国学》则凸显时间和历史，辨析精英与民众的对照关联。所以，在川大做的博士学位论文跟以往的侗歌研究是互文性配合。其中既有人类学，又包含了文学和音乐。

作为综合性的学科互补，我把自己的艺术经历与学术身份做了整合与

---

① 顾定国：《中国人类学逸史》，胡鸿保、周燕译，北京：社会科学文献出版社，2000年版。
② 徐新建：《民歌与国学——民国早期"歌谣运动"的回顾与思考》，成都：巴蜀书社，2006年版。
③ 徐新建：《民歌与国学——民国早期"歌谣运动"的回顾与思考》，成都：巴蜀书社，2006年版。

提升，从演奏实操的艺术行动者，变成侧重学理的艺术阐释者。此外，另一种身份开始产生影响，即作为老师的文学人类学教学。在教学相长过程中，学生如同对象化作品，激发自己投入大量时间和精力，使之逐步呈现为以人类学话语多元发声的学术团队。

九、文学人类学与艺术人类学的关系

王：关于文学人类学的定名，是你们几位老师讨论定了一个名称，还是受西方的观念影响？西方学界有没有对应的概念？

徐：作为一门学科的专业名称，"文学人类学"源自西方，英语叫"Literary anthropology"或"anthropology of literature"，既体现了文学研究的人类学转向，同时呈现出人类学的文学，是一种双向的跨学科连接。与之对应的现象很多，如符号人类学、医学人类学、音乐人类学等。与此相关的问题在于如何理解文学人类学所指。这肯定是有分歧的，但是好像一开始我们就没有在这个问题上耗费时间，比如说上面提到的两种英语表述，究竟译为"文学性的人类学"还是"关于文学的人类学"？我们不争，可以兼容。强调在文学研究领域里，让人类学进场，通过人类学去理解文学、阐释文学；反过来，也经由文学去呈现和阐释人类学，我想大概是这样。

为此我写过一篇文章，阐述文学人类学的四层关联，即《文学人类学的四个问题》：

文学的问题，人类学的问题，文学与人类学的问题，最后完成词组合并，进入"文学人类学问题"。当包含两个关键词的时候，它们各是一个问题，用"与"连接后产生新问题，最后把连接词"与"去掉，才成为真正的学科问题。[1]

---

[1] 徐新建：《文学人类学："反身转向"的新趋势》，《中外文化与文论》2020年第2期，第41-50页。

不过具体运用时，大家都不太纠缠学科的定义问题，有意将此淡化，所以没有引起太大的分歧。

王：您如何看待艺术人类学？

徐：艺术人类学作为一个学科、一种话语方式，它是归到人类学里面的。而人类学无论我们怎么去夸大它，都是一个比较理性的知识形态的思想研究、阐释，它是一个理性的理论产品。所以在这个意义上，我当然也有这样一种自我认可。但是反过来说，作为艺术人类学研究对象的艺术，它是感性的、创造性的、自由的、个性的。所以艺术人类学是艺术和人类学两个世界的组合，它们互为主体，互为对象。

王：您如何看待文学人类学与艺术人类学的关联性和差异性？

徐：这个问题问得好。我的看法是二者既区分，又关联，在需要区分时加以区分，无须区分时则视为一体。很多时候你仔细看，所谓的学科建设其实是没太大意义的，它们只是在某个领域的某个阶段，为适应学术资源的再分配而做出的阐释和调整而已。你面对需要研究的具体对象却是多学科、无学科的，不能以人为的学科划界，更不应以自己为中心独自为大，厚此薄彼。

在这一点上，我和叶舒宪、彭兆荣的看法一致，都强调问题导向，而非学科导向。因为过多的学科导向会分散注意，稀释大家的力量。我常常觉得有一个叫人类学的名分就够用了，它是整体和兼容的，没必要再去细分。

但因现实存在的彼此隔离，做一点相互对话也不妨，或许能促进沟通和互补。

例如，2021年6月我们举行的"三家村"聚会便是如此。① 由于都是朋友，又相对均衡，通过对话，呈现了包括边界与互补及成果与话语的对称性。

在对话中，我提出的问题或许较为冒失，我暂时看不清对话的结果是使文学人类学、艺术人类学与审美人类学聚合为一，成为一家，还是各自对立，不欢而散？是被审美收编，统统归入哲学，变成美学人类学，还是全都纳入人类学，成为以想象、表述或诗性为核心的新整体？

---

① 2021年6月17日，浙江大学举办"问题与方法：文学、艺术、审美与人类学"工作坊，王杰学术团队、方李莉学术团队、徐新建学术团队三家就"跨学科视野：文学、艺术、美学与人类学"的核心议题进行深度探讨，力图廓清三者的问题与方法，发掘新的学科生长点。

还记得吗？在第一次"三家村"对话中，我以汉语学界人类学、民族学及社会学彼此区别又"纠缠不清"为例进行分析，强调了文学、艺术与审美在人类学意义上的"三足鼎立"，继而强调"联盟"式的共同导向。我的原话是这样说的：

既然都叫人类学，肯定有一个共同的谱系、共同的目标、共同的话语。[①]

以跨学科的关联为基础，在后来的第二次对话中，我又进一步强调突破国别与地域之限，关注人类的艺术整体，主张：

中国艺术人类学的研究需要建立在有关人类艺术整体的认知基础上，而不仅限于对先秦以来中原或四夷的诗歌、绘画及陶器、建筑、服装、音乐的具体描述，而应加入到更为普同的人类艺术整体之中，由此展现其自身具有的地域性和特殊性。[②]

这是一个新问题。也许值得继续对话，值得以人类学为统一出发点，重新反思什么是文学、何谓艺术，以及审美的价值何在？从这些意义上讲，我觉得你的问题是朝向未来的新的开端，而不只是对过往历程的简单回顾。

十、理论建构与前沿思考

王：您这些年做了这么多研究，著述颇丰。在多年从研经历中，您有哪些理论建构？有哪些研究的经验与心得体会，请跟我们分享一下。

徐：这是个很大的话题，可以升华、但不太好讲。就艺术人类学研究而言，实事求是地讲，我还没有把自己放到这样的问题里去反观。你觉得有吗？可能还是有吧，但有的是什么呢？只能边答边想，试试看，说不定

[①] 王杰、方李莉、徐新建：《边界与融合：审美人类学、艺术人类学与文学人类学的交叉对话》，《贵州大学学报（艺术版）》2021年第5期，第1-14页。

[②] 方李莉、王杰、徐新建：《中国艺术人类学的理论和实践》，《贵州大学学报（艺术版）》2022年第2期。

以后还可补充。

在我的研究里，因为涉及艺术和人类学，可以说与艺术人类学相关。其中的案例和论述包括感性、经验和个己，同时包含逻辑、理性和必然，可以被理解为一种复合。在某种意义上，像是一条通往人类学的艺术之路，或叫作艺术的人类学之路。

王：是不是不能叫人类学的艺术？因为您是先接触的艺术，掌握了艺术实践，后来走上人类学的道路。

徐：这个要稍微阐释一下。今天的访谈对人类学说的太少了。人类学是一个不断自我生长、再生产、再变动的过程和范式，不是固定的知识体系。它的演变与现实世界的社会转型密切关联。今天为什么讲"后人类""元宇宙"？讲数智时代的人类学？就是源于这样的多重相关。

依我的理解，相对于其他学科来说，人类学甚至不是一个学科，而堪称一个学门或学科群。我最近写文章提到了这一点，提出人类学是人把自己作为对象和主体的自我阐释，是人类的自我志、人类自画像，是使人成人的反观镜子，是人的精神伴随物。[①] 在这个意义上，人类学不是被当作某些学科需要借用的文本教条，或普及读物、手册及教科书，那些不代表人类学。人类学是行动中的社会感知与学术实践。

2019年以来，在加速发展的科技革命里，数智文明引发了对人类学的新挑战，这很重要。就是说，假定人类学的主要功能，是阐释人之本体，那就需要回答三个所谓的终极问题，即人类来源、生命归属与何以成人？从这个意义上，当数智文明使"后人类"成为可能时，就挑战了迄今人类的全部自知，令其成为尚未完成且将改变的物种。为什么？因为其中的"未来性"一旦成真，我们就将进入下一轮的"史前史"。

在自然科学意义上，以人科、人属、人种划分的生物演化里，尼安德特人等类别在我们之前已呈现和消失，难道智人（Homo sapience）很特殊吗？凭什么智人就是最高、最后，就是进化的终点？或许我们这些智人不过是下一批人种的"史前遗迹"。

如若站在可能出现的"后人类"视角，我们正站在一个临界点上，面

[①] 徐新建：《自我民族志：整体人类学的路径反思》，《民族研究》2018年第5期；《人类学的多田野——从传统村落到虚拟世界（上、下）》，《思想战线》2022年第2、3期。

对智人的终结。于是，从现行的人类学立场，我们不妨自称为"本届人类"。我前不久与叶舒宪谈话时，以"人类世"为尺度，使用超时段对比，把叶老师关注的"大传统"推向"前人类"，将其与数智时代的"后人类"呼应。这样，"本届人类"即为由"前人类"而来，向"后人类"演变的生物过程，是存有论上的becoming，而不是to be。所以说，人类的自我研究对象，其实是一个即将结束的过渡与中介，在此过程中，人类学或许是唯一能够提出问题、研究问题及讨论问题的关联学科。因此，人类学担当的职责和可能完成的任务就非常重要，超越了既有宣讲的仅只是田野方法或民族志写作那样的狭隘认知。

2021年秋季，我给博士生上人类学概论，包含两层内容：一是概念体系；二是学科简史。我们聚焦并讨论了哈佛大学人类学系对人类学研究的最新简介。其源于美国人类学学会（AAA）的一句简答。问：人类学是研究什么的学问？英文答曰：The study of what make us human。译成汉语便是："人类学研究的是使我们所以为人的总和成因。"这样的解答与我的理解十分吻合，可谓异曲同工。

王：嗯，就是人何以为人，言简意赅。

徐：是的，而且你看，其中的us是代词，强调us未必是human（人类、智人），而只是假定和可能，真要相等，还须有前提条件，就是要有what，是what让我们成为人类。如若联系艺术来思考的话，人类学关注艺术的理由何在？原因很简单，艺术是一种what，或what之一，即艺术是使我们成其为人的一种动因、一种路径。

从人类学理论前沿来看，我觉得这样的解答才回到了根本。由此出发，如今的艺术人类学就应当立足于这些新的界定，而不是以往刻板印象中的人类学。其中有三点较为重要：首先，关注数智文明。其次，反思人类历史，不仅超越赫拉利的所谓"零故事"陷阱[①]，还应追溯人类"元故事"之由来。最后，回应学科演变。这三点都是人类学的基本问题，既新又旧。

回过头来，还得追问什么是"艺术"？这或许更麻烦，需要专门讨论。简单而论，我只是在我们的访谈语境中，把它跟"文学"大致等同，可以

---

① ［以色列］尤瓦尔·赫拉利：《未来简史——从智人到智神》，林俊宏译，北京：中信出版社，2017年版。

代表幻想、象征，也可标志与人类相关的另一个世界，体现难以理性和逻辑化的灵性与超越。与文学相近，"艺术"这个词也不透明，也可在不同语境中被结构、被替换。而在跨语境交际意义上，现代汉语的"艺术"是译介词、外来语，是 art 的假身和面具，是指向西方美学与现代性的概念之一。它遮蔽了非西方的本土原型。

王：在中国古代的典籍中，艺和术是分开的，我们没有"艺术"这样一个合成词。

徐：所以既然是可以选择替换的"语词"，就能装入阐释不一的"语义"，继而激发各取所需的"语用"，即派生出以"艺术"为支撑的社会参与。对此，我曾以汉语的"文学"为例做过阐述，个中道理与"艺术"大致相当，不妨参阅。①

在此，所谓"语词"就是能指。我们先找到意义，再找表示意义的符号。这样，如果把"艺术"作为一个可替换的、开放的、无边界的能指，你就可以用技艺、象征或诗意、幻想等来替换；一旦达成相对共识，即可组合出能被接受的交叉学科——艺术人类学。

回到自己。以上讲的是自我反思和评价，至于学界、朋友及同行怎么说，自然是见仁见智，可以由你来汇集。到目前为止，我比较满意的一点是关注人类学的学科整体，以及回归问题起点。至于未来如何？不知道，不打妄语。或许还需关注佛家所言的生死无常，六道轮回。于是我们开始朝两级打通——神话与科幻，一方面使神话在数智时代激活，另一方面让科幻同步进场。这会不会成为艺术人类学的新路径之一呢？想想还是很有意思的。

十一、小结

王：非常感谢徐老师，四个多小时，耽误您休息我都不忍心了。

徐：不客气，这次的问答感觉还不错。

王：我觉得这也是一个很有意思的话题，您是中国艺术人类学学术史上一位重要的学者。而且您是掌握艺术实践的艺术人类学学者。

---

① 徐新建：《"文学"词变——现代中国的新文学创建》，《文艺理论研究》2019 年第 3 期。

徐：即便做了学者，我自己的定位还是手艺人，工艺型的。我现在还参加"满天星"业余乐团演奏，疫情前每年都排练，在各高校巡演。乐团的口号是"音乐点亮人生"，推久远一点，则可与本土的古典相连，即"兴于诗，立于礼，成于乐"。我觉得做艺术人类学研究的一个前提，便是要保持对艺术的具身化经验。这对个体来说特别重要。

王：对艺术经验、艺术实践的掌握，可能跟对艺术没有感知力的人不一样。

徐：最近整理多年前讲过的话，又回到你刚才这个问题上了。20世纪80年代热衷戏剧时，我写过一篇文章，叫《我非我——戏剧本体论》。①我体会的戏剧的本质就是"我非我"，是自我人格或身份的角色转化。为此，我还在教学实践中做过努力。在与学生的教学互动中，为了与同学们分享我对文学与艺术教育的实践体认，我将"我非我"的戏剧观运用于教学，在比较文学的"平行研究"课程里，指导研究生排演尤金·奥利尔的戏剧片段，让大家通过登台表演，进入戏剧，体验身心既分离又合一的角色转化。

如今，由于人工智能及元宇宙等的出现，人类越来越"离身化"了，生物性的自我日益断裂和错位。这是最值得重视的变异，因为其极可能整个地颠覆我们既有的存在、体验及与之相关的表述，无论其中是否包含艺术人类学。

王：说得是，就是他无法把自己转换到剧中人去思考这个问题。

徐：说得是。现在的教育从开始就隔开了两类，搞艺术的人觉得搞理论的是外行，搞理论的觉得搞艺术的是匠人。如果这两类人相互凝视，平衡对等地看着对方，互文互补地结合在一起，那就挺好了。有手艺但不单是匠人，有理论同时也通其艺，也有反思和辨析，最后，还有人类学，岂不最好？

王：徐老师讲得太好了，艺术理论研究与艺术实践创作能够互相凝视、互文互补将会是非常理想的发展样态。此次访谈学到很多，回去后我将认真整理，再次感谢您的支持！

---

① 徐新建：《我非我：戏剧本体论》，载《从文化到文学》，贵阳：贵州教育出版社，1991年版。